本书为浙江省哲学社会科学重点研究基地浙学研究中心重点课题最终成果

浙学研究丛书编辑委员会

"浙学研究丛书"主编　何显明　陈　野

浙学

近现代研究系列

古意之永恒：
文化累进中的传统建构与形塑

陈　野　著

浙江古籍出版社

图书在版编目（CIP）数据

古意之永恒：文化累进中的传统建构与形塑 / 陈野
著 . -- 杭州：浙江古籍出版社，2022.11
ISBN 978-7-5540-2418-8

Ⅰ．①古… Ⅱ．①陈… Ⅲ．①中华文化－研究 Ⅳ.
① K203

中国版本图书馆 CIP 数据核字（2022）第 205555 号

古意之永恒：文化累进中的传统建构与形塑

陈野　著

出版发行	浙江古籍出版社	
	（杭州市体育场路 347 号　电话：0571-85176986）	
网　　址	www.zjguji.com	
责任编辑	郑雅来	
责任校对	吴颖胤	
封面设计	吴思璐	
排　　版	杭州真凯文化艺术有限公司	
印　　刷	浙江海虹彩色印务有限公司	
开　　本	710mm×1000mm　1/16	
印　　张	19	
字　　数	280 千	
版　　次	2022 年 11 月第 1 版	
印　　次	2022 年 11 月第 1 次印刷	
书　　号	ISBN 978-7-5540-2418-8	
定　　价	78.00 元	

如发现印装质量问题，影响阅读，请与本社市场营销部联系调换。

导　言

一

文化通常是指人类社会的全部活动方式，它包括一个特定的社会或民族所特有的一切内隐的和外显的行为、行为方式、行为的产物及观念和态度，人类以此适应环境并遵循客观规律改造环境。在这个适应和改造的过程中，文化获得可变的特征，它由于内外部的动力如发明、创造、传播而发生变迁，以其历史积淀和当下传承构成文化传统。文化传统是历史学、社会学、文化学、艺术学等多种学科历来关注的研究课题。近年来，随着党和国家执政理念中传统文化元素的不断呈现，文化传统越来越频繁地与政府工作和社会生活相关联。

中华优秀传统文化作为文明根柢，在经过创造性转化、创新性发展后，既是基础性的历史资源，也是现实中的发展动力，更是民族精神的中坚，具有毋庸置疑的当代价值。然而，问题在于，如果我们只是概念性地、口号式地、标语化地、标签似的对待"文化传统"，而不去深入分析文化传统的内部结构、重要元素、生成机制、形成路径、传承方式，不去比较辨析基于不同历史、地理、经济、社会环境而产生的多样化的地方文化传统及由此形成的文化多样性，不去细致研究传统与人之间涵育、形塑、认同、超越等等共存互动的复杂关系，不去细致观察、亲身参与文化传统的在地性实时建构，那么，不但"传承弘扬优秀传统文化"的政府诉求将有可能流于形式，就是这"文化传统"本身，也极有可能"离散为戏曲、书画、文物等等物质或非物质形态的具体事项或现象"。而使大道隐而不彰、晦而难明。

近年来，笔者一直关注中国文化传统的历史建构与当代新造的研究。

一方面，结合以往较多涉猎的中国古代艺术史、地方史志和浙江历史文化研究，以画史传承与地方传统建构、地方志书的传统凝聚功能、江南文化涵育地域传统等研究为个案，从不同角度深入文化传统内部，剖析、探究其形成、保育、维系、传续的历史过程、建构路径和内部构成。从中获得的粗浅研究成果，即为本书上篇"历史建构的多维度考察"中的论述内容。

另一方面，通过参与省内不同层面现实文化建设的多种活动，研究地方历史传统的时代际遇，观察文化变迁和创造发展的现实生成场景，分析探索文化传统的时代延续和实时性建构，提炼优秀传统文化元素并着力使之在当代文化建设实践中起到资源供给、精神导引、人文涵育等功能和作用。从中获得的粗浅研究成果，即为本书下篇"当代形塑的多路径探索"中的论述内容。

期待通过上、下两篇研究内容的融会贯通，记录、呈现在文化累进之中不断得以建构、形塑的文化传统，对其凝结于历史、存续于动态演进中的古意之生命永恒，作出分析揭示。

此处所谓之"古意"，并非单纯指向历史往昔，而是特指文化传统中经由岁月披沙拣金凝结提纯的要素、元典、范式和法则，是万变世态中亘古不移的精神之规，是文化传统的历史凝结与本质再现。它即时性地产生涌现于每一个历史时刻，也绵延不断地回旋往复于人类观念世界的历时性公共空间，凝聚了文明要素、精神特质和民族品格，具有超越时代的深固根基和本体价值。就其生命之永恒而言，既体现在回望历史创造的已逝空间、立足借古鉴今的当下本位，也体现在"后之视今，尤今之视昔"的前瞻视角、继往开来的预判擘画，是过去、现在和未来的整体统一，与中国人的文化生命同向共进，生机勃勃，万年长荣。

二

本书内容并非单纯的文史基础理论研究或实证性的应用对策研究，而是力图将基础研究和应用研究相结合，既能发挥文史学科在传承弘扬优秀传统文化中的基础性支撑作用，又能在当代文化的现实语境里获取文史研究的生命活水。

笔者作此考虑、以此作为研究领域之一的缘起，既与所在单位的工作性质有关，更在于自己长期以来对学术研究价值意义的探究和考虑。现将浅思粗加整理，简述如下，既为彰明本书写作旨意，也是表达自己的学术旨趣。

1. 不同学科的研究，各有特点

传统学科和新兴学科、基础研究和应用研究的关系及其研究意义，是学界关注重视的问题。哲学社会科学范围广泛，各个学科都有各自的理论框架和研究方法，更有各自的意义和价值所在。

例如，文史哲等基础学科研究，以扎实厚重、穷高极远、专精深赜为要，究其根本，乃是人类文化对情感、思维、观念、精神和价值等极致境界的探索和追求。当代文化发展等应用研究则面对社会现实，需要注意到社会、政府和学界三方"合力构建"的角度，以所述社会现象的新鲜度、所论社会问题的普遍性、学理切入剖析的准确性、学术话语与行政话语对接的有效性以及对社会和决策的影响力等作为标准，对其优劣做出评价。

又如，文史哲研究注重"言之有据"，需要大量引经据典，作为研究的文献基础、立论依据以至表明研究方法上的师承传授。当代文化研究也要"言之有据"，但是这个"据"不单纯的只是文献，更多的是社会现象、社会实践，需要据实而书、据实而言。在行文、篇幅上，简要清通可能更为合适。不能因此而认为它不是学术研究，或是不合学术规范。

2. 不同学科的研究，各有其难

笔者长期从事古代文史研究，对其间孤室自守、枯灯独坐，漫游书海、爬梳史料，钩玄摄要、久思不得，探隐索微、殚精竭虑之苦乐，感受至深。近年粗涉当代文化研究，也体会到了应用研究之难。

（1）社会变革和社会实践丰富多样，应用研究缺少既有理论和方法支撑，需要自己摸索。

（2）应用研究需要大量时间精力开展实地调研，静坐潜心研读学科理论的时间受到影响。

（3）社会现实错综多变，内在关联深刻复杂，难以明确划分研究边界，既需要相应宽泛的知识结构和跨学科研究，也需要敏锐、灵活、快速提供解决之道的能力。

（4）社会现象有其产生、发展、演变的过程，对其分析研究也需长期观察、伴随、积累。现象把握不好、认知不清，理论解释难以客观深入，理论框架难以全面、自洽和精到。因此，即便是看似"短平快"的对策研究，要出好成果，同样需要长期的时间投入和学术积累，同样需要耐得住寂寞、顶得住压力的不懈坚持。

（5）应用研究开展于社会、学界和政府的关联网络之中，如何做到研究的独立、开放、包容、专业？是以自己的学识建构个人心目中的理想社会图景，还是立足社会现实、做实际可行的努力？都需要找到准确的定位。

3. 相辅相成，好的学问是可以相通的

然而，阅读学术史，我们不难发现，在"好的学问"里，基础研究与应用研究在本质上是可以相通的。晚清朴学大师孙诒让从考据学的《周礼正义》做到为近代社会维新变革提供政治制度框架的《周礼政要》，就是从功底深厚的传统研究中开出了通向现实社会治理的路径；而王阳明、黄宗羲等学术大家，其仕途经历、社会实践与其学术的密切关系，不言自明，"阳明以事功显，故其学最为扎实有用"。可以说，基础研究的成果中，蕴含着原理、法则、规律和思想等资源和力量；应用研究的成果中，则充溢着可供理论创新的活水源泉。

不论是锲而不舍地做基础性的历史文化研究，探索中华文明传统的历史来路、内在结构、丰富层次、核心要素、辉煌业绩和形塑过程，获取专精的研

究成果；还是积极参与当代社会变革和实践，发现真问题，寻找真资源，为人民做学问，实现学术研究的社会价值，都是做出"好的学问"的路径。而若能由不同路径而至融会贯通、相辅相成之境，取得有现实根柢、有深厚学养、有创新思想的原创性著述，则正显学问之本、学力所在，正是值得期待的优秀成果。

因此，开展学术创新，需要秉持专业知识特长，超越专业视野局限，以客观理性、多元包容的态度，警惕自我中心立场，走进时代真实场景，理解现实演进逻辑，认识历史形塑的复杂合力，看到文明演进的繁复过程，承担社会责任，关注社会实践，关切社会民生，做"理论与实践相结合"的学问。具体到文史研究而言，带有历史背景的当代文化研究，会更有历史纵深、理论厚度、人文气质；带有当代文化取向的历史研究，则更具问题意识、现实关怀、创造品质。

当下这个"需要理论而且一定能够产生理论""需要思想而且一定能够产生思想"的变革时代，为哲学社会科学提供了广阔的空间。笔者学术水平和研究能力有限，然而"虽不能至，心向往之"，自当尽力而行，做好自己能做的事，同时多元包容，理解和欣赏别人的努力，在建设中国特色哲学社会科学体系的时代际遇里，勉力进取，竭诚奉献。

导言

上篇　历史建构的多维度考察

下篇 当代形塑的多路径探索

上篇

历史建构的多维度考察

一个区域、一个民族文化传统的形成，与其历史发展过程的建构方式和路径高度相关，涉及内部结构、基本元素、生成机制、形成路径、传承方式等多个方面。我国疆域辽阔，历史悠久，区域文化多姿多彩，文化传统博大精深，建构路径复杂，传承方式多样。选择具体案例作细致剖析，对"文化传统"做进入式的深入解读，由此建立多重维度的研究网络，是观察、认识传统的切实而必要的路径。艺术图像以其作者身份的多元、题材内容的丰富、受众群体的广泛，纽结于文化传统的方方面面；地方志书以其连续不断的文献记述贯穿区域历史始终，与文化传统的整体演进相伴随；一地人文的化育，形成一地传统的个性和特质。三者纵横交织，构成从不同路径进入文化传统内部，剖析探究其建构方式和路径的立体观察维度。

第一章　艺术图像中的传统演进面相

以中华文明为母体，在美善一体、道法自然、天人合一、格物致知等哲学和审美体系中孕育、生发、成长的古代绘画艺术图像，全面生动地反映古典中国的生活世界。它与地域传统紧密关联、共生互动，蕴涵传承着中华文化观念中的重要特质，以艺术家的视角、手法和审美构建不同于文字文献的文化场景，在形塑历史传统、强化集体意识和社会认同等方面，具有特殊作用和贡献。

一、古代画史传承与地域传统

会稽林壑东南胜，结构新亭亦壮哉。

树密不知云出没，山深常听水喧豗。

清幽可许渔樵隐，游赏岂无王谢来？

我欲题诗追李杜，风流不是出群才。[1]

---

[1]　[元]王冕：《林壑亭》，见寿勤泽点校《王冕集》"竹斋集卷上"，浙江古籍出版社，2012年，第15页。

元代著名诗人、画家王冕此诗，虽只短短数十字，却饱含绍兴山水人文的丰富意蕴，亦写出了绍兴美术文化的形影意绪。树密、山深、水清、境幽的会稽山水林泉之胜，历千年光阴而兀自神采焕然；昔日王谢家族在此明山秀水间以旷世才情缔造的璀璨人文、灼灼技艺、精严法度，一直在绍地绵延传续，令人尊崇忆念。如此山水华滋、人文鼎盛的一方水土，自是盘龙卧虎，士气丰盈，代有才俊奇崛之士出乎其间，此诗作者王冕，便是此中佼佼者。而命运不济、仕途多舛的人生际遇，使得其"风流不是出群才"的自怜，亦成为众多绍兴士子的共同慨叹。

今天梳理回溯绍兴美术[1]文化，见到的，正是此诗中吟咏的诸般山水、人文、家学、才情、士气，几多坎坷人生、不屈抗争和傲然风骨。它们融注、蕴涵于美术创造历程之中，渲染出绍兴美术文化的万千气象，为造就绍兴一地的地域特色、文化情致、传统格局，筑基建底，铺采叠锦，积功至巨。

（一）山水清丽

绍兴深得造化钟爱，拥有佳山秀水，会稽山、天姥山、覆卮山、东山、沃洲湖、鉴湖、剡溪、曹娥江等自然山川，无不明秀澄澈。沿山而行，即使在冬天，漫山的绿意是仍旧可以用"葱茏"来形容的。而水汽充盈的云雾，则常如烟雨般漫洒，染出了天青色的画卷。连绵起伏的山峦、覆满青苔的坡石、自流不息的溪涧、高大挺拔的古树、空山无人的鸟鸣、叶落有声的静谧，都在大自然的滋养中彰显着蓬勃活力，积聚着巨大的生命能量和创造的力与美。

"山无云则不秀，无水则不媚，无道路则不活，无林木则不生，无深远则浅，无平远则近，无高远则下。"[2]故此，"山以水为血脉，以草木为毛发，以烟云为神彩，故山得水而活，得草木而华，得烟云而秀媚"[3]。山水文化丰

---

[1] 美术涵盖书法、绘画、雕塑、工艺等众多门类，本书以绘画门类为主要论述内容，下不一一注明。

[2] [北宋]郭熙：《林泉高致》"山水训"，见云告译注：《宋人画论》，湖南美术出版社，2000年，第24页。

[3] [北宋]郭熙：《林泉高致》"山水训"，见云告译注：《宋人画论》，湖南美术出版社，2000年，第22页。

厚的古代中国，对自然山川有着极高的品鉴标准，北宋山水画家郭熙此语，道出了艺术家心中完美的艺术山水形态。绍兴的山峦，有取之不尽的佳妙山景，山岚浮动、林木葱郁、山石嶙峋、溪涧清洌，其苍翠、清新、空濛、灵秀的烟雨云水气质，正是艺术山水的典范。自古至今引无数文人墨客竞折腰，歌之咏之，书之绘之。其间至为著名者，有东晋画家顾恺之，与绍兴山水结缘深厚，多次前往赏景取材，对绍兴的山水之美，颇具会心："顾长康从会稽还，人问山川之美，顾云：'千岩竞秀，万壑争流，草木蒙笼其上，若云兴霞蔚。'"[1]有东晋书家王献之，漫游山间，多有感怀："从山阴道上行，山川自相映发，使人应接不暇。若秋冬之际，尤难为怀。"[2]诗一般的语言，出自艺术家对山川之美的细心体会和感悟，宛若一幅场面清新的山水巨幅，引人入胜，成为千古流传的吟咏会稽风光的佳句。

如此一个山清水秀的绍兴，自然吸引历代文人学士、书家画者于此筑室居住，放情山水，挥毫泼墨，流连忘返。

（二）人文璀璨

绍兴的人文之盛，其发轫既早，至今不衰。

绍兴历史悠久。史载大禹治水告成，在境内茅山会集诸侯，计功行赏，死后葬于此山，因更名茅山曰"会稽"，会稽名称由此而来。春秋时期，越民族以今绍兴一带为中心建立越国，成为春秋列国之一。公元前490年越王勾践选址此地作为越国国都以来，古城城址未变，格局延续至今。战国初，越王勾践大败吴国，越国疆域逐渐拓展至江淮地区。秦始皇二十五年（前222），定江南，降越君，以越地置会稽郡，领20余县，治吴（今苏州）。东汉永建四年（129），析会稽郡置吴郡，会稽郡移治山阴，领今浙江境内山阴等14县。隋开皇九年（589），改会稽郡为吴州，治会稽。大业元年（605），改吴州为越州，是为越州名称之始。南宋建炎四年（1130）四月，宋高宗驻跸越州，取"绍奕世之宏休，兴百年之丕绪"之意，于翌年更元绍兴，绍兴元年（1131）

---

[1]　徐震堮：《世说新语校笺》"言语"，中华书局，1984年，第81页。

[2]　徐震堮：《世说新语校笺》"言语"，中华书局，1984年，第82页。

十月升越州为绍兴府，是为绍兴名称之由来。元至元十三年（1276），改称绍兴路，治山阴。明、清复为绍兴府。至今，绍兴市面积8279平方公里，辖越城区、柯桥区、上虞区、诸暨市、嵊州市、新昌市。[1]

绍兴经济发达。地处东南沿海且具山地、丘陵、盆地、平原、滨海等多种地形的优势，带来丰富资源，为经济生产、生活发展提供了优越的自然条件。春秋战国时期，开垦荒地，兴修水利，种植黍、稻、粟、麦、大豆等粮食作物，发展蚕桑、畜牧业，达到当时国内先进水平。汉代，越窑青瓷生产工艺达到世界领先水平。两晋南北朝时，会稽"良畴亦数十万顷，膏腴之地，亩值一金"，以精耕细作闻名全国，"最号富实"，为全国著名粮仓。南宋时，政治中心的南移，使绍兴地区人口骤增，农业生产普遍采用"仲秋种麦，春种八谷"的两熟制和大小麦与苜蓿的轮作制，制茶业进入全盛时期，产量居全国第一。明、清两代，水稻种植面积扩大，广泛采用双季稻栽培技术和一年三熟的耕作制度，纺织、酿酒、制茶、锡箔等手工行业形成优势，丝绸、黄酒、平水珠茶出口欧美及东南亚地区。与之相适应的商品市场、钱庄典当、交通运输等，发展迅速。

绍兴文教兴盛。作为已有2500年建城史的历史文化名城，绍兴崇文重教，耕读传家，科甲蝉联，文人辈出。东汉王充设塾授徒，为境内办学之始。北宋范仲淹兴办府学，承上启下。明清两代，绍兴府官办书院46所，民间筹资兴办社学、义学、私塾蔚然成风。朱熹讲学稽山书院，吕祖璟授业嵊州鹿门书院，王守仁主讲阳明书院，刘宗周授徒蕺山书院，蔡元培掌教府中学堂等，延聘名师传道解惑。全社会"弦诵之声比屋相闻""下至蓬户，耻不以诗书训其子。自商贾鲜不通章句，舆隶亦多识字"。据统计，自唐至清，绍兴登文进士科者共1965人，登武进士科者273人。历代科举中，共有三鼎甲46人（含寄籍），其中状元27人，榜眼10人，探花9人。"儒风之盛，冠于东州。"[2]

绍兴学术思想发达。王充、王阳明、刘宗周、章学诚、马一浮、蔡元培、

---

[1] 本文即以此绍兴市现境为范围，论述绍兴古代美术文化，下限止于1911年。

[2] 以上有关绍兴建置、经济、文教等基本资料，据任桂全总纂：《绍兴市志》第一册，浙江人民出版社，1996年，第3、6、8页。

鲁迅等均为学术思想大家，其哲思妙悟，启智开物，金声玉振，震古烁今。

东汉哲学家王充以实事求是的学术精神，对当时散布虚妄迷信的谶纬之学、虚论惑众的经学之风作出严厉批判和抨击，匡正时弊、纠正流言，体现了求真务实、挑战权威的理性精神，为后人树立起批判创新、崇尚实效的标杆，在中国思想文化发展史上起到具有思想启蒙价值的深远影响，被胡适评价为"中国古代最伟大的哲学家之一"。

中国文学艺术传统讲究"文以载道"，综合地来看，这个"道"，既有美学思想层面的儒家讲求仁、爱、礼、义，"善美一体"的伦理德性之道，道家追求虚静简远的任顺自然之道，玄学任性率真的个性放逸之道；也有现实生活层面对时代潮流、社会变革、世道人心、国计民生的人文关切之道。东晋时期王羲之、谢安等魏晋士人崇尚自然，超然物外，洒脱旷达，清俊通脱，以率真任诞、不拘礼法、特立独行的名士风范和求道精神，直面"东风摇百草"的动乱时代。他们天资超迈，风采俊秀，创意无限，佳作连连。个体意识的觉醒，伦理观念的冲决，人生哲学的探究，生与死的生命沉思，道与佛的信仰追求，山与水的自然回归，真与善的审美超越，赋予其作品深厚的思想内涵。

南宋文学家陆游生逢北宋灭亡之际，胸怀壮志，一生以慷慨报国为己任，怀抱"位卑未敢忘忧国"的爱国济世精神，力主抗金，收复中原，却屡受挫折。其诗词作品饱含激昂慷慨的爱国热情和壮志未酬的沉郁悲愤，南宋嘉定二年十二月（1210年1月）与世长辞，仍留诗《示儿》："死去元知万事空，但悲不见九州同。王师北定中原日，家祭无忘告乃翁。"表现出矢志不移的抗金决心和对祖国命运的终极关怀。梁启超曾有诗赞云："诗界千年靡靡风，兵魂销尽国魂空。集中十九从军乐，亘古男儿一放翁。"

明代思想家王守仁，自号"阳明子"，崇尚理性自由和人性解放，强调"心即是理"，提出"知行合一""致良知"等哲学观点，创阳明心学。其学术思想深获时誉并影响至今，更传至日本、朝鲜半岛以及东南亚。黄宗羲认为"自孔孟以来，未有若此深切著明者也"。王士禛称誉其为"明第一流人物，立德、立功、立言，皆居绝顶"。

作为新文学运动的奠基人和五四新文化运动主将的鲁迅，敢于直面惨淡的人生，对吃人的封建礼教和制度作出猛烈的揭露和批判，进行不屈不挠的斗争；勇于以社会批评和文明批评为己任，以一生精力和独立人格进行了充满韧性的奋斗和努力，为绍兴文化传统增添了不屈的风骨、独立的人格、批判的精神和自辟新路的理念与勇气，不仅为中国文化开新路，也为家乡人民留下了一份创新进取的宝贵思想财富。

如此经济繁荣、生活富庶、文教兴旺、学术发达、思想资源深厚的一方人文厚土，孕育出源远流长、积淀厚重、内涵丰富、意蕴深长的历史人文之盛，为美术文化发展提供了优良的文化沃土和人文滋养。

（三）美术文化特质

绍兴美术文化中表现在画里之意、画外之思中的创作理念、艺术特征、精神追求，处处可见地域文化的背书。从人文特质的角度观察，可以梳理出特点鲜明的若干要素，它们与绍兴美术文化一路同行，交相辉映。

1. 山川映发

绍兴山川自然形质清丽，文化意蕴深妙，"质有而趣灵"，万趣融神思，足可令"圣人含道映物，贤者澄怀味象"。绍兴文人学子于此峰峦重叠、云林森渺处优游盘桓，"闲居理气，拂觞鸣琴，披图幽对，坐究四荒"[1]，循影索理，理入影迹，与自然山川应目会心，天人合一，历万古而同辉。

就山水艺事繁盛的时代而言，比如东晋时期，会稽的名门望族王羲之及其家族，谢安、谢玄、谢灵运及其谢氏家族，以雕塑、书画兼长的戴逵家族，均属此列。流芳千古的兰亭雅集，也因此而生，由此而来。以谢氏家族来说，自三国曹魏起为官僚世家，至两晋发展为首屈一指的高门望族，名人辈出。晋武帝时位至宰相、以淝水之战留名青史的谢安，风神潇洒，喜游山水，高卧东山，诗文书法俱佳。谢灵运是山水文学的开创者，同时也是一个画家。据清代会稽人陶元藻《越画见闻》所记，谢灵运的画迹有浙西甘露寺里的两壁菩萨，计有6图。能在寺庙内作大型佛教壁画，画技当非一般。谢灵运的族弟谢

---

[1] [南朝宋]宗炳：《画山水序》，见陈传席：《中国绘画美学史》"《画山水序》点校注释"，人民美术出版社，2002年，第42—43页。

惠连，也是一个工书善画的天才少年。当时会稽山水与艺术的交响共鸣，至今令人叹羡追想。既有文人士子的群体雅集，如兰亭集会；也有二三子之间的切磋探讨，如谢安与戴逵的说琴论画；又有王子猷之雪夜访戴"乘兴而来，兴尽而返"的名士做派。如此浓郁的艺术生活氛围，使得艺术才情横溢勃发，艺术珍品璀璨耀目。王羲之及其子弟的书法作品，谢赫、王廙的书画理论，戴逵的佛教雕塑和绘画，都是中国艺术史上的瑰宝，丰富了中国艺术的宝库。

吴越两地，山水相连，人文共辉。吴地画家顾恺之、陆探微、张僧繇，并称"六朝三杰"，都是影响中国艺术发展的大家。他们与会稽的许多士族大家，都是至交。顾恺之被时人称为才、画、痴"三绝"，以早期优秀人物画家、"传神"论创导者、山水画先驱以及外来艺术民族化实践者等身份成就，在中国绘画史上占据重要地位。他在会稽流连自然风光，也与谢安、戴逵等人探讨艺术，谢安对他的艺术十分欣赏，说："卿画自生人以来未有也。"会稽的山水与同好间的书画交往活动，也对顾恺之的艺术思想和实践活动，起到了极大的促进作用。

就山水艺术创作的成就而言，在绍兴绘画史上，虽然以王冕的墨梅、徐渭的大写意花鸟、陈洪绶的高古人物、赵之谦的金石篆刻等最为人所称道，从画科来看，也以人物、花鸟尤其是梅竹为著，但若深入画史细细检视，可见山水画的创作也是源远流长。东晋时期王廙画有《村社齐屏图》、毛惠秀画有《剡中溪谷村墟图》、戴逵画有《吴中溪山邑居图》、戴勃画有《九州名山图》《风云水月图》，都是山水画或带有山水元素的画作。其中，戴逵作为山水画创始时期的先驱者，深得张彦远推崇，称其所画山水"极妙"。《世说新语·巧艺篇》则记："顾长康画谢幼舆在岩石里，人问其所以，顾曰：'谢云：一丘一壑，自谓过之。此子宜置丘壑中。'"[1]反映的是人物与山水的结合。南宋宫廷画家林俊民善画山水，绍兴年间画家周珏也以画水著称。元代王迪简，明代杨维翰、陈宗渊、王思任、祁豸佳、姚允在、朱南雍、茅宠、陶素来、吴仲晃、张尔葆、诸清臣、刘鹏、王元道、赵仲容，清代张振岳、姜廷

---

[1] 徐震堮：《世说新语校笺》卷下"巧艺"，中华书局，1964年，第388页。

干、张学曾、释宏瑜、王雨谦、释碧云、冯仙湜、王奂、王自越、田赋、骆度铺、王彦、邵华、王永高、何士凤、章标等专意或兼善山水画的画家，构成了绍地元明清三代山水绘画的创作阵容。

2. 文脉绵长

绍兴的历史悠久、人文鼎盛，历史上涌现出无数高门大户、文化世家、书香门第、思想学派、艺术流派。家学与师承，遂成传续绍兴地域文脉的两条重要路径。书画领域，王羲之家族、谢安家族、戴逵家族、陈洪绶家族、张岱家族、祁彪佳家族等等，都是人们耳熟能详的艺术世家；而王羲之书法、陈洪绶画艺等在艺术理念、技法、风格上的师徒传承，则远远超越家门与时代，接代绵延，累世相承，成为地域文脉的创造者和维系者。更具特色的是，梅竹一科，从北宋仲仁发其端，元代王冕臻其峰，陈录、沈襄、童珏等善画梅，廉布、杨维桢、杨维翰等善画竹，丁权著《竹谱》、吴太素著《松斋梅谱》、刘世儒著《雪湖梅谱》、童翼驹著《墨梅人名录》，建构了具有全国影响和重要艺术史地位的地方梅竹画派，以其清逸高标的自在心境和艺术形象，书写出乾坤清气，可谓绍兴美术文化贡献于其地域文化传统的特殊元素和重要特质。

3. 主体自觉

沿着绍兴美术文化的历史进程走来，从王冕、徐渭、陈洪绶、张岱等人身上，可以十分清晰地看到聪慧颖异、恃才傲物、仕途不顺、狂傲不羁、命运多舛的人生轨迹，呈现出张扬自我个性、重视个人价值、追求精神自由的主体自觉意识，而尤以明代表现最为集中突出。究其文化成因，实与绍地自大禹治水、王充《论衡》以来形成的求真务实、批判创新、崇尚实效精神关系密切。而更为直接的影响，则在很大程度上与王阳明心学有关。有学者对此曾做过深入研究，"有明一代，极重君权，士人惟有高扬道德主体性，才能坚守道统，但在程朱理学体系中，纲常名教是以忠君为中心的，这就使得忤逆君主的士人不但在现实中备受打击，而且在心理上也存在着巨大的紧张。在此背景下，王阳明于明代中叶提出了致良知之说，强调知行合一，高扬精神主体性和实践主体性，不但在理论上将陆象山心学与浙东事功之学融会贯通，建构了一个新的心学体系，也为士人打破了程朱理学的精神枷锁，开启了一个新的思想天地。

其影响并不限于思想领域的王门后学（包括后世的刘宗周、黄宗羲一脉），也及于文艺领域，如明代最杰出的两位浙籍书画家山阴徐渭和诸暨陈洪绶，其张扬个性的生活和艺术风格就与王学影响颇有关系。"[1]

王阳明本人自少"豪迈不羁"，及年长后，更从"依良知行"的角度对"狂者"颇为欣赏。他曾对"乡愿"和"狂者"做过比较，得出非"乡愿"而是"狂者"的结论："乡愿以忠信廉洁见取于君子，以同流合污无忤于小人，故非之无举，刺之无刺。然究其心，乃知忠信廉洁所以媚君子也，同流合污所以媚小人也，其心已破坏矣，故不可与入尧舜之道。狂者志存古人，一切纷嚣俗染，举不足以累其心，真有凤凰翔于千仞之意，一克念即圣人矣。惟不克念，故阔略事情，而行常不掩。惟其不掩，故心尚未坏而庶可与裁。"[2]并以此剖析自己："吾自南京以前，尚有乡愿意思。在今只信良知真是真非处，更无掩藏回护，才做得狂者。使天下尽说我行不掩言，吾亦只依良知行。"[3]王阳明思想对家乡文人士子具有普遍而深刻的影响。以徐渭为例，他就曾从学季本、王畿而成阳明再传弟子，深受王学浸润。

4. 才艺会通

绍兴地区文教昌盛、艺脉绵长，时风熏染、潜移默化之下，积学深厚、多才多艺之士如奇枝异卉勃然生发，以其天资、学养、才情等等蔚成文江学海的绮丽景象。王羲之《兰亭集序》，文书俱佳，青史留名；戴逵既善雕塑，也精于绘画；陆游、贺知章诗名之外，还是书家；王冕墨梅盛名之下，诗作无数，更以花乳石开文人篆印之风；徐渭诗、书、画、文与戏曲兼善，俱有佳成；陈洪绶诗画并作，于木刻版画贡献尤多；赵之谦在一般文人诗书画的造诣之上，更以篆刻成就为人称颂。如此煌煌巨子、灿灿佳绩，历代传沿，遂成才艺会通之地域传统。中国古代文化传统以及古典知识人的养成，重视经史诗文书画的综合学习和涵育会通；古代文人画艺术的重要特征，在于书画合一、诗画合一，以至诗书画印四美并具。绍兴美术家循此学统成长，既于此受益良多，也

---

[1]　项义华：《长河绵延》，浙江古籍出版社，2013年，第211页。

[2]　吴光主编：《王阳明全集》第四册，浙江古籍出版社，2010年，第1546页。

[3]　吴光主编：《王阳明全集》第四册，浙江古籍出版社，2010年，第1296页。

为此贡献良多。

5. 士气丰盈

素有人文渊薮之称的绍兴，历代人才辈出，十步芳草，被称为"名士乡"。明代著名文学家袁宏道初至绍兴，深刻的印象就是"士多"："闻说山阴县，今来始一过。船方革履小，士比鲫鱼多。聚集山如市，交光水似罗。家家开老酒，只少唱吴歌。" 1961年，毛泽东也曾为此作诗《名士乡》："鉴湖越台名士乡，忧忡为国痛断肠，创南歌接秋风吟，一例氤氲入诗囊。"文人学子之间的经史研讨、诗文品评、翰墨创作，既是艺文的互动交流，更是精神理念、性情志趣和审美意识的万方兴会。在绍兴历史上，以东晋王谢家族为核心的士族交往、以晚明张岱家族为代表的文人风流和清赵之谦友朋间的金石之交，无不郁郁乎士气丰盈。而倪元璐、王思任、祁彪佳等人的舍生取义、以身殉国，更是传统士人高尚情操、忠贞气节的凛然践行，名垂青史，令人感佩。如此种种，均可从中清晰见到绍人之品性、绍地之风尚。同时，也不乏绍兴美术家走出绍地，走向书画艺术渊薮的江南文化圈以至更为辽远的南北大地，汲取艺术营养，为绍兴地域文化带来新鲜元素。

6. 闺阁灵秀

被称为"堆金积玉地，温柔富贵乡"的江南，其镶金嵌玉的温柔与富贵，是含蕴着江南女子清姿丽影的人生画卷。她们的如花容颜、婀娜身形、霓裳羽衣、轻柔气息，都是不可或缺的美丽元素。而其冰清玉洁的气质、兰心蕙质的风华、饱读诗书的修养、书画兼善的才情，则宛如一台台精致的玉石小磨，从江南的"富贵"里，细细地研磨出精致的风华。绍兴是江南水乡中的灵秀之地，不仅士多如鲫，更兼才女如云。精于书画的女性，便有傅道坤、范隆坤、商景兰、商景徽、李因、吴净重、陈道蕴、赵淑贞、王端淑、金礼嬴、祁修嫣、倪素坤等人。她们以手中笔墨写庭阶兰竹、园中玉树、山中明月、心底思绪，为绍兴的地域文化注入了温婉、曼妙、从容、灵秀的江南气质。

综上所述，绍兴的清丽山水、悠久历史、富庶生活、璀璨文化，为美术文化发展积淀起深厚人文沃土，涵育了她不同凡响的独特文化特质。而绍兴美术史上的俊才接踵、艺事繁盛、佳绩拔萃，则为绍兴地域文化输送着最具灵性的情感与创意，成为绍兴文化传统的重要构成元素，形塑其内在结构和品质。两者穿梭互动，交相辉映，以文化的力量滋养着艺术之树的蓬勃生长，以艺术的繁针密线织就了文化的多彩华章。

二、民国绘画变革激进派观念中的传统内涵与古意呈现

中国传统绘画向何处去，是20世纪初新文化运动中"美术革命"的主要论争议题。它贯穿于整个民国时期，成为近代美术发展的一条重要主线。目前学界对之的基本描述是，在西方文明浪潮的冲击下，传统绘画面临穷途末路，激进派[1]对之加以猛烈攻讦和全面否定，提出西化的改革方向和路径，美术革命因之蓬勃兴起。这里，与近代史和新文化运动的基本趋势相一致，"革命"既是绘画变革中的主体，也是主流，"传统"则成为"革命"的对象。

然而，真实的情形可能并非如此泾渭分明地二元对立。本文试图通过对历史文献更为细致全面的阅读，探究激进派人物的成长经历、知识结构、思想观念以及当时社会历史现象的多样性、复杂性，在已有研究的基础上，破除论争阵营划分、传统现代对立等非此即彼的研究定位和态度，更为客观地分析激进派主要代表人物身上的传统文化印迹、绘画观念中的传统元素，探析沉潜在纷杂社会现象和时代变局之下的以"古意"为象征符号的中国古代绘画传统超越于时代的深固根基、本质力量和本体价值，以期更为完整地认识激进派人士的"美术革命"观念和主张。

---

[1]　学界研究新文化运动"美术革命"中的主要论争派别，对主"革命"（颠覆）者有革命、激进、革新、改良、开拓等派（型）命名，对主"坚守"（维护）者有传统、国粹、延续、守护、保守、温和等派（型）命名，如阮荣春、胡光华《中华民国美术史（1911—1949）》以"革新派"与"传统派"划分双方阵营；张少侠、李小山在《中国现代绘画史》中分为"开拓派"与"延续派"。另有杭春晓《"共尊宋画"背后的经验、立场之差异——民初画学"激进"与"温和"之辨析》（《文艺研究》2010年3期）、于洋《民初画坛传统派的应变与延展——以陈师曾的文人画价值论与进步论为中心》（《美术观察》2008年第4期）、周芳美《1920、30年代上海艺坛对于中西融合画风新国画之评论》（《美术学报》2013年第3期）等多篇论文。此主题非本文关注重点，故对两者各取"激进派""传统派"之名以行文。

（一）有关激进派绘画变革观念的再认识

晚清民国时期的时代变革，对美术界产生了深刻影响，成为其时美术发展史的社会背景。最初的变革之思，并非来自美术界，而起自于当时具有时代眼光的思想家、政治家、学者，尤其是一批具有强烈时代变革意识的改良或革新人士。著名学者王国维深受西方现代哲学影响，是主张艺术纯粹性的首倡者、20世纪艺术批评的开创者。早在1905年，他在《论哲学家与美术家之天职》一文中，就认为我国"美术之无独立价值也久矣"，在社会这边，是"其有纯粹美术上之目的者，世非唯不知贵，且加贬焉"；在美术家这边，则是"自忘其神圣之位置与独立之价值，而蒽然以听命于众"，此即为我国美术不发达"之一原因"。有感于此，王国维认为哲学与美术都应以追求"万世之真理"为旨归，坚持独立存在的、不依附于政治的价值，"若夫忘哲学美术之神圣，而以为道德政治之手段者，正使其著作无价值者也"，故"愿今后之哲学美术家，勿忘其天职而失其独立之位置，则幸矣"。[1] 1913年，鲁迅发表《拟播布美术意见书》，以"天物""思理""美化"为美术之三要素，认为美术的目的，存在"主美""主用"两说。两说原本各有道理，但"主用"之说"颇合于今日国人之公意"，因此他对之做了详细阐述，提出美术"表见文化""辅翼道德""救援经济"的三重功能。[2]同年，蔡元培发表著名的《以美育代宗教说》："美学之中，其大别为都丽之美，崇宏之美（日本人译言优美、壮美）。而附丽于崇闳之悲剧，附丽于都丽之滑稽，皆足以破人我之见，去利害得失之计较，则其所以陶养性灵，使之日进于高尚者，固已足矣。"[3]

以上三说，体现了他们对美术的重视及对美术见重于时代的期望，但王国维看重的是美术自身超然独立的艺术价值，鲁、蔡提倡的是美术服务现实的社会价值。三人所论，虽然均是对美术的综合之见，甚至在当时的概念里，还包

---

[1]　王国维：《论哲学家与美术家之天职》，见素颐主编：《民国美术思潮论集》，上海书画出版社，2014年，第2—3页。

[2]　鲁迅：《拟播布美术意见书》，载1913年2月教育部编纂处月刊第一卷第一册。

[3]　蔡元培：《以美育代宗教说》，载1917年8月《新青年》3卷6号。

括了音乐、文章等门类[1]；但同属美术领域，故与绘画变革的思潮，实有紧密的内在关联，可以视为大背景里的先声和导引。

关于传统绘画前途的论争，是新文化运动中"美术革命"思潮的重要内容，也是它的聚焦点，从某种意义上说，"美术革命"也就是中国画革命。它既是在西方文化介入近现代中国文化变革，西方艺术成为现代中国艺术的主要参照系的情境之下发生的，又是中国画自身规律之下新因素的表现与晚清美术渐变的延续。中国画"革命"的直接发起者，是康有为、吕澂、陈独秀，他们的言论引起了学术界、艺术界的长期论争，先后加入的学者、艺术家，著名者有徐悲鸿、刘海粟、徐志摩、陈师曾、金城、倪贻德、俞剑华、林汉达、向达、黄宾虹、傅雷、林风眠、常书鸿、吴湖帆、吴作人、贺天健、李毅士、傅抱石、高剑父、宗白华、胡兰成等人。在目前学术界的研究中，一般将之分成激进、传统、中西融合等派别。其中，康有为、陈独秀、徐悲鸿、刘海粟、林风眠、高剑父等人，被视为"激进派"，陈师曾、金城、傅雷、吴湖帆、傅抱石等人，则被视为"传统派"。

晚清民国时期，欧风东渐，画界同样出现学习西方文明的热潮。例如大批青年学子赴欧洲、日本留学学习西洋绘画[2]；西方学校式的美术教育逐渐建立[3]，西洋绘画成为美术专门学校的主要课程之一，中国传统师徒授受式的技艺传递日渐凋零；自西方传教士、书商在中国开办月刊、周刊等现代报刊后，各种官办、民办书馆、书局、画报、画刊、图画教科书层出不穷[4]，印刷方式也由早期的传统雕版印刷、活字印刷改用"照相镂版印图法"等西方现代印刷术；观念上的科学精神、写实主义，形式上的油画、水彩、水粉、版画，注重

---

[1] 见鲁迅：《拟播布美术意见书》"美术之类别"，载1913年2月《教育部编纂处月刊》第一卷第一册。

[2] 早期者如李叔同、曾孝谷、李铁夫、冯钢白、周湘等人。

[3] 如上海油画院附设中西图画函授学校（后更名布景传习所、中华美术学校）、上海图画美术院（后更名上海美术专科学校）、北京国立美术专科学校、私立美术函授学校、私立上海艺术专科师范学校等新式美术教育机构。

[4] 笔者据孔令伟《风尚与思潮——清末民国初中国美术史的流行观念》等研究粗略统计，1900—1918年间出版发行的影响较大的画报、画刊，有《启蒙画报》《时事画报》《醒世画报》《图画新闻》等50种以上。

技法上的写实、以透视和明暗方法表现物象的体积、质感和空间感等西画元素传布社会。所有这些美术上的"新文化"现象，不但强化了美术的社会功能[1]；也在绘画风格与发展趋向上，予人以西洋美术东渐中土、绘画观念转向西化、西方画风成为主流的印象，就如潘天寿所言："西画在中土之势力，始渐渐高涨……缘此，中土青年有直接彻底追求欧西绘画之倾向。"[2]

这种情形反映到学术界对民国时期，特别是民国初期的画史、画论研究上，就相应地出现以"美术革命"为20世纪中国画发展的主要脉络、以旨在实行"中国画革命"的激进派为画史主体、以主张用"革王画的命""断不能不采用洋画的写实精神"等方法改革中国画为激进派之画论主旨的现象。例如：

"实际上，在美术革命论争之前，作为改良主义者的维新派领袖康有为也曾激烈抨击传统文人画及作为绘画之支撑的画学理论。他在《万木草堂藏画目》中一开篇就陈言：'中国近世之画衰败极矣，盖由画论之谬也。'康有为在较为开阔的视野中（上有郎世宁对中国画的冲击，旁及日本绘画变革的参照）对中国绘画史作了初步的清理"，"在此基础上他明确提出了'变'的主张：'如仍守旧不变，则中国画学应遂灭绝。国人岂无英绝之士应运而兴，合中西而为画学新纪元者，其在今乎？吾斯望之。'作为声望卓著的维新派改革家，康有为的号召影响力极大，他改造中国传统美术的思想对吴昌硕、蔡元培、徐悲鸿、刘海粟等都有一定的影响，尤其是徐悲鸿对中国画历史的评价，基本与康有为的评价相一致。"[3]"徐悲鸿主张以西方的写实观念和技巧来改造中国画。"[4]

笔者认为，一方面，上述研究确实反映了民国时期美术思潮的面相。当

---

[1]　如孔令伟《风尚与思潮——清末民国初中国美术史的流行观念》认为新型刊物具有"文化娱乐""科学启蒙"和"思想启蒙"三种社会作用，"其中作用最大的是图像的'思想启蒙'功能，从宣讲基督教、福音，到传播民主、革命思想，画报、画刊的精神主旨逐渐发生了质的变迁"。《风尚与思潮——清末民国初中国美术史的流行观念》，中国美术学院出版社，2008年，第102页。

[2]　潘天寿：《中国绘画史》修订本附《域外绘画流入中土考略》，商务印书馆，1935年。

[3]　陈旭光：《20世纪初的"美术革命"论争与现代"美术"观念的形成》，《美育学刊》2013年第3期。

[4]　潘少梅：《艺术思想启示录——二十世纪中国画论争对中国画创作的影响》，浙江师范大学硕士学位论文，2006年。

时，激进派是"美术革命"论争中掌握话语主导权的一方，其发布相关观点的主要文章有：康有为《万木草堂藏画目》、吕澂《美术革命》、陈独秀《美术革命——答吕澂》、徐悲鸿《中国画改良之方法》《我们对于美术上应有的觉悟》《新国画建立之步骤》《当前中国之艺术问题》等。尤其是吕澂、陈独秀以中国画为主的"美术革命"的观点以书信方式发表在当时影响巨大的《新青年》上，在美术界产生了震荡，既使中国画在当时整个文化视野中骤然成为焦点，也使激进派的观点成为学术界研究的重要内容。

康、陈等激进派代表人物的一些言论，确实反映了他们激烈抨击传统绘画、推崇西洋绘画的观念。例如：

康有为："中国画学至国朝而衰敝极矣。岂止衰弊，至今郡邑无闻画人者。其遗余二三名宿，摹写四王、二石之糟粕，枯笔数笔，味同嚼蜡，岂复能传后，以与今欧美、日本竞胜哉？""如仍守旧不变，则中国画学应遂灭绝。"[1]

陈独秀："若想把中国画改良，首先要革王画的命。因为改良中国画，断不能不采用洋画写实的精神。""画家也必须用写实主义，才能够发挥自己的天才，画自己的画，不落古人的窠穴。""人家说王石谷的画是中国画的集大成，我说王石谷的画是倪黄文沈一派中国恶画的总结束"，"我家所藏和见过的王画，不下二百多件，内中有'画题'的不到十分之一，大概都用那'临'、'摹'、'仿'、'橅'四大本领，复写古画，自家创作的，简直可以说没有，这就是王派留在画界最大的恶影响……像这样的画学正宗，像这样社会上盲目崇拜的偶像，若不打倒，实是输入写实主义、改良中国画的最大障碍"。[2]

徐悲鸿："中国画学之颓败，至今日已极矣。凡世界文明理无退化，独中国之画在今日，比二十年前退五十步，三百年前退五百步，五百年前退四百步，七百年前千步，千年前八百步。民族之不振可慨也夫！夫何故而使画学如

---

[1] 康有为，《万木草堂藏画目》"序"，见《民国美术思潮论集》，第21页。
[2] 陈独秀：《美术革命——答吕澂》，见1918年1月15日《新青年》6卷1号。

此其颓坏耶？曰：惟守旧；曰：惟失其学术独立之地位。"[1] "总而言之，写实主义足以治疗空洞浮泛之病，今已渐渐稳定。此风格再延长二十年，则新艺术基础乃固，尔时将有各派挺起，大放灿烂之花。"[2]

刘海粟："反观吾国之画家，终日伏案摹仿前人画派，或互相借稿仿摹以为研究张本，并以得稿之最多者为良画师焉。故画家之功夫愈深，其法越呆，画家之愈负时誉者，画风愈靡，愈失真美。"[3]

上述言辞，在研究晚清民国绘画变革思潮的论著、论文中，被反复引用，几至令人耳熟能详。汇集起来，自然予人激进派贬斥中国画传统、推崇以西画推进中国画变革的印象。

但是，另一方面，必须看到的是，在已为我们熟悉的激进派的"既有"面相之下，其实还有更多或被忽视、或需深究的潜在话语。如果我们在上述这些耳熟能详的激进派观点之外，更为深入地寻找、阅读他们当时的言论和相关史料，将会获得更为全面和丰富的历史信息，发现更多有意义的、值得思考的问题。

然而，学术界对此似乎重视不够，看到的多为激进派以"革命""西化"求"变"的一面，而忽视了他们以"传承""借古"求"变"的一面。如此，则不但可能将繁杂的历史、错综的观念、曲折的演变作了简单化、概念化的定位，[4]还更可能因无视民族传统的深固根基而对历史人物乃至历史本身做出误判和误读。

（二）有关《万木草堂藏画目》传统绘画观念的分析

就像有学者已经从当时传统派的画论里寻觅并申论了他们同样具有吸收

---

[1]　徐悲鸿：《中国画改良论》，见《民国美术思潮论集》，第30页。
[2]　徐悲鸿：《新艺术运动之回顾与前瞻》，见《民国美术思潮论集》，第540页。
[3]　刘海粟：《画学上必要之点》，见《民国美术思潮论集》，第27页。
[4]　此正如杭春晓所指出："多数学者在论及二十世纪中国画发展时，仅将目光局限于激进派带有偏激色彩的论调，每每言及二十世纪初中国画，则必言康有为、陈独秀，仿佛这才是二十世纪中国画发展的真正起点。"见《认知眼光与二十世纪中国画"传统派"之命运》，《美术研究》2008年第8期。

西画技法以振兴中国绘画的观点和主张[1]、并在当时画坛以温和而柔韧的态度坚守传统、推进中国画的时代变革一样[2]，我们也可以尝试通过更为细致、切实和详尽地阅读激进派主要代表人物的代表性文论，分析其绘画观念中的传统要素，寻觅其绘画变革观念中的多重内涵。康有为《万木草堂藏画目》"序"之首的一句"中国近世之画衰败极矣"，影响之大，可谓一石激起千层浪。故此，本文拟对此文作较为详尽的分析，以期跳出以一言定乾坤的局限，澄清《万木草堂藏画目》"序"中有关传统绘画观念的完整论述，更为准确地认识康有为的绘画变革理想和主张。

在《万木草堂藏画目》"序"文中，康有为"中国近世之画衰败极矣，盖由画论之谬也"的批评，并非基于一时意气之言，也不是空泛的指责，而是建立在系统的画史梳理和分析基础之上的研究。他对由唐而至"国朝"的画史做了简要而系统的研究，分别指出唐画"忠质"、五代画是"由质而文之导师"等时代特质。他对宋画评价极高，认为其"无体不备，无美不臻""为西十五纪前大地万国之最"。对元代画的评价，则比较复杂，涉及到对文人画的评价。其中的院体画、界画之"写形"与文人画之"写意"，正是"美术革命"中有关中西画法异同的论争关键。

一般认为，文人画的鼻祖是唐代诗人王维，他在绘画上一是重视水墨，二是重视以诗入画。宋代苏轼继之，倡导诗画合一、崇尚表现意气、不拘形似而以写意为长的"士人画"。此类画风在元时，得到元代赵孟頫和黄公望、倪瓒、王蒙、吴镇"元四家"的继承发扬；到明代董其昌时，则被称为"文人

---

[1] 陈师曾在1919年认为"我国山水，光线远近，多不若西人之讲求，此处宜采西法补救之"。
[2] 于洋《民初画坛传统派的应变与延展——以陈师曾的文人画价值论与进步论为中心》一文对此有详尽研究，认为："对于传统派的误读并不仅仅发生在七十年前，维护或倾向于传统派的态度直至今日仍常被冠之以'保守'这一具有价值评判性的语词。然而，如果我们追索民初传统派的策略意识与思想资源，就不难发现这种印象的谬误：首先，'传统派'并非一个可以大而化之的'利益集团'，其内部各支派之间的差异并不比'融合派'来得简单，'传统派'不同画家的摹古守旧与积极趋新的态度堪称殊异；其次，仅以'传统派'代表人物的知识构成与艺术主张来看，他们恰恰都能主动汲取西学养分，如陈师曾的《文人画之价值》因循了进化论的思路，黄宾虹在20年代定居上海期间积极引介西方美术界的状况、潘天寿在与西方绘画观念的比较中进行中国画章法的分析，甚至连国粹意识浓重的金城也曾留学英伦、并在国内与欧美人士常相往来。他们中间的大多数人都曾以不同方式表达过对于中西艺术交流融合的支持与肯定，这些都显示了'传统派'的精英代表并不拒斥西学，及其在中西体系比较后的自觉选择。"

画"。以赵孟頫、董其昌为代表的文人画家们以"聊写心中逸气"高自标誉，大发水墨写意之论，而将两宋笔墨工致、法度谨严、色彩雅丽的院体绘画视为"匠作"。此种画风由山水画而至花鸟、人物，远山淡水、梅兰竹石成为典型题材，简笔水墨、诗书画印合一成为表现手法，书写性灵、体味笔墨、表达个人情怀成为绘画目的，文人画由此成为中国绘画传统的主流。

康有为文中对待文人画的态度，可以分析出四个层面：

第一，是对元明文人画大家作品的肯定，"夫元四家皆高士，其画超逸澹远，与禅之大鉴同""吾于四家未尝不好之甚"。即使对以学"元四家"为圭臬的明代画，他也有客观的评价和认可，对董其昌（香光）的盟主地位、对画人之文人"逸笔"，都是肯定的。

第二，他从"国朝"的实际情况出发，抚今思古，追溯"近世之画"衰败之源，将之与文人画做了联系，在具体分析的基础上，有针对性地提出了严厉的批评。

一是认为文人画作为"逸品"，只能是一种风格，"不夺唐、宋之正宗"，不能与唐宋绘画的正宗地位相提并论。他从游历观赏欧洲各国博物馆的经历中，获知欧人也有水粉画、墨画，也是与元四家相似的"逸澹"风格。问题在于欧人并未将此"尊为正宗，则于画法无害"，而中国元明以来的古代绘画传统，则将元四家的画风定于一尊，疾呼形成文人画一统天下的格局，"国人陷溺甚深"，故而他"不得不大呼以救正之"。

二是这种批评并非针对"元四家"、董其昌这些文人画大家的作品本身，认为中国画的衰败，并非发生于"元四家"自身，也不在于其"超逸澹远"的写意风格，而是后人不自量力地盲目效仿，被文人画禁锢了艺术个性和创作激情的因循和摹仿，尤其是一班附庸风雅或追名逐利之徒以粗俗笔墨技法为"聊写胸中逸气"的欺世盗名之举。

他认为，"元四家"、董其昌者，乃旷古"高士"，"其画超逸澹远，与禅之大鉴同"，画中自有乾坤，岂是人人都能学得？"后生既不能人人为高士，岂能自出邱壑？"为此，他还十分形象地将盲目摹仿的做派，比作为"群盲同室，呶呶论日""高天厚地，自作画囚"。而摹仿的结果，"只有涂墨妄偷古人粉本，谬写枯澹之山水及不类之人物花鸟而已"。到了"国朝"，更至于"郡邑无闻画人者。其遗余二三名宿，摹写四王、二石之糟粕，枯笔数笔，味同嚼蜡，岂复能传后，以与今欧美、日本竞胜哉？"因此发出"盖中国画学之衰，至今为极矣"之叹。

第三，是对元明以后绘画只重写意、排斥写形等观念的批评。康有为重视写形，认为"画以象形类"，"非取神即可弃形，更非写意即可忘形也。遍览百国作画皆同"，"中国自宋前，画皆象形，虽贵气韵生动，而未尝不极尚逼真"。这就是因写形而得的艺术效果。他认为这种"写形""逼真"、讲究技法和形似的绘画，与欧洲古典绘画的写实主义相似，"故今欧美之画与六朝唐宋之法同"。他还具有包容和体谅的胸怀，对元明由写形而至写意的画风之变，表示了充分理解："凡物穷则变。宋画精工既极，自不得不变为逸澹，亦犹朱学盛极，阳明学出焉。"

然而，凡事过犹不及。文人画风发展到清代，许多以文人画自居的画家、理论家，不但自身笔墨粗劣燥硬、没有扎实的技法，反而指责攻击技法扎实的"写形"画家和画作，比如"界画"，"苏、米摈弃形似，倡为士气。元、明大攻界画为匠笔而摈斥之"，这就对绘画产生了不良影响。他认为，文人士大夫作画，为的是"自写逸气以鸣高"，那就只管去写山川、写花竹，简笔淡墨、简率荒略都可自便，因为既是"以气韵自矜"，自不必求取物态在形似的"专精"。但前提是，这只能作为绘画的"别派"，自娱自乐即可，而不能以之为"正宗"，如若"专贵士气为写画正宗，岂不谬哉？"至于真正表现物体形似之"专精"的绘画，例如《清明上河图》之类，则非专业画家为之不可，"非匠人毕生专诣为之，必不能精"。

第四，是对中国画改良途径的思考。既然"中国画学至国朝而衰敝极矣"，就必须为其寻求改革发展的出路。为此，康有为提出了他的矫正方案："以形神为主而不取写意；以着色界画为正，而以墨笔粗简者为别派；士气固可贵，而以院体为画正法。庶救五百年来偏谬之画论，而中国之画乃可医而有进取也。今工商百器皆借于画，画不改进，工商无可言。此则鄙人藏画、论画之意以复古为更新。海内识者当不河汉斯言耶？"

这里，值得注意的有两点：

一是他提出了"以形神为主""以着色界画为正""以院体为画正法"三项"救五百年来偏谬之画论"之标准，其中的"形神""着色界画""院体"都是传统绘画的观念、画种和风格，充分体现了康有为从传统绘画自身体系中提取"变革"之思想资源和工具策略的观念和举措。

二是他点明了自己编写此册《万木草堂藏画目》的目的，在于"以复古为更新"，更是画龙点睛地对自己的意图做了"关键词"般的着重设置。联系其上下文从唐画论至"国朝画"的思路和行文框架，此"复古"之"古"，当指中国古代绘画传统。将此传统与西洋绘画理念、技法相结合，才是康有为"合中西而为画学新纪元"之绘画变革理想的完整内涵。[1]

值得注意的是，上述《万木草堂藏画目》中有关传统绘画的观点，在陈独秀、徐悲鸿、林风眠这里，都有体现。比如陈独秀认为："中国画在南北宋及元初时代，那描摹刻画人物禽兽楼台花木的功夫还有点和写实主义相近"，"后来的扬州八怪，还有自由描写的天才"。[2]徐悲鸿承认："明虽不振，但天才辈出，如沈石田、仇实父、陆包山及陈老莲，俱是巨匠，不让前人。"[3]林风眠指出："中国唐、宋诸代艺术，能丰富而且伟大，其原因固是很多；但主要问题，还是在艺术自身，是否有丰富与伟大的可能，然后加以环境上相当的机会，才有伟大丰富事实上之发现。"[4]此处限于篇幅，不作一一详述。

（三）"古意"绵延：传统绘画超越性本体价值的民国呈现

以上，我们从激进派代表人物的绘画观念和主张里，分析出了他们不但具有深厚的传统绘画素养积淀和知识积累，而且实质上十分重视运用传统绘画资源助力"美术变革"。同时，这些激进派主要代表人物身上的传统文化印迹、绘画观念中的传统元素，也折射出了其时人们思想观念的交融、知识结构的

---

[1]　此间所引康有为之言，均见《万木草堂藏画目》"序"。
[2]　陈独秀：《美术革命——答吕澂》，见1918年1月15日《新青年》6卷1号。
[3]　徐悲鸿：《新艺术运动之回顾与前瞻》，见《民国美术思潮文集》，第541页。
[4]　林风眠：《东西艺术之前途》，见《东方》第二十三卷第十号，1926年。

驳杂、社会现象的纷繁。尤其引起我们思考的是，古代绘画传统在民国初期的时代变局中，既遭遇了被质疑、受冲撞、变革求新的命运，但也表现出以"古意"为象征符号的绘画传统所具有的超越时代的本质力量和本体价值。绘画传统的这种双重性，是我们考察"美术革命"思潮、研究激进派绘画变革观念时不可忽视的重要方面。

1. 激进派代表人物成长环境和知识结构中蕴含着丰富深厚的传统绘画元素

在激进派主将、"美术革命"的先驱康有为、陈独秀的成长经历和知识结构中，具有优裕的传统绘画养成环境，予他们以丰富深厚的教养涵育和知识储备。此可谓传统"古意"附着于人心层面的民国呈现。

康有为出身于从事儒学传授的书香门第、教育世家，8岁起跟随笃守程朱之学的祖父康赞修接受严格的正统教育。诗词书画是传统教育的有机组成部分，康有为自幼浸润其间，耳濡目染，对诗书画印一体的传统艺术多有会心，故酷爱书画。以书法论，他不但书法创作自成一家，还著有书学论著《广艺舟双楫》，力倡碑学，列出其魄力雄强、气象浑穆、笔法跳越、点画峻厚、意态奇逸、精神飞动、兴趣酣足、骨法洞达、结构天成、血肉丰美之"十美"，都是深谙传统书学、符合雅正趣味之论。

康有为曾收藏有许多中国历代名画，戊戌变法失败后尽被抄没。流亡海外期间，重新收集，得中国唐、宋、元、明历代画作数百幅。统观此《万木草堂藏画目》序之全文，康有为对中国传统绘画自唐画始而论至"国朝"（清朝），脉络清晰，论述简明，而有自得之见，显示出积淀深厚的传统绘画知识、素养和来自书画创作实践与真迹收藏摩挲中的眼光与判断。

陈独秀的嗣父陈衍庶，爱好收藏古书画名家真迹和古玩，在北京、沈阳、杭州、安庆等地开设有崇古斋古玩铺等商店，这从陈独秀自谓"我家所藏和见过的王画，不下二百多件"中可见一斑。陈衍庶又是位书画家，书宗汉隶、画工山水，以邓石如、刘石庵、王石谷、沈石田为师，故起斋名为"四石师斋"，因善摹清初"四王"之王翚而名震皖江。陈独秀在陈衍庶身边长大，陈衍庶的书画造诣及历代名迹收藏对他影响很大，养成了他深厚的古代书画艺术素养。同时，陈家亲友中也有许多书画篆刻家，如画家、篆刻家萧逊、潘勘、姜超甫等。教陈独秀读书的胞兄陈庆元，也得陈衍庶亲传而善丹青，都是"王画"的风格。陈独秀生长在此传统书画的氛围里，自然积累起对"四王"之画和中国绘画史的丰富感受和认识。

传统的养成方式、浓厚的书画艺术家庭氛围和亲身的艺术实践，为康、陈等人带来传统绘画艺术方面较为系统的知识积累和深厚修养，使得他们在面对绘画传统时，有足够的学识和能力加以细致辨析、区别对待，从中寻找和吸取助推"美术革命"的历史基础和理论资源。

2. 传统绘画的艺术自律规律和民族艺术特征支撑其长盛不衰

1928年，著名美术史家俞剑华发表《现代中国画坛的状况》，对当时画坛的各种画种、流派做了点评："旧国画方面有千把年的历史，根深蒂固，虽然现在有点老态龙钟，可是势力还很强大。洋画方面，历史虽短，但是有东西第一等强国的靠山，不愁不理直气壮，所以也还勉强支撑。至于说到新派画，既没有竖的根据，又没有横的奥援，在脑筋里想想的人不少，实际上作出来的真不多。就是有一两个人独树一帜，想着生面别开，但是不久不是与西洋画结了不解缘，便与日本画搭了姘头，纯粹完全的新中国画，还是遥遥无期。"[1]从他的点评来看，可知当时旧国画（即传统国画）仍然"势力还很强大"，洋画（即西方绘画）只是"勉强支撑"，而新中国画（即以中西融合求变求新之画）则"遥遥无期"。

俞剑华不仅是美术史家，也是著名画家，加上种种现象俱为其目力亲见，故其论可谓信而有征。笔者粗略检索民国时期相关史料，著名画家林风眠、倪贻德也都在1928年发表过类似评述。林风眠在《致全国艺术界书》中自况其境称：他"以'我入地狱'之精神，乃与五七同志，终日埋首画室之中，奋其全力，专在西洋艺术之创作，与中西艺术之沟通上做功夫。如是者六七年"，但"未见有多少之成效"[2]；倪贻德在《新的国画》中写道"观察我们国画界里的实际情形呢，却又不觉使我大大地失望了。他们仍旧是故步自封，在那里走

---

[1]　俞剑华：《现代中国画坛的状况》，见《民国美术思潮论集》，第201页。
[2]　林风眠：《致全国艺术界书》，见《民国美术思潮论集》，第154页。

那前人已经走过的道儿"。[1]

此后的1933年，常书鸿发表《中国新艺术运动过去的错误与今后的展望》一文，谈到其时的中国画创作，"中国画十余年来依然是仿效笔意，在抄袭临摹上用功夫"，石膏模型、静物、人体等，"毫无影响于国画的沉昏局面"，很多人"因为要保存国粹，不用洋货"。[2]

这种情形直到1937年，都没有大的改观。傅抱石1937年在《民国以来国画之史的观察》中指出："中国的艺术思想，还是受着几千年前的儒家思想的支配，直至今日，或亦不能说有了多大的变化。虽然洋风已吹了若干年，但大多数，还只是表面，只是某种极小限度的表面。对于传统的一切，可谓依然故我，维护得相当周密的。""这种情形，在民国二十六年六月以前，绝无例外。"[3]"千年来的潜势力，还整个笼罩了画家的心，束缚得使你动也不能动，中国画的不进步，说明了又没有多大稀奇。"[4]此时，距离陈独秀提出改良中国画、"革王画的命"已近二十年。

至1947年，经过多年论争，画界对传统绘画的态度渐趋理性，认识更为客观，重视学理分析、肯定中西各有传统成为重要特征。例如傅抱石在《中国绘画之精神》中，详尽论述了中国绘画重笔法、重气韵、重自然的超然精神，重人品、重修养、重节操的民族精神以及重视"全神气"的写意精神；比较了中西绘画的不同，期望从中感悟中西绘画精神之不同寄托。[5]许士骐从美育与民族精神的角度，强调传统绘画不同于西洋绘画的独特价值，在于其更重视画中蕴含的深刻含义，比如以松柏象征清风亮节、以梅花象征坚强不屈。[6]

此外，从绘画创作中的一些现象中，也可以看出传统绘画在艺术创作实

---

[1] 倪贻德：《新的国画》，见《民国美术思潮论集》，第190页。

[2] 常书鸿：《中国新艺术运动过去的错误与今后的展望》，见《民国美术思潮论集》，第310页。

[3] 傅抱石：《民国以来国画之史的观察》，见《民国美术思潮论集》，第379页。

[4] 傅抱石：《民国以来国画之史的观察》，第380页。

[5] 傅抱石：《中国绘画之精神》，见《民国美术思潮论集》，第577—582页。傅抱石认为中西绘画的不同，在于：西洋画是宗教的、写实的、积极的、动的热的、科学的、说明的、年轻的、客观的，中国画是人事的、写意的、消极的、静的冷的、哲学的文学的、含蓄的、年老的、主观的。蛮子的《西画与国画》也有类似比较，见《中国美术年鉴》，中国图书杂志公司1948年。

[6] 许士骐：《美育与民族精神》，见《民国时期美术论集》，第597页。

践中的影响力。传统派的创作自不待言，即以坚持绘画变革的徐悲鸿、林风眠而言，也很容易从他们的作品中分析出传统绘画的经典元素。徐悲鸿在坚持西方写实主义并将之引入中国画界的同时，大胆借鉴以线造型、水墨、没骨、勾染、白描等传统绘画语言并加以探索变革，既提高了中国画的造型能力，也丰富了自己作品的水墨意蕴、生动气韵，他的奔马题材作品，就是绝佳的例证。林风眠作为留法画家，西画技法纯熟，善于运用透视、明暗、鲜艳色彩强化画面的表现力和视觉冲击力。但是，他最为成熟、最具代表性的个人风格，则是吸取融合了大量传统绘画元素，比如南宋纨扇的形制、墨分五色的色调、水墨交融的技法、深远的意境、孤寂的文人情怀等等。正是这种对传统笔墨、民族情怀和写意精神的传承和创新，使他成为传统绘画现代转型的成功实践者。

由此可见，传统绘画在民国时期一直受到传承并颇具势力，是重要的画学流派。这种情形的出现，一方面固然在于保守势力冥顽不化、变革创新原本不易等原因；另一方面也应看到，中国绘画传统已然形成的自律性艺术演进规律，其中蕴含着的具有中华民族艺术特征、与中国文化紧密契合的元素，都是支撑传统绘画长盛不衰的重要力量。例如，陈师曾研究文人画认为："文人画之要素，第一人品，第二学问，第三才情，第四思想；具此四者，乃能完善。盖艺术之为物，以人感人，以精神相应者也。有此感想，有此精神，然后能感人而能自感也。"[1]因此，"文人画不求形似，正是画之进步"[2]。这与康有为在《万木草堂藏画目》中对元明文人画大家的肯定，是一致的。吴湖帆研究中国绘画的民族艺术特征，认为：中国画学与中国文学互为表里，皆因时代而演化，总的趋势是由写实而渐趋于写意、由科学精神而渐趋于哲学精神，"其初亦侧重科学精神，后乃渐渐侧重哲学精神。如盛行人物时代（画学最先时代）之画，种种法度，严密异常，服装面相，皆有一定法式。后因作者之熟能生巧，渐趋简便，遂由摹写而入于神化。换言之，即科学成分逐渐减少，哲学成分逐渐增多是也"。山水花鸟更是如此，"绘画思想大变，以气韵为主，以性灵为先，纵笔发挥，泼墨成趣……即皆以超乎象外笔兴神游为作风者也。昧于

[1] 陈师曾：《文人画之价值》，见《中国绘画史》，中华书局，2010年，第147页。

[2] 陈师曾：《文人画之价值》，第146页。

中国画理，及中国文化之本质者，每以不合科学一语，为苛求责备之论据，其实写实派为一种，写意派又为一种，本不容混为一谈"。[1]揭示了其与中国文化的内在承合及因此形成的独特艺术路径。

正因为此，故有人寄望于"贤明政府，及负有教育文化之责任者，对于具数千年悠久历史，为世界文明国家重视之国画，扶持之，倡导之，而勿任其湮没不彰，实中国文化之幸也"[2]。也有人愿以自己的力量维护之、发展之，如北京地区画界领军人物金城、陈师曾等人发起成立中国画学研究会，以"精研古法、博择新知"为宗旨，致力于传统绘画的弘扬。傅雷、傅抱石、黄宾虹、陶冷月等人，都以深研、传承传统绘画为己任。此可谓传统"古意"附着于社会层面的民国呈现。

3. "古意"：艺术本体价值的真理性提纯与超越性追求

于洋曾经评论民国绘画变革论争中的传统派"似一股潜流，深醇、浸润、沉静而不抢风潮，但其绵延力与拓展力却异常强韧"。[3]如果我们放长眼光，将此"潜流"置于历史岁月之中，则其实为以"古意"为象征符号的绘画传统的缩影。回顾新文化运动的历程，传统绘画并未因欧风美雨的吹打而"落花流水春去也"，它在百年里载沉载浮、或隐或现，体现出根基深厚、连绵不断且"古意"盎然之势。

古代中国以农立国，人们生活在一个个狭小固定的地理空间和熟悉亲密的社会关系里，面对的是熟悉的人群、重复的生活、共同的境遇。定了型的生活，自有定了型的经验去应对，一代一代累积出的生活经验，是每一个乡土社会之子在出生前便已得到的礼物，世代传递，子孙永继。以传统指导社会生活，就成了古代价值体系中的重要成分。古代经典和日常经验在日复一日的传承中被人们视为指南和圭臬。产生于农耕文明的中国绘画艺术，同根同源地建构了一个尊崇古意、强调师法的艺术传统。例如，它也要求画家们"师造

[1] 吴湖帆：《对于现代中国画之感想》，见《民国美术思潮文集》，第323页。
[2] 吴湖帆：《对于现代中国画之感想》，第324页。
[3] 于洋：《民初画坛传统派的应变与延展——以陈师曾的文人画价值论与进步论为中心》，《美术观察》2008年第4期。

化"，但在实际的传承中，画家们实践得最多的还是"师古人"。甚至他们所师的那个"造化"，在很大程度上指向的也是古人画中的那个"造化"，而非真实的自然山水。因此，人们一般认为，崇古主义是中国艺术传统中的基本价值取向，并对之持批评否定的态度。然而，笔者认为，对此尚需作详细辨析。

对中国艺术传统中的尊崇古意、强调师法，我们不能简单地只从"复古""泥古"的角度去理解。综合辨析和体味传统绘画中的历史现象，可知这个"古"字，实质上含蕴着丰富层次和多维面向，以具有中国特色的话语表达，在特定的语境里营构出独特的观念世界。在此，试以在中国艺术史上影响深远的元代画家赵孟𫖯的"古意论"为例，略作分析。

赵孟𫖯在其画论、书论中，对"古意"多有论述。如其论作画曰："作画贵有古意，若无古意，虽工无益。今人但知用笔纤细，傅色浓艳，便自为能手。殊不知古意既亏，百病横生，岂可观也。吾所作画似乎简率，然识者知其近古，故以为佳。此可为知者道，不为不知者说也。"[1]论书法曰："古法终不可失。"[2]

赵孟𫖯的"古意论"，蕴含着三个层面的内涵。

一是好古崇古。据陈传席先生的研究，北宋时期，出现了绘画风格、审美趣味和绘画理论的全面复古风尚。时人家中陈列古器、古画，好稽古、博古，《先秦古器记》《集古录》《考古图》《宣和博古图》《古器说》等著述大量出现。在绘画观念上，苏轼、米芾、黄庭坚等具有影响力的文人士夫，都不同程度地把"古意""高古"作为绘画的审美标准。[3]赵孟𫖯的"古意论"，全面继承了北宋的文人思想，十分推崇汉魏以来的艺术创造成就。例如他曾集古印文中"尤古雅者"340枚，修其考证之文，集为印史，以使"汉魏而下典刑质朴之意可仿佛而见之矣。谂于好古之士，固应当于其心。使好奇者见之，其亦有改弦以求音、易辙以由道者乎"。[4]

---

[1]　《御定佩文斋书画谱》卷十六"元赵孟𫖯论画"，文渊阁《四库全书》本。

[2]　《御定佩文斋书画谱》卷七"元赵孟𫖯论书"。

[3]　陈传席：《中国绘画美学史》，人民美术出版社，2002年，第320页。

[4]　[元]赵孟𫖯：《松雪斋集》卷六"印史序"，文渊阁《四库全书》本。

二是与古为徒。即在绘画创作上追求古意，以"合乎古"为标准，力求"逼近古人"[1]，与古人为友。这个"古"，即为深受尊崇的漫长艺术史中积淀、凝练而成的艺术本体价值，即其所愿人们"易辙"而由之的"道"。例如，他认为自己的画作虽胜于南宋时期的"近世"画手，却自谦于"未敢与古人比"[2]。他批评近世士大夫的篆刻"壹是以新奇相矜。鼎彝壶爵之制，迁就对偶之文，水月木石花鸟之象，盖不遗余巧也。其异于流俗，以求合乎古者，百无二三焉"[3]，故此着意编撰《印史》，希冀引领当时的篆刻者易"近世"之辙、借《印史》而行于古之"道"也。

三是借古创新。赵孟頫提倡"古意"，旨在矫正"用笔纤细，傅色浓艳"的南宋院体绘画之弊。其思想方法和实践路径，一方面在于借"古"之"道"作为艺术创作的历史资源和基本遵循，以借古的方式学习、传承先人在创作中凝聚的艺术智慧和共性，丰富创作的深度和厚度，提供艺术审美的参照性和可比性，构筑共享的基础；另一方面则在自出机杼、自成风格的艺术实践，在先人艺术共性的基础上，奉献独具个性特色的新创。赵孟頫在艺术史上的卓著成就和深远影响，并非单纯来自于他的"好古复古"，而在于其在书法、绘画和画学思想等众多艺术领域的奠基开拓之功。例如他强调"书画同体"、书法用笔，以飞白法画石、以书法用笔写竹、诗书画印皆善等等，均为元代文人画发展奠定基础、开启门户，起到董其昌所说的为"元四家"的文人画创作"提醒品格"之作用。

由此可见，赵孟頫所言之"古意"，是以往历史中艺术创造的共性认同，是艺术本体价值的不断凝结提炼，是将自己融于"古意"之中的谦恭礼敬，是从"古意"之中化合而出从而为之注入满满新意的竭诚奉献，更是一种相关于中国人认识世界、表现世界、审美世界的艺术认知和文化品格。

从赵孟頫的"古意论"推而论之，画史中重复出现的复古、崇古、师古等画家名字，山水画中看似相似的山水形象，画论中的"师古"观念，等等，都

---

[1]　见赵孟頫自题其画作《二羊图》。

[2]　见赵孟頫自题其画作《双桧平远图》。

[3]　[元]赵孟頫：《松雪斋集》卷六"印史序"。

向我们昭示了一个源于中国文化观念的"古意"传统。画家们在此"观念的世界"里，由今溯古、自古而今，古往今来，自由逡巡，滴水穿石，建构传统。在这里，"古"不只是时间上的过往，也并非观念里的守旧，而是历史提供给后人新创、累积与传承的动态文化空间；"古意"便是于此空间中历经岁月的披沙拣金而凝结提纯的要素、类型、元典、范式、品格与精神之规，叠加着山水形象的艺术符号、山水精神的文化旨归、礼敬传统的价值取向、岁月静好的人文关怀、归隐林泉的独善之趣以及对艺术本体价值的超越性永恒追求等多重内涵，陶铸历练而成民族文化心理，与中国人的"文化生命同向前进"[1]，暗合了"一切历史都是当代史"的观念，历久弥新，生机益然。

　　现在，让我们回到本文之初王国维有关哲学与美术都应以追求"万世之真理"为旨归的论述。王国维说："夫哲学与美术之所志者，真理也。真理者，天下万世之真理，而非一时之真理也。"[2]由此，我们是否可以认为，中国传统绘画中的"古意"，也即一种关乎艺术本体价值和文化生命的真理性提纯与表达，因此而具超越时空的绵延之力？如是，则自新文化运动提出"美术革命"至今，历时仅只百年。面对无数代的先人创造、面对数千年的艺术积淀、面对历经岁月陶炼熔铸而具历史超越意义的真醇"古意"，百年一瞬，成败对错俱尚难轻言。变革的路，正其修远。

[1]　宗白华：《论中西画法之渊源与基础》，见《民国时期美术论集》，第617页。
[2]　王国维：《论哲学家与美术家之天职》，见《民国美术思潮论集》，第1页。

三、艺术交游网络中的区域文化特质涵泳

民国时期的艺术界，大家辈出，且较为集中地聚居于开埠后商业繁华的上海。赵叔孺以书法、绘画、篆刻、鉴定四绝的全面素养和精深造诣，享誉沪上，与吴昌硕比肩而立。时移世变，赵叔孺艺名沉潜，知者不多，论者寥寥。加之赵叔孺以书画篆刻为业，作品精而稀见，文字著述更少，故此有关赵叔孺的史料很少，现有资料中也存在不少因疏于考证而存在的错讹、模糊之处，给研究带来较大困难。赵叔孺与吴昌硕在近代以来艺术史上的不同遭际与悬殊的地位差距，既有两人不同作为与性格等方面的原因，更与百多年来时代精神、社会旨趣、审美取向和创作风格相关，因而有关赵叔孺的研究，颇具艺术史与社会史的双重意趣。但赵叔孺研究基础极其薄弱的现状，对深入研究造成局限，故本文拟就目力所见，掇拾可及之吉光片羽，汇采前贤之研究所得，就赵叔孺在上海时期的艺术交游活动及其与故乡鄞县地方传统建构之间的互动关系，做粗浅研讨，以期为深入研究提供初步基础。

（一）赵叔孺的艺术成就及其艺术史地位

赵叔孺（1874—1945），宁波鄞县人，出身于官宦家庭，且为南宋宗室后裔，四明望族。其父名有淳，以避清同治帝名讳，更名佑宸，号粹甫，[1]位至大理寺卿，称廷尉公。曾以翰林简放江苏江宁知府，次年调署镇江知府。镇

---

[1] 《四明赵氏宗谱》记为："字瑞甫，又字瑞辅，号莅史，又号粹甫，晚号遂翁。"天一阁藏1926年乐活堂刊本。

江古称润州，故其父名之为润祥。后名时枬，字献忱，号叔孺。[1]晚年曾获东汉延熹年间和蜀汉景耀[2]年间的两张弩机，故自称二弩老人，名其斋为二弩精舍，并著《二弩精舍印谱》。清光绪十年（1884），赵叔孺随父入都，受业于李枚士明经之门读经书。光绪二十四年（1898），赵叔孺分发福建，历署福州平潭海防同知、兴化府粮捕通判、泉州府海防华洋同知、福州府海防华洋同知等职。其岳丈林寿图为闽中巨富，收藏金石书画甚丰。赵叔孺在闽期间，于林氏府邸钻研金石书画，深究三代吉金文字、唐宋元明古迹。辛亥（1911）鼎革，赵叔孺由闽入沪定居。此后，即以印石篆刻、售卖字画为生，毕生致力于书、画、篆刻创作研究和古代文物鉴识。

1. 赵叔孺艺术成就述要

（1）绘画成就

赵叔孺绘画以少而精著称，擅长画马；所绘山水花卉、翎毛草虫，师法造化，注重象形。时人评为："所写马，斟酌龙眠、沤波，山水绝似元贤，花鸟则兼宋法，浑厚之气，敛入毫芒。"[3]赵氏之画，散于各藏家，以宁波当地藏家收藏最为集中。现一纸半缣，已不可多得。

（2）书法成就

赵叔孺书擅四体，行楷出入赵孟頫、赵之谦，恬静雅洁；篆书得力于李斯、李阳冰，平稳圆转；隶书融会两汉，有秀逸之趣。所写小篆楹联条幅珠圆玉润。所临摹碑帖，亦均能得其神髓。他平时即常诚嘱学生及子侄辈，要求他们临摹古迹，既要能酷肖，又需得神韵。

---

[1]　张奕辰：《关于印坛巨擘赵叔孺先生》记为："赵时枬（1874—1945），初字献忱，后易名时枬，字叔孺，号纫苌。"见2015年5月27日《东方早报》。今从张原炜《鄞县赵叔孺先生传》，见赵鹤琴等编《鄞县赵叔孺先生遗作展览会特刊——赵叔孺先生遗墨》，1956年香港刊印，第1页。此特刊承蒙宁波赵裕军先生慷慨赠阅，诚致谢忱！

[2]　笔者所见张原炜《鄞县赵叔孺先生传》等有关赵叔孺研究的资料和论文中，基本将此两张弩机记为"东汉延熹""魏景耀"年间。按："景耀"为蜀汉年号，故将"魏景耀"改为"蜀汉景耀"。

[3]　吴子深：《浙东赵叔孺先生遗墨展览引》，见赵鹤琴等编《鄞县赵叔孺先生遗作展览会特刊——赵叔孺先生遗墨》，1956年香港刊印，第4页。

（3）篆刻成就

赵叔孺于艺事几乎无所不窥，从先秦至清末，淹博通达，而于篆刻用力最勤，成就最著。赵叔孺活跃于海上印坛之初，正是吴昌硕声誉如日中天之时。他宗法秦汉，参研宋元，精研古金石学，究心三代彝器文字，承赵之谦家法，取精用宏，以自己独特的赵氏风格，营造出渊雅、典丽、恬静的气象，篆刻乃臻上乘，时人推为二百年来叔孺第一。朱文印"月上簃"为其晚年代表作，浑厚圆融，天趣横溢；四面边款《月上簃小记》，笔画苍劲，臻于炉火纯青之境。曾刊行《二弩精舍印谱》六卷，内有自刻印三百钮，堪称代表作品。

（4）艺术收藏

赵叔孺是收藏大家，庋藏有珍贵的彝器宝鼎、法书名画。由于他收藏富、阅历深、鉴别力强，深受海内藏家信任和推崇。张大千评曰："鼎革以还，海内遗老流人名士，咸集上海，而南北所藏名迹宝墨，亦先后来萃。先生尤精鉴别，几法绘名书，无不以得先生一言为定。"[1]

2. 赵叔孺艺术史地位简评

赵叔孺生前即已获得书画篆刻各方面多种声誉。他自幼即以画马得名，获福建林寿图青睐而被择为东床快婿。在上海时其画马之作称誉画坛，时人有"一马黄金十笏"之称。他的绘画作品，与吴湖帆的山水、冯超然的人物、吴待秋的花卉并称"四家绝技"、民国绘画"海上四大家"。沙孟海曾评其篆刻曰："赵氏所摹拟，周秦汉晋外，特善圆朱文，刻画之精，可谓前无古人，韵致潇洒，自辟蹊径。"[2]他在当时被誉为与吴昌硕比肩而立的印坛巨擘，"若安吉吴氏之雄浑，则太阳也；吾乡赵氏（时枬）之肃穆，则太阴也"[3]。赵叔孺弟子、著名篆刻家陈巨来对此也有评述："迩来印人能臻化境者，厥惟昌硕丈及吾师赵叔孺先生，称一时瑜亮。"[4]

[1] 大千：《赵叔孺先生遗墨序》，见赵鹤琴等编《鄞县赵叔孺先生遗作展览会特刊——赵叔孺先生遗墨》，1956年香港刊印，第7页。

[2] 沙孟海：《印学概论》，载第27卷第二号"中国美术号·下"。

[3] 朱关田总编：《沙孟海全集·印学卷》所载《沙邨印话》"昔人论古文辞"条，西泠印社出版社，2010年，第201页。

[4] 陈巨来：《安持精舍印话》，见赵鹤琴等编《鄞县赵叔孺先生遗作展览会特刊——赵叔孺先生遗墨》，1956年香港刊印，第59页。

如果说诸家评论尚带有主观色彩的话，我们还可从当时篆刻石章的润金标准中一窥其情：

印人	赵叔孺	邓散木	童大年	马公愚	王福厂	方介堪	吴仲坰	唐源邺	马万里	张金石	邹梦禅	来楚生	钱君匋	王景陶	赵林	任淇	吴振平
润金（元）	5	5	3	3	2	2	2	2	2	2	1	1	1	1	1	1	1

此表为研究者根据1935年《西泠印社潜泉印泥发行所出品目录》和1936年《宣和印社出品目录》所刊印人润例而制。[1]

另据陈巨来的朋友回忆，赵叔孺"所订润格为石章每字银圆六元，其他铜、玉、翡翠、玛瑙、鸡血、田黄则依质倍增。其入室弟子陈巨来那时的石章不过每字一元"。[2]这些记载，可以从一个角度反映赵叔孺当时的艺术地位和社会影响。

（二）赵叔孺艺术交游网络中的人际圈层

赵叔孺于辛亥后定居上海，鬻艺为生，成就斐然，又乐于交往，家中常常高朋满座，"公之寓，坐客常满"[3]。由此自然成为纽结，构筑起以弟子、艺友、亲戚、乡邻、同僚、朋友及其他社会关系为不同圈层的艺术交游网络，开展创作、教育、鉴赏、品评、交流等艺术活动。据现有文献分析，赵叔孺最为常见的交游往来，主要可分为弟子、艺友和社会人士三大圈层。但此三者之间，也并非判然不可互见，既是官员又是藏家等各色人等、既是金石家又是书画家甚或还是诗人词家等各种身份的交叉重叠，也多有所见。

1. 师徒授受的交游圈层

赵叔孺艺名高扬、慕名求教、愿执弟子礼者接踵而至，形成了一个颇具规模、自成一系的金石书画艺术师徒授受群体，蜚声海上。赵叔孺曾率领门人于

[1] 孙慰祖：《保存文脉与艺术家的生存——民国海上篆刻群体的递承与经济生活》，《上海文博论丛》2006年第12期。

[2] 周劲：《陈巨来与浙派篆刻家》，《书法》2012年第2期。

[3] 宋哲允：《孺公嘉言记》，见赵鹤琴等编《鄞县赵叔孺先生遗作展览会特刊——赵叔孺先生遗墨》，1956年香港刊印，第47页。

1942年在大东画厅、1944年在宁波旅沪同乡会画厅两次举办"赵氏同门金石书画展览会"，轰动艺界，社会反响热烈，显示了他在艺术教育上的卓越成就。

（1）及门弟子的人数

收录于《鄞县赵叔孺先生遗作展览会特刊——赵叔孺先生遗墨》中的《赵氏同门名录》，记有60名弟子。此"名录"是目前可见的最为详细的弟子名单。其中的著名者，有陈巨来、方介堪、徐邦达、沙孟海、赵鹤琴、厉国香、张鲁庵、张雪父、应昌期、沈叔羊等人。

但是，这份"名录"也并非绝对完整和权威，当事人、时人和后人对之都有一些不同说法和补充。例如，沙孟海虽然早年在沪期间确实出入赵叔孺、吴昌硕门下学印，但他本人并不认为自己是赵叔孺的"正式门生"："赵叔孺先生是我的同邑前辈，早年学印，曾请他指导，但非正式门生。"他同时也否认自己是吴昌硕的"正式门生"："后来我从吴缶老问业，实际也不是正式门生。我平时不多治印，也不专师某一家，造诣至浅，没有什么成就可言。"[1]

另有研究者考证认为："文坛前辈郑逸梅先生考证，叔孺先生欲符孔子杏坛之数，有弟子七十二人。根据笔者搜集到的资料，几近七十人，再加上遗漏的，七十二弟子之说当属可信。"[2]也有人认为："门弟子列籍者五十余人。"[3]

由于去时已久，特别是像赵叔孺所取的这种私人授徒的教学模式，一般没有规范的入学登记、注册程序和制度；日常教学中，既有严谨的师徒关系和严格的学习要求，也有随意性、灵活性较大的相处方式，确实很难明确界定"入门"与否、统计确切人数。据笔者目前所知，在《赵氏同门名录》所记弟子之外，有研究者认为朱复戡、马公愚、钱君匋[4]和吴泽、秦康祥[5]等人，也是赵叔

[1] 朱关田总编：《沙孟海全集·书信卷》，西泠印社出版社，2010年，第167页。
[2] 虞浩旭：《艺林泰斗赵叔孺述评》，《浙东文化》2003年第1期。
[3] 张原炜：《鄞县赵叔孺先生传》，见赵鹤琴等编《鄞县赵叔孺先生遗作展览会特刊——赵叔孺先生遗墨》，1956年香港刊印，第2页。
[4] 周劭《陈巨来与浙派篆刻家》记朱复戡、马公愚、钱君匋三人为赵叔孺弟子。见《书法》2012年第2期。
[5] 俞建伟、蒋华《近现代甬上篆刻名家析评》记吴泽、秦康祥为赵叔孺弟子。见《书法之友》，1999年11期。

孺的及门弟子。在陈巨来《安持人物琐忆》所记赵叔孺七十寿辰大庆时的弟子寿金名单上，尚有方九霞银楼老板裘荫千之名。[1]如此数端，均尚待细考。

（2）弟子的主要成就

赵门弟子是近代篆刻书画史上卓有成就的一个群体。弟子受业的基本情况及著名者，赵叔孺的弟子程祖麟曾有过概述："巨来介堪二兄之篆刻，誉满艺坛，南北书画耆宿所用印，均出两兄手。而巨兄之元朱文，咸称海内第一。鲁盦兄精篆刻，收藏历代印谱甚富，刊行专册，嘉惠士林，自制鲁盦印泥及刻刀，品质精良，一时无双。邦达子燮二兄，精山水，铸古镕今，赵门中允推独步。露园兄写花卉堪埒南田，篆刻媲美丁黄。子受兄之赵书，能承衣钵，且藏历代碑帖最夥。寿伯兄平生篆刻，工而且速，有万石楼之豪名，画梅高超，似王冕。鹤琴兄之绘画书法篆刻，功力精深，惟自号藏晖，处处谦抑，意在自娱，不乐表扬，故知者尚鲜。其他同门，也各有擅长。"[2]

以其大弟子陈巨来为例。陈巨来是赵门弟子中声名最著、成就亦最高者。原名斝，字巨来，以字行，晚号安持老人，斋称安持精舍，浙江平湖人。陈氏于民国13年（1924）拜于赵叔孺门下，为赵氏之首徒，以善刻圆朱文印称誉于时。赵叔孺曾为其印题边款称："陈生巨来，篆书醇雅，刻印醇厚，元朱文为近代第一。"张大千、吴湖帆、溥心畬、叶恭绰等所藏国宝之收藏印，多出陈氏之手[3]。小篆细朱文到了清末民初，分成两个体系：一者为相对传统的圆朱文，一者为铁线篆。前者即以赵叔孺、陈巨来师徒为代表，其艺术成就由此可见一斑。

上述业有所成外，赵门弟子的另外一个特色，就是身份多样，分布于多种社会行业，除专业从艺者外，尚有银行经理、钱庄阿大（如叶黎青）、名人之后（如沈钧儒之子沈叔羊）、医生（如程祖麟）、朝鲜女学生、青楼女画家、

---

[1]　陈巨来：《安持人物琐忆》"赵叔孺先生轶事"条，《书法》2005年第10期。另，赵鹤琴等编《赵叔孺先生年谱》"十八年己巳"条亦记"裘荫千来学"，见赵鹤琴等编《鄞县赵叔孺先生遗作展览会特刊——赵叔孺先生遗墨》，1956年香港刊印，第22页。

[2]　程祖麟：《吾师言行记》，见赵鹤琴等编《鄞县赵叔孺先生遗作展览会特刊——赵叔孺先生遗墨》，1956年香港刊印，第45页。

[3]　陈左高：《梅王阁主高野侯》，《上海文博论丛》2004年第2期。

纨绔子弟、没落者、留学者等，俨然具有"有教无类"的广泛性，当然也不乏挂名弟子和附庸风雅者。

2. 艺术家间的交游圈层

上海作为开埠于近代的大都市，市民阶层新兴，商业氛围浓厚，繁华和实利诱惑着、吸引着大批书画家来此寻找博取名利的机会。遗老遗少在此聚集，富商大贾附庸风雅，文化掮客穿梭往来，各种艺术展事迭出，艺术市场生机勃勃。当时，出现了很多金石书画艺术团体，如贞社、海上印学社、金石画报社、海上停云书画社、绿漪艺社、寒之友社，以及上海美专、上海艺专、新华艺专、中国艺术大学等美术、艺术学校。龙蛇混杂，驳杂鲜活，气象万千，渐成中国书画重镇。赵叔孺浸润其间，潜心艺事，广交艺友，构建起一个由著名金石家、书画家、收藏家组成的具有深厚艺术造诣、高雅艺术品位和精湛艺术作品的艺术交流圈层。以赵叔孺居沪时间之久、声名之响、交往之广来看，其交往艺友的人数和交游详情，远非今日所见史料所能全面呈现，只能就目前所见资料，略述如下。

（1）与篆刻家、书画家的交游

赵叔孺交游较为密切且著名者中，主要以金石家名世的有罗振玉、王福盦、丁辅之、褚德彝、姚虞琴、徐文镜、王壮为、李猷等，主要以书画家名世的有张大千、吴湖帆、吴子深、陈小蝶、冯超然、李秋君、顾青瑶、商笙伯等。例如张大千即自称：自弱冠即好出游，足迹遍于中国，远至日韩，广交"豪杰瑰异之士"，"而旅沪往还尤密者，则鄞赵先生叔孺也"[1]，称自己与其"为忘年之交"[2]。著名书画家、收藏家王季迁则云："不才幸获交忘年，讲坛忝被春风足。"[3]

赵叔孺与金石家、书画家的交游，首先在于他本人篆刻、书法、绘画兼

[1] 张大千：《赵叔孺先生遗墨序》，见赵鹤琴等编《鄞县赵叔孺先生遗作展览会特刊——赵叔孺先生遗墨》，1956年香港刊印，第7页。

[2] 张大千：《赵叔孺先生遗墨序》，见赵鹤琴等编《鄞县赵叔孺先生遗作展览会特刊——赵叔孺先生遗墨》，1956年香港刊印，第9页

[3] 王季迁为赵叔孺先生遗作展览题诗，见赵鹤琴等编《鄞县赵叔孺先生遗作展览会特刊——赵叔孺先生遗墨》，1956年香港刊印，第13页。

善，尤其被尊为金石学泰斗。故与此三个领域的方家均有切近的创作交流。另外一个不同于一般书画家的特别之处，则在于当时对印章特别是名家篆刻印章的需求。集聚于沪上的庞大书画家群体，需要篆刻名章、闲章、肖形印等各种印章钤印画上，既为署名，更体现中国书画艺术"诗书画印"一体的审美意趣。此外，请著名篆刻家为其刻印，还是提高创作者知名度、提升作品价值、拓展市场接受度的重要手段。

（2）与收藏家的交游

赵叔孺交游较为密切且著名者中，有张珩、庞元济、蒋穀孙、龚心钊、王季迁、周湘云、程霖云、陈仁涛、朱省斋、林尔卿等。

晚清民初，社会动荡，文物散出，在市场和私人间多有流通交易。其时的上海，既汇集各色书画文物宝迹，也集聚大量收藏家，更有因之而生的造假卖假市场，带来了文物书画鉴定的极大需求。

赵叔孺与收藏家的交游，主要在于三个原因。一是他自己即为收藏名家，家中所藏金石鼎彝法书名画不乏精品。二是他长期浸润于古物世界，心摹手追，涵养出超绝的鉴赏眼光，深得时人信任。此正如张大千所言："鼎革已还，海内遗老流人名士，咸集上海，而南北所藏名迹宝墨，亦先后来萃。先生尤精鉴别，凡法绘名书，无不以得先生一言定。"[1]三是收藏家们需要在自己收到的书画作品上钤盖收藏印，对印章的需求原本就大，而像赵叔孺这样既是书画名家，又是篆刻宗师，还是鉴定大家的泰斗级人物，自是他们追逐的目标。在赝品充斥的书画鉴定收藏市场上，对收藏家而言，拥有赵叔孺所刻的一方鉴藏印，甚至就是拥有了一张"护身符"和"真品"的"保证书"。此种效应的流风遗韵，其影响绵延至今。例如，今见嘉德2013年秋季拍卖会上，有林尔卿收藏的明代文嘉《庐陵各景书画册》（册页）上拍，拍卖说明之（一）称："此作品经赵叔孺鉴赏，并由林尔卿题签。"说明中，还对赵叔孺做了详尽介绍推荐。林尔卿，江苏苏州人，为明华商业储蓄银行董事，与吴湖帆是世交，往来甚密。林尔卿每收得古书画，必请赵叔孺判其真伪。拍卖说明之

[1] 张大千：《赵叔孺先生遗墨序》，见赵鹤琴等编《鄞县赵叔孺先生遗作展览会特刊——赵叔孺先生遗墨》，1956年香港刊印，第7页。

　（三）称："此册民国时为上海藏家林尔卿所得，赵叔孺曾经借观并钤印以示尊崇。赵氏为徐邦达先生入门之师，民国初在上海以善画及鉴古而颇负盛名，周湘云、林尔卿等收得古书画每倩其判真伪。此册在赵、林审定后，又经王季迁及上海博物馆专家过目并断为真迹，王氏及上博所编书画家印鉴曾采以为文嘉款印之范式，识者宜重之。"[1]

　　在上海这样一个艺术与商业高度交融的现代都市里，与收藏家的交游是赵叔孺艺术交游活动中一个内涵丰富、信息量巨大、颇具艺术史研究价值的领域，颇有深入发掘史料加以专题研究的价值。

　　（3）社会性艺术活动的参与

　　此类活动内容庞杂，例如各种金石书画展览、各类金石书画评审鉴定活动、民间金石书画团体雅集、艺术市场交易活动等等。兹举两方面之例，以窥一斑。

　　一是参加重要评审鉴定活动。1934年，英国以敦睦中英邦交、庆祝新王加冕为由，邀请中方在伦敦举办中国艺术展览会。1934年10月，国民政府决定接受邀请并为此成立"伦敦中国艺术国际展览会筹备委员会"，负责参展文物的征集、鉴定、研讨、编目等工作。11月，筹备委员会根据不同艺术门类，邀请艺术家成立各专门委员会。据当时参与此项活动的鉴定家陈定山回忆，当时参展的故宫文物，计分瓷铜、玉石、书画六门，单是古画一项即有200余件，装四十一箱。事先为此列聘专家，组织审查，共聘有庞莱臣、吴湖帆、张善孖、叶誉虎、张葱玉、徐邦达、王季迁、张君谋、狄平子、赵叔孺等11人作为审查委员。获选委员的条件，均以收藏较富和有鉴赏能力者为限，画名的高下不在考虑之列，故如冯超然、吴待秋、王一亭等金石书画的知名前辈，均不在入选之列。[2]此项活动自1934年10月起始，至1935年4月编定选送目录，历时半年。[3]1935年11月28日至1936年3月7日，700余件主要来自故宫博物院的文物

---

[1]　见雅昌艺术品拍卖网之"中国嘉德国际拍卖有限公司 > 中国嘉德2013年秋季拍卖会 > 重要私人珍藏（八）"，http://auction.artron.net/paimai-art5040811849/。
[2]　陈定山：《春申旧闻》，台北世界文物出版社，1978年，第149—154页。
[3]　《国民政府选送故宫珍品参加英国展览目录·序》，http://www.cang.com/shop/1860802.html？aid=205686。

（尚有来自中央研究院北平图书馆、河南博物馆、安徽省立图书馆等机构的文物），与其他来自欧美机构及收藏家的共计3000余件展品一起，在英国皇家美术学院百灵顿堂举行了展览活动。

二是代定金篆刻书画润例。在报刊上为自己、艺友、弟子制定作品润例，是当时风行沪上的艺术界常规。《申报》《时报》《神州国光集》《墨海潮》《民国日报》等都有刊登润例的业务，篆刻家、书画家纷纷依托公共媒介、以拜请名人代定润例的方式，作为宣传推介手段，进行自我包装，进入艺术市场，彻底突破了历史上以私人介绍为交易主渠道的局限。吴昌硕、黄宾虹、张大千、吴湖帆等著名艺术家，甚至章太炎、蔡元培、经亨颐、于右任、陈布雷、吕公望等政界人士，也多有参与。赵叔孺也不能免俗，他不但自定润例，鬻艺为生，也与其他艺术家一起为自己的弟子、艺友和乡邻代定润例。笔者检索《近现代金石书画家润例》，赵叔孺曾分别与吴昌硕、吴湖帆、黄宾虹、王一亭、吴待秋、冯超然、叶恭绰、王福盦、丁辅之、马公愚、方介堪、庞元济、狄平子、谭延闿、顾麟士、商笙伯、蔡元培、朱家骅、于右任、陈宝琛、陈布雷、高野侯等各界人士一起，为童书业、谭家骏、陈巨来、陈子清、况又韩、唐肯、康和声、戴云起、谢师约等人代定润例。

例如，1929年10月26日，与庞元济、狄平子、顾麟士、冯超然、叶恭绰、吴湖帆等于《申报》为陈子清代定润例[1]；1930年7月6日，与陈宝琛、王一亭、冯君木、陈布雷等于《申报》为况又韩代定润例[2]；1931年5月16日，与于右任、蔡元培、王一亭、谭泽闿、朱家骅等于《申报》为康和声代定润例[3]。这些活动既反映了赵叔孺提携弟子后进的拳拳之心，也可见其交游的广泛性。并可从此交游圈层中，探寻一个活跃于集商业、政治、艺术、学术于一炉的海上艺坛的艺术家，如何于此繁杂网络之中平衡艺术与商业、与人情、与世俗的复杂关系，展开自己的日常生活和艺术创作，在激烈的商业竞争中获取艺术成就，谋得艺术史上的一席之地。

---

[1]　王中秀：《近现代金石书画家润例》，上海书画出版社，2004年，第236页。

[2]　王中秀：《近现代金石书画家润例》，上海书画出版社，2004年，第251页。

[3]　王中秀：《近现代金石书画家润例》，上海书画出版社，2004年，第268页。

上述活动之外，与篆刻家、艺术家切磋技艺、交流创作、品评古物，为朋友乡邻篆刻绘制作品，都是赵叔孺艺术交游中的常见活动。例如："九月朔，抚李龙眠《五马图》之一，吴待秋补树石，冯超然绘阗国围者。"[1]限于篇幅，不做一一记述。

赵叔孺与艺术家之间广泛、丰富、频繁的交游，为他带来来自艺术圈内的高度评价。今以《鄞县赵叔孺先生遗作展览会特刊——赵叔孺先生遗墨》所载，选列以下数端，以见其在艺术界的影响。

姚虞琴："四明赵叔孺太守，邃于金石之学，又擅写生，落墨高古，书卷之气盎然。"[2]

王福盦："不独画马得名盛，花鸟鱼虫亦秀劲。还嗜金石缀斋头，古香古色生前剩。"[3]

张大千："先生虽以书画篆刻名海内，而专精独到，尤在金石刻。其治印，虽导源其家撝叔，旁及顽伯、牧父，然精意所注，尤在汉印，心摹手追，得其神理，寓奇诡于平正，寄超逸于醇古，非世之貌为狂怪险谲者所可望也。"[4]

王季迁："一老岿然起东浙，书画金石蔚三绝。""刻画能为古所难，裔皇渊雅立矩篗。"[5]

顾青瑶："其所作书画印，渊雅宏正，瑰丽超隽，神妙独数，艺林仰之。盖其抉秦汉之骨髓，吸宋元之精华，卓然成大家者，固已。"[6]

---

[1] 赵鹤琴等编《赵叔孺先生年谱》"二十七年"条所记，见赵鹤琴等编《鄞县赵叔孺先生遗作展览会特刊——赵叔孺先生遗墨》，1956年香港刊印，第23页。

[2] 姚虞琴：《赵叔孺太守遗墨序》，见赵鹤琴等编《鄞县赵叔孺先生遗作展览会特刊——赵叔孺先生遗墨》，1956年香港刊印，第6页。

[3] 王福盦为赵叔孺先生遗作展览题诗，见赵鹤琴等编《鄞县赵叔孺先生遗作展览会特刊——赵叔孺先生遗墨》，1956年香港刊印，第11页。

[4] 张大千：《赵叔孺先生遗墨序》，见赵鹤琴等编《鄞县赵叔孺先生遗作展览会特刊——赵叔孺先生遗墨》，1956年香港刊印，第7页。

[5] 王季迁为赵叔孺先生遗作展览题诗，见赵鹤琴等编《鄞县赵叔孺先生遗作展览会特刊——赵叔孺先生遗墨》，1956年香港刊印，第13页。

[6] 顾青瑶谈赵叔孺艺术，见赵鹤琴等编《鄞县赵叔孺先生遗作展览会特刊——赵叔孺先生遗墨》，1956年香港刊印，第9页。

3．与社会人士的艺术交游圈层

艺术界外，赵叔孺的社会交往也极其广泛。因其艺名炽盛，"海内硕彦，竞相倾盖论交"[1]。例如罗振玉、高振霄、高络园、高野侯、龚心钊、沈钧儒、谭延闿、况周颐、冒鹤亭、章显廷、王伯元、陈训正、张原炜、张传保、冯君木、章云龙等人，都是赵叔孺时有交游的社会人士。但因笔者搜寻史料不足，关于赵叔孺这方面的交游情况，尚难做出系统梳理。现仅就其与社会人士的艺术交往，例如艺事的创作、鉴赏、研讨等，做一简述。

当时的上海，汇聚着前清遗老、下野军阀、皇室宗亲、致仕官员、豪绅巨贾、富商买办、洋行职员、各路寓公以及文化界等各方人士。他们中间，或因家族传承、养成背景，或凭天赋禀性、旨趣喜好，或为附庸风雅、投资牟利，不乏于金石书画大有所好者、巨额消费者。因此优游、结交、攀附、受教于艺术家，以雄厚的经济力量赞助、支持、帮扶艺术家，甚至包揽艺术家的全部作品，都是日日演绎着的社会常态。陈巨来就曾坦陈，敌伪时期，他刻印之名方盛，北洋政府财政总长周学熙之侄周梅泉即请他刻印。那一两年间，陈巨来几乎全为周氏一人服务。周之要求，陈无一不允，原因就在于"其润从不少付"。

赵叔孺的成名，曾得益于罗振玉丰富有力的社会资源的助力。罗振玉十分欣赏赵叔孺的篆刻技艺，向日本艺术界极力推介。日本著名文士若内藤庚、长尾甲、中村不折等争相求赵治印，赵叔孺由此得以扬名于日本。此一情节，与吴昌硕在上海的成功，实有异曲同工之处。兼具画家、慈善家、艺术活动家、实业家、艺术赞助人综合身份的王一亭，与日本商界、文化界关系密切，他向日本大力推介吴昌硕画艺，由此打开吴昌硕作品的日本销路。其后，此种影响又反馈上海，奠定吴昌硕一生的地位。

赵叔孺重要的艺术活动，都得到过社会名流的支持与参与。例如其晚年亲友及门人为他举行的祝寿活动，都得到社会人士不同形式的襄助。1933年，赵叔孺六十寿辰庆筵举办于老北门安乐坊章显庭宅中，陈训正为他撰写寿文。

---

[1] 张原炜：《鄞县赵叔孺先生传》，见赵鹤琴等编《鄞县赵叔孺先生遗作展览会特刊——赵叔孺先生遗墨》，1956年香港刊印，第2页。

章显廷，鄞县高桥田阳人，清末民初田阳章氏"显字辈"六兄弟中排行第二，毕业于上海法文书馆法文专修科，为旧交通部元老。其大哥章显达，上海华英药房经理、上海新药业工会主席。四个弟弟均留学英法，归国后分别在北京、南京等地的政府部门或银行任职。章显廷热衷于书画收藏，故此而与赵叔孺等沪上名家均有交往。其他如七十寿辰（1943）庆筵、七十一岁时弟子祝寿等活动，同邑乡邻张原炜、四明公所经理章云龙都有助力。在这些祝寿活动中，艺术界少长咸聚，堪称艺坛盛事，充分展示了赵叔孺的社会交往之广和影响力。

在日常生活中，也多能寻觅到这种交游痕迹。据陈巨来回忆，壬戌年、癸亥年（1922、1923）间，沪上豪富周湘云最钦佩赵叔孺，每个星期日都会设宴请他。赵叔孺也不推迟，"先生必偕余同去赴席"。[1]

周湘云（1878—1943），祖籍鄞县，生于上海，著名的房地产商人。以房地产发家，成为上海巨富。热衷书画收藏，财力雄厚，藏品颇具品位。碑帖收藏中有唐虞世南、怀素《苦笋帖》，北宋米芾，元赵孟頫，明董其昌等人作品；绘画收藏中则有元黄公望、王蒙作品，至于四王、吴、恽之下，石涛、冬心、新罗之作，难以计数。现在上海博物馆藏品中可谓镇馆之物的怀素《苦笋帖》、米友仁《潇湘图》，都是他的藏品，由徐森玉从周家购得。

周湘云从一个地产商而成为著名收藏家，且收得如许历代珍品，关键在于有赵叔孺等鉴定家向他推荐，为他把关、掌眼。周湘云与赵叔孺同为鄞县乡邻，具有交往的乡谊基础，容易交流走近。故其每有所得，必定要请赵叔孺过目鉴定。赵叔孺既可为同乡好友尽力，也可从中一饱眼福，练练手感、眼力，积累鉴赏经验，故也乐此不疲。

慈溪名士陈训正曾评赵叔孺的艺术成就称："金石刻划，力追古作，靡不得其真。海内积学之士，咸推服叔孺，愿委赞纳交，惟恐失之。……生平酷好古物，所蓄古代彝器及名人制作极富，凡经鉴别，真赝立判，晚近诸名家收藏，惟叔孺一言是归。上虞罗振玉、余杭褚德彝论金石之学，咸推叔孺为第

---

[1] 张原炜：《鄞县赵叔孺先生传》，见赵鹤琴等编《鄞县赵叔孺先生遗作展览会特刊——赵叔孺先生遗墨》，1956年香港刊印，第2页。

一。"[1]这种来自艺术圈外的社会性评价，可以反映赵叔孺在社会上得到的认可和时誉。

（三）赵叔孺艺术交游网络中的地域圈层

仔细分析上述赵叔孺交游网络中的各类人士，可以发现具有鲜明的地域因素，因地而聚成为一个重要特点。赵叔孺出生鄞县，世居宁波水凫桥，是为故土家园。1883年，年甫10岁，福建林颖叔方伯因赏其艺术天赋而央媒缔姻；25岁至福建任职，凡十四载；由此二端，遂与福建结缘。辛亥鼎革后，定居上海，结下一生地缘。这样的三地因缘，成为他艺术交游中三个主要的地域性网络圈层。

1. 以鄞县为核心的宁波地域圈层

以鄞县为中心的宁波地域，是赵叔孺交际网络中的核心地域。

在《赵氏同门名录》所记弟子中，鄞县籍人士有王广符、朱凝霞、沈良、何子乐、沙孟海、竺修瑜、周坚白、姚崇、陆志夔、陈心炎、赵鹤琴、厉国香、顾如珏13人，鄞县之外的宁波籍人士有丁德学（镇海）、王耀祖（镇海）、林剑星（镇海）、周锡庸（镇海）、洪洁求（慈溪）、张鲁盦（慈溪）等、张雪父（镇海）、陈迎祉（余姚）、汤于祥（镇海）、应昌期（慈溪）等。合计来看，宁波籍弟子占1/3。[2]这些及门弟子外，《赵氏同门名录》未记的弟子高廷肃和待考者如朱复戡、秦康祥等人，也都是鄞县人。

赵叔孺交往的社会名流中，宁波也是主要的籍贯所在地。高振霄（鄞县）、张原炜（鄞县）、章显廷（鄞县）、张传保（鄞县）、吴泽（鄞县）、陈训正（慈溪）、周湘云（宁波）、刘敏斋（宁波）、王伯元（慈溪）、章云龙（宁波）、陈仁涛（镇海）、冯君木（慈溪）等，都是宁波人。

以鄞县为核心的宁波地域圈层，最具赵叔孺交游特色，也最富有地方元素，是他与故乡联结的显性通衢。

---

[1]　陈训正：《赵叔孺先生六十赠言》，见赵鹤琴等编《鄞县赵叔孺先生遗作展览会特刊——赵叔孺先生遗墨》，1956年香港刊印，第34页。

[2]　尚有林子清、何子乐数人未见记录籍贯，待考。

2. 福建地域圈层

福建的人脉关系，来源于赵叔孺的岳丈林寿图和其本人的仕途生涯。比较明显可见的，一是在他的及门弟子中，不乏闽人，例如闽侯林冕。陈巨来的父亲陈鸿周，曾于闽侯补知州，与赵叔孺为同寅，入民国后，即先后回居沪上。[1]从此角度理解，也可将赵叔孺、陈巨来的师生缘分，追溯至与福建的渊源。二是社会交往中的曾经为官福建者，如清光绪举人、福州知府、温州商会会长吕文起。三是亲友中的闽籍人士，如其夫人的外甥梁鸿志，其长女赵璇所嫁之福建上杭人士罗浍年。此外，其次子之媳沈氏虽为吴兴人，但沈氏之父为福建候补知县荣爵，也可见其与福建的关系。其他如福建闽侯梁敬錞等人，与赵叔孺也有交往。

3. 上海地域圈层

赵叔孺自1912年后，定居上海，成为其实际生活和开展艺术活动的首要之地。不论社会交往，还是艺术交流，都是其交际网络中最为广泛和重要的圈层。上述弟子、艺友和社会名流中，都有大量沪籍和与赵叔孺一样移居上海的人士，诸如弟子中的程祖麟、赵璞、钱辅乾、韩虓，艺友中的吴湖帆、陈小蝶、冯超然、李秋君、蒋毂孙，社会人士中的沈钧儒、龚心钊、高络园、高野侯、况周颐等人。

在三个地域圈层中，上海圈层应该是当时居于上海的艺术人士中一种比较普遍的交游网络，其中蕴含的地方性特征，相对淡薄。

（四）赵叔孺艺术交游网络与区域文化特质涵育

上述有关赵叔孺艺术交游网络的论述，不仅是对赵叔孺艺术的研究，也可以此为基础，对文化名人与本乡故土之间人地互动、共同涵育形塑地方文化传统之间的复杂关系，开展研探。笔者认为，赵叔孺的艺术交游网络及其中集聚的巨大艺术能量，蕴含着他反哺故土家园的潜在路径，具有可资深入研讨的价值。

---

[1] 此据陈巨来《安持人物琐忆》"赵叔孺先生"条所记，《书法》2005年第10期。万君超据《陈左高和他的〈文苑人物丛谈〉》记陈鸿周曾任福建提学使署科长，《东方艺术》2010年第20期。

宁波，特别是鄞县，具有书法篆刻艺术传统，素称书法之乡。历史上的著名书家有南宋四家之一的张即之，元代翰林书风的中坚袁桷，明代五体并善、书学渊博的丰坊等。民国以来，鄞地愈益成为篆刻书法艺术成就集中的区域。最为时人称道者，为西泠印社的两任鄞籍社长——马衡与沙孟海。现任中国书法家协会副主席、西泠印社副社长陈振濂，浙江省书法家协会主席鲍贤伦等，也都为鄞人。故此，书法及其与之同源的绘画、篆刻艺术，可称鄞地文化传统中的重要元素。

通过上述赵叔孺艺术交游网络的简要论述，赵叔孺与民国鄞地书画篆刻艺术传统建构的关系，应已初步可见。

简单地看，赵叔孺艺术交游网络中以鄞县为核心的宁波地域圈层，是一个比较明显的方面。首先，这是他招收弟子的一大途径。例如鄞县陈英泉于1941年经其叔父引荐，至赵叔孺处学画；高式熊因父亲高振霄与赵叔孺为同乡挚友，而得以拜赵叔孺为师。其次，这是他通往社会交游的重要起点。例如朱省斋通过祖籍鄞县的周湘云介绍，结交赵叔孺；吴子深通过鄞县张原炜，结交赵叔孺。

但是如果我们深入地去分析，则可以看到，赵叔孺艺术交游网络之于鄞县，还具有更为丰富的隐性价值和文化意义：它是赵叔孺反馈故里、襄助地域文化传统建构的路径。赵叔孺虽然走出了鄞县地界，久居上海，从熟人社会迈向上海商业都市，但乡里情谊深厚如初，鄞县乃至宁波，仍然是其交游的主要人脉圈层，是其生活的重要支撑基底，是其难以忘怀的故土家园，是其报答服务的桑梓之地。他以走出乡土社会之后的视野、经历和作为，凭借自己专业技能、社会名望和艺术资源之长，通过为故乡培养艺术人才、鉴定书画文物收藏、撰联题字等方式和路径，将其艺术交游网络中集聚的巨大的艺术能量服务于乡里，为家乡传送了超越于本土固有传统和地域之限的新鲜文化元素、时代文化信息。

目前可以试为举证的实例有：

一是由同为鄞县人士、具有师承接续关系、共享书法篆刻艺术成就的赵叔孺、沙孟海、陈振濂建构的三代一体的鄞地书法篆刻"艺统"的传承与弘扬。

在此"艺统"之中，赵叔孺正是目前时誉一致推崇的沙孟海、陈振濂身后的卓然隐者和重要奠基人，起有引领性的道夫先路之作用。

二是由赵叔孺及其弟子张鲁盦、秦康祥、高式熊传承、联结的上海、鄞县与杭州西泠印社三地的艺术联结。赵叔孺虽非西泠印社社员，但其弟子陈巨来、张鲁盦、秦康祥、高式熊等均加入西泠印社，除参加印社常规活动外，还积极参与印社相关重大活动，如秦康祥负责编纂《西泠印社志稿》；高式熊曾任西泠印社名誉副社长，著有《西泠印社同人印传》；张鲁庵向西泠印社捐献了433部历代印谱（近2000册）、1525方名贵印章。他们的这些活动和贡献，对联结上海、杭州和鄞县三地篆刻资源，会通各家各派篆刻书法艺术交流融合，接续鄞县书法篆刻传统文脉，都起到内生性的巩固基础、充实内涵的作用。

三是由赵佑宸、赵叔孺父子为鄞县撰联题字而产生的对家乡美术文化的提振和影响。陈训正等修纂的民国《鄞县通志》"艺文志"等编中，有多处记载赵佑宸、赵叔孺父子为家乡所做的撰联、题字以及由此而生的与乡里贤达、文士间的交游，具有滋养、陶冶和培育新兴文化元素、更新地域传统的作用。限于篇幅，此处不展开。

四是目前宁波民间自发、已然蔚成气候的赵叔孺作品收藏和艺术研究风尚。迄今为止，以赵裕军、张奕辰、毛伟乐等为主的宁波地方文化研究者、收藏家，在赵叔孺研究、作品手迹整理等方面，取得丰硕成果。赵裕军在五年间系统收藏赵叔孺不同题材和风格的书画作品百余件。2014年赵叔孺140周年诞辰之际，赵裕军与宁波众"赵迷"藏家合力结集出版了《赵叔孺书画全集》，举办了赵叔孺作品展。西泠印社社员、篆刻家张奕辰潜心研究赵叔孺艺术20多年，在有关赵叔孺研究的史料收集、赵叔孺艺术风格、赵叔孺的艺术史地位等方面开展专题研究，提出独到见解。毛伟乐30多年来走遍大江南北，搜罗宁波本土书画家手迹，与人合撰《四明书画家传》《宁波历代书画家集》，将散落各地的历代宁波籍书画家及其作品串珠成链。其中，不乏《东坡居士》等赵叔孺的精品之作。宁波民间自发的这些活动，对推进、丰富赵叔孺艺术和近代艺术史研究，具有拾遗补缺之效；对提升赵叔孺作品的艺术价值，提高市场与观众对中和雅正艺术风格的欣赏能力和接受程度，重视艺术作品自身的艺术表现力，具有提点指导的作用。

上述种种人地互动、共同蕴含的行为，在人对地方传统的支撑上，形成艺术家、收藏家、学者、社会人士等不同人脉资源；在物对地方传统的支撑上，形成艺术作品、艺术风格、艺术教育、艺术市场、艺术品牌等多层维度；在精神对地方传统的支撑上，形成艺术名望、话语权力、艺术精神、价值观念、文化认同等良性叠加。由此，人地互为涵育，特色深潜其间，古意新风熔铸，传统渐行渐成。

第二章　地方志书的传统凝聚功能

孕育、发轫和发展于古代中国农业社会的修志传统，深植于中华文化的根脉深处，贯穿中国历史长河，具有农耕文明的本质特性，是中国文化传统的重要历史渊源，建构和保育文化传统的地方资源。以其地方性、全面性、官方性和连续性四大特征，承载着中华文化演进的历史身形，传延着文化传承的不息文脉，影响着一地文化传统的建构、传承和特征形成，是考察分析地方文化传统建构路径和实际成效的合适样本。

一、修志传统与农耕文明的内在关系

古代中国以农立国，在人口众多而耕地不足的大地上，勤劳的中国人日出而作，日落而息，固守家园，精耕细作。农业生产不仅是一种主流的物质生活形态，而且成为决定古代社会文化类型的重要力量，它不但保证了一代又一代中国人的繁衍，也涵育了中国文化的辉煌。我们今天熟知的注重天时、地利、人和，认为阴阳五行相生相克以及安土重迁、听天由命、耕读传家等等中国人的传统观念，都来自于农耕文化。

历久至今的修志传统，是古代中国农耕文化孕育出来的重要特色文化。古代中国的社会形态，铸就了地方志的内在本质，使其从一开始，便扎根于农耕文化的深厚沃土，由此发芽、抽枝、开花，以致硕果累累。深入细致地分析古代方志与农耕文明之间的内在关系，能够使我们更为清晰地认识地方志作为中国独有的文化传统的历史渊源，厘清地方志在中国文化传统中的地位，深化我们对古代方志本质的理解把握，从而谋求其在当代社会的创新发展。

中国农耕文化历史悠久，内涵深厚，本文限于篇幅和水平，难以一一细说。仅从中提炼出宗法制社会性质、小农式生产生活方式、教化式治理传统、乡土情谊、乡绅阶层这样五个笔者认为与古代修志传统关联密切的方面，试加分析，以就教于方家贤者。

（一）宗法制社会性质与独特的方志文献形态

古代中国是一个宗法制社会。宗法制建立在农业经济基础之上，源自氏族社会的父系家长制，是宗族内部按制统远近区别亲疏尊卑、规定继承秩序以及不同地位之权利和义务的法则。宗法关系的主要内容，是以血缘纽带为基础的宗法伦理关系，包括家族中的亲疏关系、长幼关系、尊卑关系等[1]。经过历史发展，逐渐建立了由政权、族权、神权、夫权组成的封建宗法制，宗法关系由此日益缜密，由家庭渗透到社会生活各个方面。

森严的家族制度是宗法制的重要内涵。在古代中国，五世以内（祖父母、父母、己身、子、孙）往往因累世同居而成几代同居的大家庭，形成对宗族关系和家庭伦理极为重视的传统观念。这种观念又经由家庭扩及至家族、宗族，形成一个亲戚、族人、同乡、师长、朋友等关系密切的关系网，构成中国封建时代社会人际关系的基本模式。

宗族制度长盛不衰的最主要标志，是族权。族长与家族成员有着血缘关系，比官吏更贴近家族成员，可以对家族成员毫无顾忌地施加教化，甚至对违规的成员实行处罚。因此在强制执行礼法、实施礼治方面，其威力往往在地方官员之上，比政权更易起到管摄天下人心的作用。族权凭借血缘亲属关系的优

---

[1] 李中华：《中国文化概论》，中国文化书院1987年印行本，第58页。

势，在"鸡犬相闻，老死不相往来"的乡土大地上，形成一个个独立的社会，实行着事实上的乡土自治。正如古语所言："山高皇帝远，村落犹一国。"

"家国同构"是古代中国宗法社会最鲜明的结构特征，指的是家庭、家族和国家在组织结构方面的共同性。从家庭、家族直至国家，其组织系统和权力结构都是严格的父权家长制。家庭之内，父亲地位至尊，"父为子纲"，权力最大；一国之内，君主地位至尊，"君为臣纲"，权力至高。各级行政长官则被百姓视为父母，"父母官"的说法，即来自于此。故此，父与君互为表里，家与国彼此沟通，家是小国，国是大家，"欲治其国，必先齐其家"，中国式"家国同构"的社会结构，就在以自然经济占主导地位的农耕文明里形成，给中国的国家结构打上了深深的家族结构的印记。

综上所述，延续数千年之久的宗法制度是中国传统社会最为重要的维持力量，是中国文化发展中极其稳定的因素，"成为中国文化的遗传基因，深刻影响了中国文化的发展方向和国民性格"[1]。

与此宗法制和"家国同构"相对应，古代中国典籍文献的主要形态，是宗谱、方志和国史，此即章学诚所谓之："夫家有谱，州有志，国有史，其义一也。"[2]一姓之内为宗谱，一地之内为方志，一国之内为国史。宗谱、方志和国史，构成了中国古代社会的文献体系。与宗法制度经由家庭扩及至家族、宗族而连接整个社会，从而构成了中国古代社会人际关系基本网络的特点相符合的是，宗谱、方志和国史也相应地在不同层面上呈现出全面、系统的记述特征，分别记载或一姓、或一地、或一国各个方面的情况，以求数典认祖的身份认同、一地自然与人文的相沿传承、国家历史传统的建立维护，并在漫长的历史过程中，形成了各自的撰述传统。然而不管哪种记述形式，就其实质而言，均不外乎维护和巩固宗法制度。

具体到修志传统而言，宗法制的影响，可初步析分出以下数端：

一是宗族及其史料成为一地志书编纂重要的资料来源和记述内容。此即

---

[1] 李中华：《中国文化概论》，第54页。
[2] 《章氏遗书》卷十四《方志略一》之《为张吉甫司马撰大名县志序》，见张树棻纂辑、朱士嘉校订《章实斋方志论文集》，山东省地方史志编纂委员会办公室1983年重印本，第293页。

民国方志学家瞿宣颖所谓之 "方志多详族姓之分合，门第之隆衰"[1]。以古代徽州地区而言，其地 "聚族而居，奉先有千年之墓，会祀有万丁之祠"[2]，宗族组织严密，宗族和私人修纂的家乘、族谱、宗谱数量丰富，不但成为方志编纂获取资料的重要基础性资料，而且在一些志书中，还因此专门设置了名族志、大族志、氏族志等内容。例如清道光《休宁县志》，即以本邑陈定宇大族志、曹嗣轩名族志为本，参核考订其他各族宗谱及前人墓志状传，而成《氏族志》。[3]

二是各大家族以参与决策、出谋划策、资金捐助或直接修纂等方式，积极参与修志，以此将本族谱牒融入地方志书，以期光宗耀祖、恩庇子孙，彰显其社会影响和历史地位。

地方志书既是一地文献之大宗，也是一地传之后世之 "名山事业"。故此，修志活动既是一地文化活动之要事，也是宗族借以宣扬本族事迹和历史、彰显社会地位的平台，因此受到各大宗族的极大重视。美国学者戴思哲（Joseph R. Dennis）《编纂地方志当做战略性的行为——万历时代的〈新昌县志〉的私人目的》一文，通过研究明代万历浙江《新昌县志》，揭示该志主要编纂者为吕姓、潘姓、俞姓家族成员，他们之间具有血缘或者姻亲关系。志中记载了吕氏家族明代的所有进士，最近九代的直系家族，最近三代的母亲家族的有关人员的事迹。该文作者据此认为，此志即为以县志形式出现的相关家族的公共家谱。[4]

据宋杰研究，在徽州地区，宗族中的谱牒编修者，不少也是本地志书的编纂者。比如编修《柏林罗氏家谱》的罗愿，也是《淳熙新安志》的编纂者；编修《新安程氏宗亲世谱》的程敏政，也是弘治《休宁志》的编纂者；编修《绩北旺川曹氏族谱》的曹有光，也是康熙《绩溪县志续编》的编纂者；等等。[5]

[1]　瞿宣颖：《方志考稿》序（甲集），天春书社，1930年。

[2]　清乾隆《绩溪县志》序，清乾隆二十一年刻本。

[3]　有关古代徽州家谱与徽州方志的关系，宋杰做了深入研究，详见其所撰《徽州家谱与徽州方志》一文（《乐山师范学院学报》2010年7期）。

[4]　见上海图书馆编：《中华谱牒研究——迈入新世纪中国族谱国际学术研讨会论文集》，上海科学技术文献出版社，2001年。

[5]　见《徽州家谱与徽州方志》。

这样的身份和行为，使得本族历史转为公共记录成为可能。明弘治《徽州府志》编纂者汪舜民在序中即明言道，修志过程中，乡人为使"宗族乡里人物文献得以表彰，故积极行事，共襄厥成"[1]。

三是宗族势力通过地方志的编纂，力图建构符合本族利益的地方知识体系和历史传统，以期掌控一地话语权力，巩固文化地位。

连绵不绝的地方志编纂，从资料征集的广泛性来看，它是一地各类历史文献的整合，并在此基础上建构起本地色彩浓郁的地方性知识体系；从修志行为的连续性来看，它是一地历史传统的连缀，并在此基础上建构起凝聚集体意识的地方性文化认同。这样一个建构的过程，必然产生谁在建构、为何建构和如何建构的系列问题。

方志以官修为主，具有官书的性质。但是，作为一个地域内最为重要的公共文化活动和最高层次的集体记载形式，"方志既是地方各种势力角逐的产物，同时又是他们竞相争夺的对象。因此，其纂修过程从始至终都置于地方社会复杂的权力关系网络当中。在县志这份文化资源上，有许多空间需要争夺。谁能参与编修，哪些内容和人物可以入志，如何评判他们，这些涉及人事的问题都是地方社会极为敏感的话题"[2]。李晓方通过对明清《瑞金县志》的深入研究，认为掌控明清《瑞金县志》书写权的地方士绅，无不在县志中掺入了宗族观念和私人目的。他们或利用金钱资助县志编纂和相关县域公共工程建设，或利用某种人际关系网络，或利用其他可供交换的资本形式，在新修县志的适当门目中，为其个人、先祖或宗族谋得一席之地，"县志因此又是地方社会各色人等实现经济资本和社会资本向文化资本转化的场域"[3]。

由此可见，超然于社会制度和时代环境的绝对意义上的"客观记载""述而不作"，在志书编纂中是难以实际存在的。在一个宗法制度、宗法关系和宗法观念淹灌一切的古代社会，方志也概莫能外地处身其中，深受宗法制之樊囿

[1] 明弘治《徽州府志》序，见《天一阁藏明代方志选刊》，上海古籍书店，1982年。
[2] 谢宏维：《文本与权力：清至民国时期江西万载地方志分析》，《史学月刊》2008年9期。
[3] 李晓方：《县志编纂与地方社会：明清〈瑞金县志〉研究》，华东师范大学博士学位论文，2011年。

而难出其外。如此深刻的内在关联，赋予古代志书隐藏于地方意识之下的家族宗法观念，而与当今时代的志书编纂，具有必然的霄壤之别。

（二）小农经济的生产生活方式与内生的方志编纂规范

小农经济，也称自然经济，以分散性（家庭为单位）、封闭性（农业和家庭手工业结合）、自足性（生产的主要目的是满足自家生活需要和纳税）为特征。"日出而作，日落而息，帝力于我何有哉""阡陌交通，鸡犬相闻，老死不相往来"等古语，都是对此的形象描述。男耕女织的乡土中国，人口流动率小，村落间交往少，农业生产直接与土地打交道，"长在土里的庄稼行动不得，伺候庄稼的老农也因之像是半身插入了土里"[1]，活动范围呈现出明显的与外部世界隔离的地域限制。这种与世隔绝的地域性、交通的封闭性和对外交流交往的局限性，产生了具有强烈地方色彩的生产生活方式，产生了几乎人人生于斯、长于斯、终老于斯的社会学意义上的内倾型熟人社会，产生了"十里不同风，百里不同俗"的民间习俗，无论生产、生活，均呈现出"麻雀虽小，五脏俱全"的自给自足特征。

这样的社会形态，决定了传统志书相对封闭的地域性特征，而为本地官吏士绅所重视。地方官员们自觉地意识到，编纂本地志书，"考镜得失，奉宣德意，以义安一方"，乃是"守土者之责也"。[2]故此志书即以固定地域为记述范围、一般不越境而书，以"一方水土"的地域特色为记述重点、强调突显地方特色。一旦志书修成，便会出现"郡守嘉之，邑令赞之，乡党乐道之"[3]的其乐融融的局面。同时，封闭的地域性也使得在一定篇幅之内全面、系统记述一地状况的志书记述原则，成为可能。只要我们翻检旧志篇目，便可见到门类广泛、基本周备的篇目框架，因之而使志书成为"一方之全史"："凡为郡邑者，必先考志，始自名宦，以为鉴戒；末复以次求之人物、风俗、户口、田

---

[1] 费孝通：《乡土中国》，三联书店，1985年，第2页。

[2] 清康熙《宁国府志》序，见《宣城地区志·附录》"旧志序文选"，http://www.xcdafz.gov.cn/web/about.asp? id=987。

[3] 明嘉靖《仁和县志》江晓序，清光绪癸巳武林丁氏刻本，浙江古籍出版社，2011年。

野、山川、坛壝以下；则治民事神之道以备，而治体立焉。"[1]

春耕、夏种、秋收、冬藏的农业生产规律，要求乡民们不违农时，循序渐进，脚踏实地，耕耘树艺。粮食生产对自然条件的依赖，使得他们敬畏自然，必须对天文、地理、四季、物候、气象等自然现象加意观察、把握规律，做出趋利避害的利用。这种农耕生产的基本形态，决定了志书以山川地理、疆域分野、气候水利、田地税粮、土产贡赋、祀典坛庙、民风习俗等等与农业生产生活相关的内容为主要记述范围的基本架构。

面积狭小、精耕细作的传统农业，获得丰收的主要因素，不在于投资贸易，而在于天时地利，在于顺时而为、埋头实干和精打细算，由此形成了传统社会勤勉踏实、安分守己、知足求稳的思想意识和精神状态。反映到志书中，就是涵育出了平铺直叙、据实而书、据事而书的记述原则和平易、简约、质朴的记述风格。如清顺治《句容县志》要求编纂者既需"聚数十年之精力于典章文物之中"[2]，又要"就荐绅先生而谘之，进黉序老成而订之"[3]，以求"见闻有征"[4]"言有根底，义有辨证""辨理析微、斟酌至当""约而能尽，简而有辨，远引曲证，而皆不悖于其说"[5]，道明了方志的记述风格。

地方志的一个主要特征，是"连续性"。细致地分析起来，"连续性"有这样几个内在的层次：

第一，是指历代志书纂修的相承不断。在古代中国持续稳定的农耕生活环境里，经久不变的经验形成为传统，在日复一日的传承中成为人们遵循的指南和圭臬。历史性的过程，只是时间上的存在，而其有意义的内涵，在很大程度上表现为相似或相同的重复。正是累世相沿、习得传承的生活方式和历史过程，造就了尊崇定规、无悖祖训的文化心态，注重的往往是经验的总结和守成，这就需要有本乡本土的贴近文本，为当下生活提供参照实践的样板。"夫

---

[1] 明弘治《句容县志》周琦序，见《天一阁藏明代方志选刊》。

[2] 清顺治《句容县志》丛大为序，见《句容县志·附录》"旧县志序文选"，http://szb.zhenjiang.gov.cn/htmA/fangzhi/jr/9906.htm。

[3] 清顺治《句容县志》葛翊宸序，同上。

[4] 清顺治《句容县志》李来泰序，同上。

[5] 清顺治《句容县志》丛大为序，同上。

志，志也，志诸古所以训诸今也。"[1]这样的观念和认知，十分自然地为志书承续前志连续纂修提供了最有力的保障，由此形成连续不绝的修志传统。

第二，是指志书体例框架和记述内容的相似。稳定的村落，固定的地域，不变的生活，相似的经历，非亲即故的人群，构成一个定了型的循规蹈矩的生活空间，生活方式世代传递，屡试不爽，子孙永继，一生的模式刻在时光隧道里，人人从此走过。"在一个熟悉的社会中，我们会得到从心所欲而不逾规矩的自由。"[2]代代累积的生活经验，形成了一个可以从容生活于其中的稳定传统，这是每一个乡土社会之子在出生前便已得到的礼物。它表明了生活内容的简单、基本类型的稳定，为志书形式的相沿传续、记载的纵不断线、体例的"事以类聚""横排纵写"提供了延续的客观条件。

第三，特别需要注意的是，它还指的是内含于志书内容形式之中的一以贯之的思想意识和主流观念，这就是宗法制社会的父系家长制权威与意识。

（三）教化式治理方式与维稳的方志功能作用

"传统"二字，往往可以令人产生根蒂深固的踏实感、有所依凭的安全感、心灵寄托的归属感。在现代社会，它是一种精神的皈依。然而在乡土社会里，传统不但是精神的抚慰，更是实际生活的指南和工具。经验习得的极佳效应，不断地被验证、被证明是保证生产、生活一帆风顺的"灵丹妙药"，一代新人总是可以在长者那里得到指导，解决自己的问题。

于是，对传统的信任、尊崇以至敬畏油然而生，有些甚至还被赋予了神秘魔力而得到膜拜，使"传统"在乡土社会里有了更为强势的效力，导致了"言必称尧舜"的信古、崇古和好古之风盛行。以传统指导社会生活，就成了中国古代价值体系中的重要成分，以"教化"为主要方式和目标预期的社会治理方式，由此形成。

然而，我们必须清楚知晓的是，累积而成的传统，并非乡民们随性随意的

---

[1]　明嘉靖《宁国府志》闻人诠序，见《宣城地区志·附录》"旧志序文选"，http://www.xcdafz.gov.cn/web/about.asp? id=987。

[2]　费孝通：《乡土中国》，第5页。

自然造就；教化的内容，也由不得乡民们自由选择。传统与教化，都有内在的历史规定性。在宗法制社会里，这个规定性的掌握者，便是父系家长制里的家长。祖宗传下来的、必须遵循的规范、习俗和教训，必定以父系家长制的意志为本，基本的控制力量是父亲的权威。"孝道"伦理观的社会性思维定式，十分强大地将父权推举上了社会权力的顶峰；而"家国同构"的社会结构和"忠孝同义"的正统观念，犹如沟通的渠道，天然地将父权直接导向君权，造成了中国传统社会的权威主义性格。反对君主，就等于触犯传统，轻则治罪，重则杀头。百姓头上的这把达摩克利斯之剑，就此炼成。

反映在传统指导里的父系家长制的意志与权威，乃是旧时传统志书的不朽灵魂，也是其"教化"功能的本质之所在。其核心即为以名教教化为社会控制方法，严格规定君、臣、父、子各有名分，贵贱、上下、尊卑、亲疏各有区别，利用宗法制度的社会结构和崇古主义、权威主义的价值取向，构筑社会治理秩序。这种意志与权威长期不断、一以贯之地暗含于志书的内容形式之中。其间，有自成体系、局面宏大的社会教化：志书"首之以星野而天道昭矣，次之以疆域而地道昭矣，次之以文献而人道昭矣"，由此而"可与章往，可与示来矣"[1]。有对地方官员的教化："抑使为政者究知风俗利病，师范先贤懿绩"[2]。有对百姓的教化："课农桑以厚风俗，说礼乐以端士习"[3]。

志书"教化"功能的主旨，在在如是地体现于编纂者思想观念、编纂思路和志书框架内容的方方面面，并由此成为中国传统社会治国理政之策和文化传统的基本载体和传播途径，千年不坠地维系着古代社会的稳定和文化传统的稳固。

（四）乡土情谊是修志传统的情感动力

古代社会修志传统的绵延不绝，很大程度上得力于情感因素的维系，其中

---

[1] 明嘉靖《仁和县志》江晓序。

[2] 南宋淳熙《严州图经》董弅序，《宋元方志丛刊》，第4280页，中华书局，1990年。

[3] 清嘉庆《宁国府志》序见《宣城地区志·附录》"旧志序文选"，http://www.xcdafz.gov.cn/web/about.asp? id=987。

有修纂者个人的文化情结，但更为普遍、深厚和作用巨大的，乃是集体性的系恋于故国家园的桑梓之情，对土地村落的眷恋之情，对父母祖先的挂念追忆。这种深厚真挚的情感，来自于农耕文明的文化心理意识，成为中华民族凝聚力的乡土底色，源远流长，根深蒂固。

传统儒家的亲亲原则要求在家族之内，父慈子孝，兄友弟恭，以天伦护持父子兄弟夫妇之间的亲情；家族之外，则通过"老吾老及天下之老，幼吾幼及天下之幼"的途径，通过"推己及人"的路径，由近及远、由亲而疏地扩展到宗族乡党、邻里乡亲的领域，形成了亲切深厚、持久绵密的乡土情谊。

地方志是乡土情谊发乎情、形于物的重要载体和典籍形式，深厚的乡土情谊是累世不绝地编纂志书的情感动力。它在助成志书编纂上的主要表现，可以举出以下这些方面。

一是乡民们以谋划、参与、赞助等形式积极推动志书的编纂。此类例子在修志历史上比比皆是。例如，清顺治年间，句容县"阖邑荐绅先生"多次赴县学教谕关世隆处，请修县志。关世隆数度推辞而诸先生"固请之不已"，县志修纂因此动议，"以报"乡绅固求之请。[1]在明嘉靖《仁和县志》目录后，附有"赞襄人员姓名"一份，记录了乡人以"助银""助米""校正"等方式积极推动、助成县志修纂的事迹。

二是乡民们在志书中倾注深厚情感，爱乡之情洋溢于字里行间。此类例子可谓多至不可胜数，比如："宣州固江南名胜之区也，郡属六邑，山环水绕，代钟伟人，仕宦科名，累累相望，莅兹土者，声称藉不朽。即予乡先生信国文公树德于前，子将陈公扬镳于后，政绩彰彰，光耀史册。"（清嘉庆《宁国府志》欧阳衡序）"宣南密迩首都，山水之胜自古称最。"（民国《安徽第九区风土志略》导言）"是以志所载者，若风俗、户口、田野、税粮，比他邑为盛；名宦、人物、师儒、忠良、节义、孝烈、封敕、碑赞、序记，比他邑为多；县治、学舍、廨署、亭榭、市廛、坛壝、名山胜概，比他邑为丽；以至沿革分野之类亦详而不失所自。然皆取其有所考载而且实焉者。"（明弘治《句

[1]　清顺治《句容县志》关世隆序，见《句容县志·附录》"旧县志序文选"，http://szb.zhenjiang.gov.cn/htmA/fangzhi/jr/9906.htm。

容县志》）。传统志书受到人们诟病的一个主要方面，就是夸饰乡里，此即如唐代史家刘知几所言："人自以为乐土，家自以为名都，竞美所居，谈过其实。"自我夸饰、"谈过其实"自是史志大忌，固不可取。然而，其中的桑梓之情却也不可不辨，乡土情谊在推动地方志发展中所起到的作用，更应得到正视、受到肯定。

三是乡民们前赴后继，不懈努力，构筑绵密悠长的修志传统。修志作为一种文化传统，各地大多有悠久的修纂历史和自成系列的志书成果。例如江苏省昆山在历史上共修过22部县志[1]；《上海府县旧志丛书》"松江府卷"收录明清6种府志，"松江县卷"收录始自南宋《绍熙云间志》至民国的8种县志。志书的纂成，既出于地方官的主持，更在于乡民们的勤勉于此。其中，不少乡人父子相承其事、邻里共襄盛举，共同支撑起一地方志文脉。例如，据清光绪重刊《乾隆句容县志》杨世沅序[2]知，他家原有《乾隆句容县志》，后毁于兵火。其父命其尽力搜访，"沅谨志弗敢忘"。待到杨世沅从浙江文澜阁辗转录得此志全帙，其父已去世。杨世沅为承父志，先是将此写本付之剞劂，献于官府，后又纂成《句容金石记》，以助成新志编纂。另据清光绪《续纂句容县志》张绍棠序知，在此志的编纂中，先有乡人"芝香与其昆弟馔清，首捐巨资为之倡"，后有"桐君、蓬仙、子升、馔清、芝香，于年湮代远之余，抽厥秘思，发掘才智，寻坠绪于既往，示遗型于将来，深有合于乡先达顾文庄公明训"[3]，为志书编纂不遗余力。

正是在这样一种绵密深厚的乡土情谊中，在乡民炽烈情感的积极推动下，地方志书发挥了它在古代社会不可替代的重要作用，修志传统由此得以绵延不绝。它一方面因乡土观念而产生，一方面也以书写和记述的方式，固化了乡土观念、落实了乡土情谊。从乡土社会里长出来的志书，具有巨大的无形力量，乡邻们不但在本乡本土，即使在外乡、外省甚至国外，均可以凭借志书沟通思

---

[1] 徐秋明：《昆山历代旧志简述》，《昆山日报》，2006年年12月27日。

[2] 清光绪重刊《乾隆句容县志》杨世沅序，见《句容县志·附录》"旧县志序文选"，http://szb.zhenjiang.gov.cn/htmA/fangzhi/jr/9906.htm。

[3] 清光绪《续纂句容县志》张绍棠序，清光绪三十年刻本。

想、交流感情，彼此作同乡人的亲切认同。乡土的关系、情谊和观念，因此而在家乡以外的空间得以维系。同时，它也是利益的关联，可以据此寻根访祖、建立同乡交游网络，搭建人际关系平台，形成内部团结，促进政、商、学等各个方面的交流与合作，协作经营，培育后代，其作用往往可以超越主流社会，发挥巨大影响。

（五）乡绅阶层是修志传统的文化推手

虽然志书官修，"方志中什之八九，皆由地方官奉行故事，开局众修"，然而"其间经名儒精心结撰或参订商榷者亦甚多"。[1]这些名儒之中，即不乏乡间缙绅之士。在修志的倡议、组织、编纂、刊刻等各个环节，都可以看见乡绅亲力亲为的身影和作用。

乡绅热衷于志书编纂的目的，多种多样，比如前文所述的借此提高家族社会地位和影响力，构建家族及亲属关系网络，将私家历史记录转化为县域公共历史记录组成部分，为建构地方历史文化、整合地方文化意识出力，等等。而他们成为修志传统文化推手的根本原因，则还是在于乡土中国的农耕文明色彩。

乡绅阶层是中国农耕文明中的特殊阶层和重要力量，主要由科举及第未仕者或落第士子，退休回乡、丁忧赋闲、居乡养病的官吏，地主大户、宗族元老等人组成。其中不乏官、商、学巨子，但从整体而言，则不在政统的核心之内、实权的位置之上。他们一般经济殷实、学识博洽、地位稳固，与皇权有着千丝万缕的瓜葛而又立足本乡本土，似官非官、似民非民，又胜于官和民。他们受皇权的默许，在"帝力于何有哉"、政权不易支配到的乡里，成为官方与民间的桥梁、乡村民众的代言人，同时又担负着官府的期望、补充着地方行政的不足。因此而集道统、官威、民望于一身，成为乡村社会中官府之外的重要力量，在乡村社会组织运作中，发挥着重大的作用和影响。

从文化发展的角度来看，乡绅是乡土中国文化生活的基本力量和中流砥柱，是儒家文化在社会基层最可靠的信仰者、传播者、传承者和担当者，担负

---

[1]　梁启超：《中国近三百年学术史》，东方出版社，1996年，第326页。

着教化乡里的重责。他们在乡民价值观的培育、引导和弘扬，精神世界的涵育与固守等方面，远胜政府官吏，在本乡本土具有崇高的文化主导地位。

就修志而言，在经济实力、政治地位、文化水平、地方话语权力、地方历史文化和基本地情等关涉志书编纂的众多方面，地方乡绅无疑都占据着优势甚至掌控的地位。清光绪《石门县志》余丽元序中记载的事例，可以生动地说明这一点。同治十一年（1872），余丽元调补石门。第二年，奉命修志。他请了四乡绅士商议此事，乡绅们"至者半，不至者亦半，谓修志诚盛举，顾得人难、筹费难。筑室道谋，讫无成议"。修志之举得不到乡绅们的支持，只得作罢。余丽元静心思虑，认为原因在于自己"莅位日浅，信未孚也"，而"修志大事，非官绅相信于心，胡能为？"于是他一方面勉力勤政，一方面"时与绅士接见，开诚布公，坦怀相与，如是者将五年"。至光绪二年（1876），又召集绅士商议修志，此次，乡绅们"佥以为然"[1]。遂于是年十月设局修志，至光绪四年（1878）修成。

晚清浙江瑞安乡绅，著名学者、教育家、实业家孙诒让，也是一个典型。孙诒让出身世家，一生未仕，长居乡里，十分重视修志，他自纂《温州经籍志》，参与永嘉续修县志等编纂，在改革旧志分类法、严格地界断限等方面形成方志编纂思想。[2]孙诒让在晚清学术界和家乡瑞安以至全国都具有重要社会地位，他对志书编纂和研究的积极参与，对家乡修志传统的继承弘扬起到十分有力的推动作用，可谓一乡方志编纂繁荣发展的关键。

通过以上五个方面的简要分析，笔者一方面试图说明孕育产生于古代中国的修志传统，具有来自农耕文明的内在本质和基本特征。另一方面，更为重要的是，笔者希望通过这样的一番梳理，可以有助于我们看清历史上的修志传统与农耕文明之间密不可分的、内在的结构性关系以及由此产生的与当代社会的巨大差异；启迪我们深入思考孕育产生于乡土中国农耕文明的修志传统，如何适应、传承和弘扬于当代社会，如何谋求其适合于当今时代之需的创新发展。相关内容，限于篇幅，本文不拟展开，将待后文续论。

---

[1]　清光绪《石门县志》，清光绪四年刻本。

[2]　李海英：《朴学大师——孙诒让传》，浙江人民出版社，2007年。

二、传统的建构：基于方志学的实证分析与阐释

"传统"研究是历史学、社会学、文化学等多学科关注的重要领域，各种研究成果层出不穷，丰富多彩。地方文化传统是中华文化传统的源头基础和有机组成，宏博深厚、包罗万象，建构路径复杂，传承方式多样。本文通过综合考察我国历史上的修志活动和志书文本，发现其历代相沿、累世不绝，深植在中华文明的根脉深处，纽结于中国人日常生活的方方面面，凝聚着无数儒生士人的思想结晶，传沿着文化传承的不息文脉，提供着绵延中华文明的地方资源，承载着中华文化演进的历史身形，对一地文化传统的建构、传承和特征形成产生重要影响，是考察分析地方文化传统建构路径和实际成效的合适样本。

（一）方志建构地方文化传统的功能与路径分析

文化通常是指人类社会的全部活动方式，它包括一个特定的社会或民族所特有的一切内隐的和外显的行为、行为方式、行为的产物及观念和态度，人类以此适应环境并遵循客观规律改造环境。在这个适应和改造的过程中，文化获得可变的特征，它由于内、外部的动力如发明、创造、传播而发生变迁。随着文化演进的日益繁杂，每种文化在其不断的变迁过程中，都在内部生成众多元素、层次与类型，它们既从属于本文化区内具有共同价值的文化模式，又各自代表了各自不同的形式和水准，形成区域性的地方文化传统，并由此决定了文化的复杂性与多元形态。

"夫家有谱，州有志，国有史，其义一也。"[1]一姓之谱、一地之志与一

---

[1] 《为张吉甫司马撰大名县志序》，《章氏遗书》卷14《方志略一》，张树棻纂辑、朱士嘉校订：《章实斋方志论文集》，山东省地方史志编纂委员会办公室重印，1983年，第293页。

国之史，共同构成古代中国的主要历史记载体系，并由此成为中华文化传统的重要载体和表现形态。与宗谱和国史相比，方志因其特殊的内在特质，而与地方文化传统形影相随。家谱记载的是家族的世系繁衍传承和重要人物事迹，具有数典认祖的家族身份认同作用，是研究家族历史现象的重要史料。国史所记乃重帝王一姓之史，"畴昔史家所记述，专注重一姓兴亡及所谓中央政府之囫囵画一的施设，其不足以传过去现在社会之真相，明矣"[1]。与之相比，方志所记超越于家谱仅记家族历史之局限、充实了国史疏于地方实情之不足，由此形成与地方传统的特殊关联，获得建构地方文化传统之功能。此正如梁启超所言："各地方分化发展之迹及其比较，明眼人遂可以从此中窥见消息，斯则方志之所以可贵也。"[2]

关于方志功能，方志学强调的是"存史、资治、教化"三个方面；历史学则更重视其史料价值，主要集中于方志是一座尚未完全开发的史料宝库、可资深化各类历史研究的认识上。然而如果我们深入中国社会形态和方志学的历史发展中，可见其在一地文化传统的建构、传承和特征形成中，以形塑和维系两个维度的功能，起有的基础性重要作用，形成独特的建构路径。

所谓形塑，包括形成与塑造两个方面，主要就文化传统的即时性建构而言。前者强调社会创造、文明积累的自然过程，以客观积淀为主要方式；后者强调人为采用、编组的整合过程，以主观选择为主要方式。体现在方志中，前者主要是指对一地客观史料的全面收集，后者主要指编纂思想、编纂行为与文本结果。

所谓维系，包括保育和传续两个方面，主要就文化传统的历时性过程而言。前者强调基因、层次、结构、特征等文化传统内部要素的构成、积淀、提炼、融汇的形态稳固；后者强调文化传统在历史时空中的绵延传续、革故鼎新、子孙永继的动态延续。体现在方志中，更多地与方志的文献形态、内容承

---

[1] 梁启超：《清代学者整理旧学之总成绩（三）》，《中国近三百年学术史》，东方出版社，1996年，第326页。

[2] 梁启超：《清代学者整理旧学之总成绩（三）》，《中国近三百年学术史》，东方出版社，1996年，第326页。

接、历代续修、修纂主体、集体意识、文化认同等相关。

形塑与维系两大建构功能的作用发挥和价值实现，一方面，在于方志植根于古代农耕文明的基本特质；另一方面，则与方志的内在特征紧密相连。就前者而言，笔者已有《关于修志传统与农耕文明内在关系的探析》一文详加论述，此处不作具体展开[1]；就后者而言，可从地方性、全面性、官方性和连续性四个方面加以分析，阐释其建构功能实现的具体路径。

1.　地方性：方志建构地方文化传统的在地基础

地方性发轫于方志起源之初，是方志最为重要的特征，可称为其立身之本，被称为"方志始祖"的《越绝书》《吴越春秋》，就是对越、吴两地历史的记载。方志以一定行政区划为记述范围，遵循"越境不书""全国通典不录"等区域性编纂原则，并一直延续至今。2006年5月18日，国务院发布《地方志工作条例》，明确规定"地方志分为：省（自治区、直辖市）编纂的地方志，设区的市（自治州）编纂的地方志，县（自治县、不设区的市、市辖区）编纂的地方志""县级以上地方人民政府应当加强对本行政区域地方志工作的领导"。我国现存的8000余种旧志和新中国成立后两轮新修出版的各级志书，无论是省、府、州、厅、市、县、旗、盟、乡、镇、村等以行政区划为记述范围的志书，还是工业、农业、旅游、人物、寺庙、山水等各类专业志，抑或学校、厂矿、公司等部门志，无不以特定地域为记述范围，体现出据地以书、反映"一方之情"的地方性特征。

举例而言，据《上海市第二轮新编地方志书编纂规划》，到2020年，上海要完成《上海市志（1978—2010）》、上海市级专志和区县续志三个序列志书的编纂出版工作，三个序列志书合计220部，其中市志143部、专志53部、区县续志24部[2]。截至2020年8月，上海第二轮新编志书，累计评议179部，其中

---

[1]　陈野：《关于修志传统与农耕文明内在关系的探析》，《中国地方志》2014年第8期。该文主要从"宗法制社会性质与独特的方志文献形态、小农经济生产生活方式与方志编纂规范、教化式治理方式与维稳的方志功能作用、乡土情谊是修志传统的情感动力、乡绅阶层是修志传统的文化推手"五个方面论述修志传统与农耕文明的内在关系。

[2]　《"上海市第二轮新编地方志书工作进展"专栏——编者按》，2019年3月6日，http://www.shtong.gov.cn/node2/n253144/n253137/index.html，2020年10月10日。

上海市志111部，市级专志44部，区县志书24部；累计审定126部，上海市志73部，市级专志30部，区县志书23部；累计验收88部，上海市志44部，市级专志22部，区县志书22部；累计出版58部，其中，上海市志24部，市级专志14部，区县志书20部。[1]以上所有志书，均是据地而书之作。

纵贯从省至县以至乡镇村的方志编纂体制和数量众多的各级志书，以一地行政区划、地理形胜、风土人情等为筑基之本，并为之作纵横交错的梳理记录。既以独立之作全面反映本志记述范围内的地情，又以组织架构井然有序、内部关联密切相承、记述内容系统完整的多级成果，建构了一个地域之内行政层级分明又上下贯通、区域边界清晰又平行互动的文献系统，并在此基础上建构起本地色彩浓郁的地方文化谱系，构筑起地域文化传统的完整架构，对一地文化传统起到基础性的建构作用。

2. 全面性：方志建构地方文化传统的内容支撑

"地方志书，是指全面系统地记述本行政区域自然、政治、经济、文化和社会的历史与现状的资料性文献"[2]，"一地百科全书"的方志定位，要求无论何种层级的志书，其总体篇目框架都必须遵循"横不缺项，纵不断线，横排纵写，门类齐全"的基本原则。面面俱到的篇目框架结构、各种公私文献的系统整合、周详赅备的内容记述，清晰呈现志书广泛涉猎、平铺直叙、包罗万象的基本面貌，一地经济、政治、文化、社会之历史与现状的综合性资料尽在其中，使得全面性成为方志区别于其他地方文献的显著特征，也是其优于其他著述性专著的独到之处。

这种全面性普遍体现于各级各类志书之中。就省级通志而言，例如清光绪《安徽通志》计350卷、补遗10卷。首设皇言纪，次列舆地、河渠、食货、学校、武备、职官、选举、人物、艺文、杂类10志。就县级志书而言，例如明嘉靖《仁和县志》计14卷，包括封畛、风土、学校、水利、恤政、科贡、人物、寺观、书籍等内容。即使一个村庄的村志，也是如此。当代新修《连泉村

---

[1] 《2020年8月上海第二轮新编地方志书进展情况》，2020年9月4日，上海市地方志办公室官网，http://www.shtong.gov.cn/node2/n253144/n253137/n259232/index.html。

[2] 《地方志工作条例地名管理条例》，中国法制出版社，2006年，第2页。

志》即设地理、村民、经济、政治、文化5编28章107节。而这种全面性记述所呈现的效果，十分明显："自创基之始以至皇图之大，自畿内之制以及边险之防，炳如耳。考之天经，天经如是之灿也；察之地宜，地宜如是其辨也；征之庶类，庶类如是其蕃昌也。荷锄者农，横经者是，画疆布位，制度式昭，推而至于臣忠子孝、友信妇贞，更至于方外遗踪，避人遁世，无所不登，则也无所不著也。终之以华国之事，则云汉为昭，江河作势，先典册而后高文，如是其彰彰也。阅斯编者，可以揽盛京之大概矣。"[1]可见其包含了本地的全面信息、基本要素和组织结构，呈现出内在关联紧密的地方文化样态，从内容要素的角度，为方志建构地方文化传统提供了核心内涵的支撑。

除上述资料性的收录记述外，方志的全面性特征还可从文本体裁和记述方式角度加以分析。方志作为"综合性文献著述"，以"寓观点于资料之中"为记述原则，故其记、志、传、录等诸种体裁，均强调作为"资料书"的客观性、真实性，以"述而不作"为原则。然而传统志书的序跋之文，新志置于卷首的"概述"，则都是具有"研究""阐述"性质的体裁，强调"既述又作"。编纂者在此陈述编纂思想、编纂方法，阐释发展脉络、历史阶段、地方特色、时代特征、未来走向，以此宏观把控、深入分析、深刻揭示一地全面地情和基本特征，呈现出提纲挈领、画龙点睛式的俯瞰与提炼，是在更具本质揭示意义上的深度体现。

3. 官方性：方志建构地方文化传统的政治内核

地方志的官方性特征，来自于其官修制度和官方主导的权威性。自隋唐确立官修制度后，历代都把修志作为官职官责，颁布政令进行统一规范。一般由政府提供物质条件、地方长官主持，聘请才学之士编纂。故此习惯上将主持修志的地方长官称为"修"者，将实际编纂人士称为"纂"者。

隋朝统一中国，为了解各地情况，加强中央集权，于大业年间（605—618年）普诏天下诸郡上报风俗、物产、地图。图经是地方志发展过程中的一个重

---

[1] 康熙《盛京通志》边声廷序，中国地方志指导小组办公室编：《清代方志序跋汇编通志卷》，上海古籍出版社，2014年，第4页。

要阶段和文献形式[1]，唐代设立专职管理图经的编修，明确规定编修期限和办法。建中元年（780），朝廷将原规定各州郡每三年编修一次图经报尚书省兵部职方司的制度改为五年一造送，并要求若遇州县增废、山河改移等情况，则随时报送。宋朝承袭唐代造送图经制度，多次诏令各地编修图经。太祖、真宗、神宗、徽宗等帝均曾诏修图志，促进了官修制度的实施。宋徽宗大观元年（1107）创设九域图志局，开国家设局修志之先河。元代为编修一统志，督令地方政府组织方志修纂，以至形成各地志书屡修屡上的局面。明代继承官修制度，以强有力的行政手段加以推行，从主修、主纂、搜集资料、撰稿誊录、校对刊行等各个环节都有分工，形成严密运行机制。[2]清代严格控制修志，官府设有志局（馆），居主流地位的仍是各级政府官修。省级志书《通志》以总督、巡抚领衔监修，府、州、县志由知府、知州、知县领衔纂修，修成后需呈报上一级审查。清朝曾于康熙、乾隆、嘉庆三次编修《大清一统志》，而每次编修之前，先令各地纂修各类方志，地方官吏均要奉命照办。民国时期规定省志30年一修，市志及县志15年一修。官方修志制度传承于今，在前述《地方志工作条例》第五条明确规定"县级以上地方人民政府负责地方志工作的机构主管本行政区域的地方志工作"。

方志官修制度的形成，是方志史上一件大事。政府倡导修志有其政治目的，客观上却成为方志发展的巨大推动力。官修志书的权威性，极大地促进和强化了方志建构地方文化传统的功能实现。地方文化传统并非纯粹自然、自发与客观的社会产物，其发生发展的方向、过程和内涵品质，均受社会主流意识形态的导向、整合以至强制性规约。国家和地方政府的行政权力、重视主导和条件保障，保证了修志传统的绵延不绝，也为志书赋予鲜明浓厚的思想内涵和政治能量，并由此将主流意识形态和价值理念传输各地，成为方志形塑和维系地方文化传统的强大推动引力。

---

[1] 仓修良：《图经是一种什么样的著作》，《方志学通论》华东师范大学出版社，2013年，第125—127页。

[2] 张英聘：《明代南直隶方志研究》，社会科学文献出版社，2005年，第155—157页。

4．连续性：方志建构地方文化传统的历史机制

就一个区域的文化传统建构而言，历史性的保育和传承更具绵延不息的意义。上千年相沿不辍的修志活动和不断续修的志书，以其"连续性"的特征而对地方文化传统起到重要维系作用。具体地说，连续性主要体现在以下三个方面。

（1）志书体例框架和记述内容在总体上的相沿相似性

传统农耕社会稳定的聚落形态和生产生活方式，方志书固定的记述地域范围，相沿相续的熟人社会形态和文化习俗，形成了一个可以从容生活于其中的稳定传统，为志书的体例规范、文本形式、记述内容提供了相沿传承的客观条件。从目前可见志书来看，省、市、县三级志书的体例、框架和记述内容，基本上都固化为"事以类聚""横排纵写"等体例规范和自然地理、历史沿革、政治制度、经济生产、社会生活、人文习俗等内容部类。

（2）续志类志书与前志内容的有机相承

通志类志书有始有终地体现一地发展的兴衰起伏、转折变化，自不待言。续志类志书也要求其必须上承前志下限，以时间上的连续记载构成志志相续的序列。新修山西省朔州市《朔城区志》是一部上承1999年版《朔县志》的续志，记述上限始于1989年1月1日，下限止于2010年12月31日。该志以补遗、勘误等形式与前志关联相续。第四十七编"前志补遗"章设"老城古建筑""文化大革命"两节，前者以翔实资料详尽反映记述老城古建筑及其价值，后者对前志中因客观条件所限未作记述的"文化大革命"做较为全面的补充，弥补重大历史事件资料。"前志勘误"章对1993年重印版《朔州志》、1999年版《朔县志》、2008年重印版《马邑县志》作史料勘误修正，校正史实、修正传统。该志之"续"，不但是记述时限上的接续，更是接续了本地历史传统的"续"、保留了本地文化底蕴的"续"、传承了本地内在精神的"续"，是以"连续性"建构一地文化传统之志书功能的实践体现。

（3）历代志书修纂相承不断，形成修志传统

中国是一个历史观念发达、高度重视历史记载的国度。古代农耕社会的生活环境和文化传统持续稳定，历史过程在很大程度上只是时间上的存在。尊崇

自然规律、遵循执守祖训、注重经验守成，成为普遍的社会文化形态，这就需要有本乡本土的贴近文本，为当下生活提供参照实践的样板。"夫志，志也，志诸古所以训诸今也"[1]，方志由此应运而生，形成悠久修纂历史和自成系列的志书成果，构筑起绵密悠长、连续不绝的修志传统。以江苏昆山为例，南宋时有淳祐《玉峰志》、咸淳《玉峰续志》；元时有至正《昆山郡志》；明代修志8部现存3部；清代修志10部现存5部。在经济发达、文化昌盛的江南一带，一代之内连续多次修志，十分常见。镇江府属下的丹阳县、句容县在清代都三修方志，丹徒自顺治至宣统先后纂修7部县志。

尤其有意义的是，方志编纂中因受官修志书、乡土情感等不利因素影响，容易产生书美隐恶、拔高炫耀、曲意粉饰、自矜夸饰等有违直笔原则的不良现象。方志的连续性以增补删削、勘误辩正、延续叠加、对比研析等跨时代的文本呈现，"举旧志所不收，或收而失实，或讹而相冒，或混而无别，或析而无当，悉厘正之。上下千余年，条列如指掌"[2]。赋予地方文化传统历经时间陶冶和养成的漫长修炼，通过用时间换效益的路径，在一定程度上修正上述弊病和偏差，使地方性知识体系以至地方文化传统不断趋于客观、翔实、准确，育成更高品质的文化结晶，形成更为合理的历史形态。

正是连续性的方志编纂行为和志书文本序列，对一地历史作出胜过私人著述的连续记载，动态地积累、修正、调适、传播一地文明业绩，在建构地方文化传统上起到保育、传承的重要作用。

（二）方志建构文化传统的成效分析

经由上述地方性、全面性、官方性和连续性等志书内在特征形成的路径，方志在建构地方文化传统上多有建树。诸如门类设置的完整性，集聚了一地事物，形塑和维系了地方知识体系；资料征集的广泛性，合成了一地文献，形塑

---

[1] 嘉靖《宁国府志》闻人诠序，宣城地区地方志编纂委员会编：《宣城地区志》，北京：方志出版社，1998年，"旧志序文选"，第855页。

[2] 崇祯《吴县志》徐汧序，《明代方志选编·序跋凡例卷（下）》，北京：中国书店，2016年，第582页。

和维系了地方文脉传承；内容记述的丰富性，汇聚了一地社会活动，形塑和维系了地方生产生活秩序和基层社会运行机制；编纂行为的连续性，连缀了一地历史传统，形塑和维系了地方文化认同；编纂目的和作用的功利性，造就一地精神依循，形塑和维系了主流意识形态价值观。如此种种，均内化为地方传统的有机构成。以下具体从构筑基础性的地方知识体系、凝聚面向大众的地方文化认同、强化精英导向的地方文化共同体、落实基于国家意志的地方文化整合四个方面略作分析。

1. 型构基础性的地方知识体系

方志记述范围的广泛、内容的全面，特别是"横分门类、纵述史实"的资料组合和编纂方式，使志书呈现出事以类分、以类相从的类型化知识序列，构筑了类目清晰、结构完整的地方知识体系，为建构地方文化传统铺就扎实基础。

清代学者李兆洛分析嘉庆《怀远县志》"舆地""食货""营建""沟洫""官师""选举""艺文""人物""列女""古迹""图说""附录"的框架结构，认为此志"凡十篇，其古今之变、因革之宜、土俗之淳漓、民生之勤，庶几足以备考览焉"。从中可见民生休戚、天下命脉、前世盛衰、异日因革的系统性古今传延之变。[1]

明万历《钱塘县志》主修者聂心汤在自序中阐述志书架构形式为"因义起例，厘为十纪"："考城郭阡陌赋役食货，吾得纪疆；考湖山泉源形势络绎，吾得纪胜；考祠寺宫观仓舍，吾得纪制；考建茅阼土墟社革鼎，吾得纪都；考良令幕佐师儒，吾得纪官；考辟举科贡封锡，吾得纪士；考鸿硕名贤淑懿高行，吾得纪献；考灾祥风俗，吾得纪事；考古今艺林著述，吾得纪文。而仙释方伎与异事丛谈、寰中物外之奇，则以外纪附见。"而如此框架的搭建，其意乃在于"彬彬乎博收约取，自相错综，明纂述之事矣"。[2]其中，设"物产"之缘由在于"食货所以养生也。生养遂则教化立而礼仪兴，由是而为尧舜

---

[1]　嘉庆《凤台县志》李兆洛序，《续修四库全书》，上海古籍出版社，2002年影印本，第710册，第255页。

[2]　嘉靖《仁和县志》卷3《物产》，浙江古籍出版社，2011年影印本，第25页。

之民，亦基于此。是知食货者，诚生民之急务也"，是为一地生存繁荣之根基所在，故系统记述物产谱系，构建起自然名物的知识序列，以使"宰是邑者所宜知也"。[1]"纪胜"的编纂理路为："访脉于黄考，访境于名僧，访古于宗彦。稍仿《水经》之意，因脉叙山，因山叙水，因水叙岩洞，因岩洞叙宫庐，摄小以大，行远以近，存其大都，附以咏歌，庶俾读者可沿支而得源，游者可按图而索胜焉尔。"[2]由此建立景观源流谱系，构建起地理环境的知识序列。

"纪文"则是因为"文以载事者也，事匪载则弗彰，言无文则不远。钱称钜邑，藻林艺海，媲美山川，郁乎盛矣。况夫轩客羁臣之所感慨，骚人墨士之所啸纾，抗志烟云钟情丘壑者又不可以数计。竹书石碣，岁月消亡，不能广汇厥作。然有事关兴废利病可为后世实录者，以类收之，曰赋曰诗词曰记曰杂著，总曰纪文"[3]。以赋、诗、词、记、杂著等建立文体和作品谱系，构建起艺文纪事的知识系列，彰显文以载道、事关兴废、可为后世实录的价值。"纪士"则"纪征辟、纪进士、纪乡举、纪贡士、纪武试、纪楷书选，而以封荫附焉。作纪士"[4]。由此构建地方知识精英群体谱系，以明地方知识体系的传承载体与路径。

此种事以类分、以类相从的地方知识序列，普遍存在于各级志书之中，纵横交错地构成有关一地天文、地理、政治、经济、军事、文化、社会、人物、方言、风俗、习惯、宗教、信仰等各类地方知识架构，形成完整体系。

方志中的地方知识体系，并非只是一部志书中平面固化、一成不变的存在。方志的连续性特征为其带来动态调整和纵向比较的机会，不同时期志书重修、续修中的史料选择、增删、校订，程度不一地呈现出微妙而深刻的历史印迹，形成"层累地造成"地方知识体系的过程和结果。例如明万历《南陵志》与以往旧志相比，增加了不少新的篇目。其中一个主要方面，就是对南陵建置沿革作重要考定，指出"南陵古扬州域，秦创名陵阳，隶之鄣郡。西汉改为春

[1] 嘉靖《仁和县志》卷3《物产》，杭州：浙江古籍出版社，2011年影印本，第25页。
[2] 万历《钱塘县志》卷2《纪胜》，杭州：浙江古籍出版社，2011年影印本，第63页。
[3] 万历《钱塘县志》卷9《纪文》，杭州：浙江古籍出版社，2011年影印本，第1页。
[4] 万历《钱塘县志》卷6《纪士》，杭州：浙江古籍出版社，2011年影印本，第1页。

谷，隶之宣城。已而春谷改阳谷，又改南陵，而县名始定"[1]。

2. 强化面向大众的地方文化认同

志书的官修性质决定了它必然是古代中国社会礼法制度、正统史观、道德伦理、礼治教化等主流思想意识和正统观念的承载者、传布者和践行者。在相沿连绵的修志传统中，地方历史之脉、乡土桑梓之谊、家国故园之情、乡里认同之心，均得以保育深固，是表达、交流和传播文化情感和价值理念的重要途径，凝聚地方集体意识和文化认同的纽带。此正如聂心汤在万历《钱塘县志》自序中所言："维风莫大于敦俗，敦俗莫先于著教，比事连类，托物寓警，俾阅是编者，察吏治所以良窳，财赋所以盈缩，人才所以虚实，户口所以登耗，风气所以淳侈，于以早见力挽，酌弛张而分轻重，此可以宣风教。"[2]以阅读引导和情感浸润等柔性教化方式，将面向志书读者，特别是本地乡民传布、培育集体意识和地方文化认同落到了实处。

目前"资料性著述"的方志定义，实难涵盖古代修志传统的深切用心。在为明崇祯《吴县志》所作序言中，徐汧从有裨政教的角度对该志记述内容做了详尽阐述："凡山川、古迹，有关于贤人君子者，必书。道路、津梁，又便于人民者，必录。声名文物、忠孝节义，有本于风化者，必极其详。户口、赋税、力役、兵防，有系于国计者，必极其备。以至天灾、物怪所以警在位，僧宫、道舍所以聚游手者，无不周悉。"进而指出志书记述山川、古迹、亭榭、园林、人物、政事的目的，并非"以供文人之笔，客子之登眺"，而在于能使"有心君子，按图展志而叹曰：城池疆域如此其大也，人民如此其庶也，为官师者，若何以富之？若何以教之？"[3]徐汧为吴县本地邑人，崇祯朝赐同进士出身，兼任日讲官、翰林院侍讲、文华殿平台暖阁诏对记注等多种职位。明末南京失守，徐汧作书诫二子，投虎丘新塘桥下殉节而死，郡人赴哭者数千人。他序中有关方志修纂目的功用的阐释，既是正统思想意识和主流观念的反映，

---

[1] 《历代旧志选介》，南陵县地方志编纂委员会编：《南陵县志》，黄山书店，1994年，第795—799页。

[2] 万历《钱塘县志》聂崇正自序，浙江古籍出版社，2011年影印本，第11页。

[3] 崇祯《吴县志》徐汧序，《明代方志选编·序跋凡例卷（下）》，中国书店，2016年，第582页。

也体现了传统士人的品性修养和文化价值观。而志书正是如徐汧般的士大夫们表情托志、寄语乡里、教化训导的理想载体，是主流思想通向基层社会的有效途径。

更深入的研读推究表明，方志的民众教化、文化认同，并非只是父慈子孝、兄友弟恭的常识宣教，实蕴含有基于文化道统的深层次价值内核。明嘉靖《仁和县志》修成，本地乡贤、曾任工部右侍郎江晓为之作序，从方志载述道统、君子行道明道的学术思想高度，揭示了方志的价值和功用："盖以天道则星野载焉，以地道则疆域载焉，以人道则文献载焉。否则前罔攸征，否则后罔攸绎，志之不可以已也"，"首之以星野而天道昭矣，次之以疆域而地道昭矣，次之以文献而人道昭矣。群分类聚，纲举目张，而以纪遗终焉。亶哉！可与章往，可与示来矣。吾闻君子进则敷教以育才，退则敷文以垂世。敷教所以行道也，敷文所以明道也"。江晓以天道、地道和人道建构了方志笼盖天地、彰往示来的文化网络，阐明了君子敷教以育才、敷文以垂世之行道明道的文化意识和责任担当。正是在这样一个体系完整、架构严密的文化网络中，主修者沈朝宣以承续弘化道统为己任，孜孜以求，笃志于此，"不畏难不避嫌而汲汲图之"，取得了"是以郡守嘉之，邑令赞之，而乡党亦乐道之"[1]的集体认同和同声赞颂。

3. 传承精英导向的地方文化脉络

传承至今的地方文脉是地方文化传统的重要主干，地方精英群体是地方文脉的创造者和维系者，赋予本地文化传统以独特元素和鲜明特质。方志中以"人物""艺文""文献""金石""文物"等篇目记载的内容，是对地方文脉的系统反映。作为方志修纂主体的地方文化精英群体，以修志为纽结，体现出高度重视文脉记述和传承的文化自觉意识，并由此形塑了地方文化传统的精英导向。浙江宁波海曙区境内，历史上学风炽盛，名家荟萃，《宁波海曙区志》在对"这些人"的记述中，重互动、重传续、重师承，地方文脉的历史路径昭然若揭，树起了占据一地思想文化制高点的精英文化共同体。

---

[1] 以上引文均见嘉靖《仁和县志》江晓序，浙江古籍出版社，2011年影印本，第1—2页。

（1）在境内外人与人、人与事的互动中，记述一地文脉的时代盛况

在人物传中记载了黄宗羲、黄宗炎、黄百家、钱大昕等非宁波籍人士在境域内的活动。例如黄宗羲传文主要围绕他与宁波的关系展开，记述了他偕弟变卖家产集黄氏600人组成"世忠营"从张苍水宁波起义抗清、受万泰之邀赴甬讲学、登天一阁开启编目先河等事迹以及黄宗羲发自肺腑的"平生师友，皆在甬上"[1]的感慨。其中特别记到黄宗羲在万氏白云庄"甬上证人书院"讲学，时间最长，"甬上学子同声相引，从者如云。他为浙东培养了大批经世致用的人才，有弟子66人，最为他推许的有万斯同等18人"[2]。同时，在万泰、万斯选、万斯大、万斯同、全祖望等人传文中，都从不同角度记述了黄宗羲在境内的各种活动和与诸位师友的讨论辩难、教学相长。

（2）在家族的人际代际传承中，记载一地文脉的世代绵延

家境殷实、重视教育、家族联姻、世袭封荫等原因，造成宁波历史上名门望族众多、家族性学术文化人才集聚与代际传续的特色。虞氏家族从三国至唐初，正史立传者11人；史氏家族南宋时出了3名宰相、76位进士，有"一门三宰相，四世两封王"之说；万氏家族清初万泰的8个儿子被誉为"万氏八龙"。其他不少家族都因家学渊源和师承传授而成为当地学术文化名家，承载了一地文脉的世代绵延。该志有意识地关注和记述群体性家族人物。万氏家族在跨越明清的两个多世纪里，家学渊源深厚，家族人才辈出，书香传续不坠，成为本地学术文化中坚，不仅是文化业绩的熠熠光彩，更是文脉走向的引领者。此外，史氏家族、秦氏家族、袁氏家族、舅甥三学士、一门五进士等，都是家族性人际代际交往传续的显例。

（3）在学人学术的师承赓续中，记载一地文脉的薪火相传

学人学术的师承赓续，在志中也得反映。例如记全祖望"以十年工夫续成黄宗羲、黄百家父子未完成的《宋元学案》辑补学案"，"三笺《困学纪

---

[1]　宁波市海曙区地方志编纂委员会编：《宁波市海曙区志》，浙江人民出版社，2014年，第2071页。

[2]　宁波市海曙区地方志编纂委员会编：《宁波市海曙区志》，浙江人民出版社，2014年，第2072页。

闻》、续选《续甬上耆旧诗》"、编《天一阁碑目》等[1]。徐时栋传文中，特别记到他编纂《鄞县志》，"越五年，病重，执董沛手以志局事郑重相托，不语私事"[2]。而在董沛传文中，则记其赓续修志大业，"终成其书。以钱大昕乾隆志为本，补疏辨误，考证精详。称光绪《鄞县志》"[3]。这些记述都反映了地方文脉薪火相传的历史实证，也是地方文化传统的有效建构。

4. 完成国家视野下的地方文化整合

中国文化的博大精深，来源于其内部生成的多姿多彩。中国疆域辽阔，不同区域间的地理、经济与社会等环境孕育了不同的区域文化，发展出许多区域性文化传统，形成别具一格的文化样态、特征和成就。与此同时，中华文化传统以其强大的文化价值整合机制，以碰撞、解构、选择、调适、融合等多种方式吸取各个区域文化的优秀元素，形成诸如天人合一、重文崇礼、贵和尚中、自强有为、趋善求治等受到广泛认同的文化基因和精神，汇聚成中华文化大传统的人文渊薮。在此大小传统的互动交流中，方志作用不可小觑，它以建构文化传统的独特路径，致力于国家意志导引的文化整合，彰明了其作为中华传统基底的内生性本质特征，深刻体现了"家国同构"的中国传统社会特征。

（1）以一统志编纂为文治之法，整合地方文化

元世祖编纂一统志，"开创明清两代编修《一统志》先例"[4]。一统志不同于地方志，它是以各地方志为基础的国家层面的综合性志书。每次修纂一统志，均必先修郡邑志以备采录。各地志书的集成汇聚，为一统志编纂打下坚实基础。如"昔《大明一统志》之纂也，朝廷先期遣使采天下事实，吴江县奉文集耆儒开局于圣寿寺"[5]。清康熙《盛京通志》张鼎彝序称："我皇上宵旰图

---

[1] 宁波市海曙区地方志编纂委员会编：《宁波市海曙区志》，浙江人民出版社，2014年，第2078页。

[2] 宁波市海曙区地方志编纂委员会编：《宁波市海曙区志》，浙江人民出版社，2014年，第2080页。

[3] 宁波市海曙区地方志编纂委员会编：《宁波市海曙区志》，浙江人民出版社，2014年，第2081页。

[4] 仓修良：《方志学通论》，华东师范大学出版社，2013年，第215页。

[5] 弘治《吴江志》莫旦序，《明代方志选编·序跋凡例卷（下）》，中国书店，2016年，第594页。

几，礼明乐备，追述祖功宗德，纂修《大清一统志》，以昭来兹。爰敕奉天府尹先修《盛京通志》，以便汇辑，为诸省弁冕。"[1]

一统志的修纂，既是国家层面的历史文献整合，更是朝廷掌控各地地情、宣教安邦治国政治理念、沟通中央与地方关系、加强地方文化整合的文治之法。一统志的修纂过程，既是国家政治理念、治理方式、教化旨意对地方的传达、灌输和引导，也是对地方文化的交流、渗透和化合。《大明一统志》明英宗序称："是书之传也，不独使我子孙世世相承者知祖宗开创之功广大如是，思所以保守之惟谨；而凡天下之士，亦因得以考古今故实，增其闻见，广其知识，有所感发兴起，出为世用，以辅成雍熙泰和之治，相与维持我国家一统之盛于无穷，虽与天地同其长久可也。"[2]因此，一统志及由此带动的全国性修志活动及其志书文本，以文献综合为契机，一次次地从国家层面整合历史文化和现实社会，成为巩固国家统治、维系文化传统的重要标志性成果。

（2）传输主流意识形态，服务中央集权统治

方志与国家治理关系密切，在强化中央集权、稳固江山社稷中具有"资治"作用。封畛、制度、户口、水利、恤政、科贡、人物、艺文、风俗等，既是志书的记述要素，也是国家治理的重要领域。清康熙《畿辅通志》钱谷、董秉忠序称："窃惟志，史事也；史，文字也。何与于治天下国家，而姬周以来，代綦重之乎？要以星宿灿列，天之文也；大河乔岳，地之文也；礼乐政刑、章程典则，人之文也。天下文章莫大乎是，而治天下国家亦孰越乎是。志之讵容缓欤？"[3]各级志书中基于意识形态的编纂规范，有关皇言、封敕、习俗、教化、忠孝、节义等体现主流价值理念的记述，有关具体史实的褒贬评价，无不渗透国家意志，表达皇权尊崇，体现文化认同。例如明嘉靖《仁和县志》凡例规定："志坟墓，以贤为主。苟非其贤，例不载入"，"志寺观，固

---

[1] 康熙《盛京通志》张鼎彝序，《清代方志序跋汇编·通志卷》，上海古籍出版社，2014年，第3页。

[2] 天顺《御制大明一统志》序，《明代方志选编·序跋凡例卷（上）》，中国书店，2016年，第3页。

[3] 康熙《畿辅通志》钱谷、董秉忠序，中国地方志指导小组办公室编：《清代方志序跋汇编·通志卷》，上海古籍出版社，2014年，第12页。

以敕建先后为序。其中又循境土分列。非敕建者例附于后"[1]。万历《嘉定县志》凡例特别注明在"人物"卷中不仅要记"嘉言善行可法可传"，也要记"出仕者"也即当代官员，因为"多扬其政绩，以斯人能效力于国家，则父母之邦有荣焉"[2]。

活跃于修志一线的地方官员和乡绅是主动以国家意志为依凭并在志书中加以贯彻体现的一方，成为沟通国家与地方、与民间社会的"中介"，他们怀揣儒家政治理想和忠君爱民的责任心，担负起文化传播责任，以方志为礼乐教化媒介，将大一统的价值理念推广落地。《吴县志》编例规定："妇女、节烈、幽芳必表，此圣祖令甲也。采风者首重之。"[3]自觉地将记录传播正统道德理念摆在修志事务的首位。明隆庆《长洲县志》顾存仁序叙本县修志经过时说"先皇帝宪古中兴，诞敷文教，于是濮阳苏侯祐至，以儒术饰吏治，始作吴邑志于嘉靖之初"，言明修志目的，在于"以儒术饰吏治"，[4]主动秉承上意，服务统治，教化民众。

（3）展现国家"王化"过程与成效

"普天之下，莫非王土，率土之滨，莫非王臣"，是历代帝王的统治理想和目标。方志编纂从中原向边远地区的逐步扩展，如实记录和见证了国家统治向四方边缘地区推进的过程，展示王化所及的范围和程度，"圣朝统天络地，范围之以礼乐，弥隆之以政教，其典章文物之纪，舆图简册之数，光天之下至于海隅，罔有阙失"。[5]废除西南各少数民族地区的土司制度，改由中央政府委派流官直接进行统治，实行和内地相同的地方行政制度，在历史上称为"改土归流"，是中央政府实现和加强边疆统治的体现。明永乐年间（1403—1424年），铜仁等地的思州、思南两个宣慰司叛乱，永乐帝派兵平定后，改设

---

[1] 嘉靖《仁和县志》凡例，杭州：浙江古籍出版社，2011年影印本，第3页。

[2] 万历《嘉定县志》凡例，《明代方志选编·序跋凡例卷（下）》，北京：中国书店，2016年，第610页。

[3] 崇祯《吴县志》编例，《明代方志选编·序跋凡例卷（下）》，北京：中国书店，2016年，第591页。

[4] 隆庆《长洲县志》顾存仁序，《明代方志选编·序跋凡例卷（下）》，北京：中国书店，2016年，第592页。

[5] 张英聘：《明代南直隶方志研究》，北京：社会科学文献出版社，2005年，第31页。

贵州布政使司，建立土流并治模式。随着中央王朝对边疆少数民族地区统治的逐步加强，改土归流得以不断推进，贵州逐渐纳入中央王朝控制之下。"这些流官既是朝廷在贵州统治的重要力量，更是儒学的忠实传播者，他们自觉实践儒家的文化理想，通过重文兴教、移风易俗等一系列措施，在执行中央法令的'吏'功能的同时，充分发挥'师'的教化功能，将儒家大传统逐渐渗透到贵州少数民族地区的民间日常生活之中。"[1]这个以儒家传统化育边疆地区实现大一统治理的"王化"过程及其成效，在方志中得到充分对应的体现。明嘉靖《思南府志》记录了"王化"之效："思南，为贵阳属郡，僻在万山中。民性质俚，而俗尚简陋，古昔朴略之风犹存。入我皇明永乐以来，始革去宣慰司，而设郡立学。于是，土著之民无几，而四方流寓者多矣。问价覃敷，民俗渐化。故士育于学，往往取科第，登仕版，可方中州之盛焉。"[2]

同时，作为改土归流、经济文化取得历史性发展之后方始修纂的思南历史上第一部志书，《思南府志》成功修纂刊印的本身，既是此种"王化"的见证，更是"王化"的结果，成为当地文化发展中具有重要意义的文化事件。

（4）为中华文化传统输送新鲜成分和养料

民国方志学家瞿宣颖将方志不同于正史的特殊价值归为六个方面："社会制度之委曲隐微不见于正史者，往往于方志中得其梗概，一也；前代人物不能登名于正史者，往往于方志中存其姓氏，二也；遗文佚事散在集部者，赖方志然后能以地为纲有所统摄，三也；方志多详物产税额物价等类事实，可以窥见经济状态之变迁，四也；方志多详建置兴废，可以窥见文化升降之迹，五也；方志多详族姓之分合，门第之隆衰，往往可与其他史事互证，六也。"[3]加之方志代不绝书，不断汇编各地最新社会现象、史实史料，为中华文化传统不断输送滋润更新的源头活水，堪称中华文化日新月异的内在动力。

---

[1] 廖荣谦：《循吏与教化：明代流官与贵州儒学建构——以方志为考察对象》，《湖北民族学院学报（哲学社会科学版）》2014年第5期。

[2] 嘉靖《思南府志》洪价后序，《明代方志选编·序跋凡例卷（上）》，中国书店，2016年，第400页。

[3] 瞿宣颖：《方志考稿序》，《方志考稿甲集》，上海书店出版社，1990年影印本，《民国丛书》第二编第81册，第1页。

（三）关于方志建构地方文化传统多重动力的初步认识

方志建构地方文化传统的动力，既来自于外部的社会形态、历史条件，也内生于其自身的基本特征，以及内外互动交流中产生的各种因素，形成多重复合的动力机制。据笔者的粗浅认识，大致可从以下几方面加以认识。

1. 来源于方志与古代农耕文明形态的一致性

修志传统产生并植根于古代农耕社会，与农耕文明形态具有紧密的内在联系。自给自足的自然经济生产生活方式与志书相对封闭的地域性和超稳定的框架结构，崇尚礼制教化的社会治理方式与志书的官修制度，深入人心的历史观念和稳固的文化形态与志书不断续修的连续性，乡土情谊和集体文化认同与修志所需的情感动力，乡绅阶层的稳定坚守与修志所需的经济资助，实用性的文化特征与志书记述语言的质朴风格，宗法制社会形态与大姓宗族生活经由志书转换为公共历史的内在逻辑等等，都表明方志与古代中国农耕文明具有高度契合的内部结构和基本特质，与地方文化传统关联密切、互动频繁，是其获得地方文化传统建构功能的本质所在。

2. 来源于方志的四大基本特征

前文所述之地方性、全面性、连续性、官方性四大基本特征，是方志之于地方文化传统建构功能的内生缘由。地方性以特定地域为记述范围多层级据地而书涵盖全域，全面性以门类设置和记述内容充实内部结构，官方性以资治教化等政治诉求为编纂宗旨并基于国家意志引导整合地方文化，连续性产生相沿不辍的修志行为和志书文本序列，特定空间区域、多元内涵要素、核心价值理念和时间接续绵延四者的有机结合，赋予方志在特定地域内长时段伴随、观察、记录和融入当地社会生活的地位和特质，由此获得建构地方传统的独特功能和通达路径。

3. 来源于士绅学者结合的方志修纂共同体

历史上的志书编纂，大多以本地官员、乡绅、学者为修纂主体，集职责、情怀、利益和话语权于一体，站定各自角色定位、发挥不同作用，开展修志活动。张英聘统计了明代南直隶39部志书的修纂者身份，其中约26部由进士出身者主纂，1部由举人出身者主纂，5部由生员主纂，7部由教谕主纂。[1]他们怀抱桑梓热情，承担修志职责，是修志活动的主力，各地修志都少不了要"询之耆旧""诸生之博洽者共载笔焉"。有的为志书修纂出力尤多："命学子涂绂、李埧、璩中、潘翰，采诸未备事迹，增昔所无，续今所有。而去取则质乡衮李公泰、何公垕、陈公衮三大夫，删繁就简，黜驳登纯，殚精竭虑，越二载成编。"[2]有的为志书刊行捐赠乐助："方议梓行，而邑士大夫皆力赞焉。乃与县丞铜仁卢君金、济南张君源、陕右张君玥，主簿香河孙君祥、典史东广叶君业英，各捐俸为倡，而邑人好事者皆乐助也。"[3]

来自年龄、身份、学问、经济、地位等的精英优势和文化特长，赋予乡绅、学者在修志中的文化话语权。这种话语权不仅在于宣教主流思想正统理念，以此长期维持乡土中国的秩序，达成相对稳定的社会运转；也在于士绅特权不断得以确认。乡土社会精英将家族地位和荣誉看得至高无上，往往不惜花费巨资修建祠堂、牌坊、族谱、道路，救济族人等，以此回馈家乡父老、获得个人声誉、彰显家族地位。参与并推动志书编纂，决定志书记述内容、尤其是将本人及家族作为被记述对象载入志书，不仅积功当下，还可留下彪炳千秋的不朽声名。前述为明嘉靖《仁和县志》作序的致仕高官、本地士绅江晓，不仅积极参与《仁和县志》编纂，而且也是志书记述的重要对象。不仅江晓本人，其家族子弟中江澜、江晖、江玭等多人均成为志书记述对象，家族声誉与历史地位由此得以显著提升。相同的情况在志书之中比比皆是。

4. 来源于国家意志、地方政府和宗族利益缠结博弈的利益网络

朝廷基于巩固皇家权力、强化地方控制、推行正统观念、实行礼治教化、编纂一统志等目的而对方志的重视推进和实务操作，是体现在修志活动中以大一统为核心的国家意志，此为志书编纂起始与终极的意图和目标所在；地方政府和官员因其守土之责、传统熏陶、文化修养和历史意识，特别是方志在掌

[1] 张英聘：《明代南直隶方志研究》，社会科学文献出版社，2005年，第131页。
[2] 正德《新城县志》黄文鹭序，《明代方志选编·序跋凡例卷（下）》，中国书店，2016年，第794页。
[3] 弘治《吴江志》孙显序，《明代方志选编·序跋凡例卷（下）》，中国书店，2016年，第594页。

握地情、征收赋税、兴利除弊等方面的实用价值等原因而产生主修动力；地方乡绅、宗族世家出于桑梓之情、个人声望、家族利益等缘由而保有持续充沛的修志热情。此三者综合交错，形成与修志活动的密切关系。因此，以地方形态出现的古代志书，并非仅仅是由一地行政长官主持的有关本地历史的记载，而是深刻受制于朝廷的国家意志和本地乡绅宗族的文化话语权力，并由此织成利益网络，三方利益主体于此中缠结互动、博弈角力、分化整合，形成内在运行机制，是为古代修志传统历久不衰的内在动力，也是方志建构文化传统的独特路径。

三、志书续修机制与地域历史传承

山西省《朔州市朔城区志》于2014年11月由中华书局出版发行。该志以朔州市朔城区2010年政区为记述范围，上承1999年版《朔县志》，记述上限始于1989年1月1日，下限止于2010年12月31日，是一部记述时限为12年的断代续志。志书以其续修形式，在传承地域历史传统上颇有建树，深可研析。

（一）接续本地历史传统、保留本地文化底蕴、传承本地内在精神的"续志"编纂

续志是地方志书的一个重要品种，一般以前志下限为记述之始，记述一个历史时期内的一地地情。其长处主要在于可以集中人力、财力、时间和志书篇幅，将一个时期内的地情作丰富详尽的记述，以此承接前志，以志志相续的序列，构成一地的方志文献体系；而其不足之处，则主要在于难以在此一部志书中反映一地历史通贯古今的发展脉络，特别是本地在悠久历史中孕育形成的地方传统和特色，往往较难得到充分彰显。在一些新修续志中，因囿于记述时限，往往以"一刀切断"之法与前志相断隔，使得一部志书"前不见古人"般地横空出世。因此，有不少以十几、二十来年为记述时限的新修续志，读起来不免令人感到在记述内容上往往比较单薄，在反映特色上显得底蕴不足，在编纂形式上也易产生"千志一面"之憾。

笔者拜读《朔州市朔城区志》，发现该志的一个显著特色，在于虽为续志，却以多种形式与本地相关前志相衔接、与本地的历史传统文脉相关联，同时也充分反映了本地底蕴深厚的地方特色。由此而使该志既集中记述了12年时限之内的历史，也向读者提供了朔州区丰富、厚重、鲜明的历史文化积淀和地

域特色。具体说来，大致有以下三个方面。

第一，以补遗、勘误的形式，对前志拾遗补缺、勘误纠错。这集中体现在该志第四十七编《前志补遗勘误》中。此间"补遗"章中设"老城古建筑""文化大革命"两节，"前志勘误"章中设"《朔县志》（1999年版）""《朔州志》（1993年重印版）""《马邑县志》（2008年重印版）"三节。"前志勘误"在一般续志中已经较为多见，是以校勘纠误之法对本地往修志书做文献整理的工作，该志所做也是如此。"补遗"中的"老城古建筑"与"文化大革命"两个内容，则是该志编纂者自出机杼之处，前者体现了编纂者对老城古建筑价值的充分认识、对其历史资料的熟悉掌握和详尽反映；后者则体现了编纂者的历史眼光、胆略和见识。

第二，在志书记述框架的常例之内，打破机械僵硬的思维方式，根据所记内容的性质和需要，灵活而又合理地处理记述时限，由此贯通本地古今文脉，予读者以相对完整的全景风貌。"文化活动""文物古迹""人物传"等，都是一部志书篇目框架中应有的组成部分，属于志书记述的"常规"内容。从常人之见去看，记述这些内容，只要按照本志"凡例"所定之记述时限的"常例"去做皆可。但在《朔州市朔城区志》中，却有不同于以一般"常例"处理的新意。比如第三十七编《文化》中的"乡风民俗"章，特设"传统习俗"一节记述以往的民间习俗。另如第三十八编《文物古迹》中的"珍贵文物""重要石刻""重要古迹"、第四十四编《人物》之第一章"人物传"中设"古代人物""近代人物"节等，均对本地历史上的相关重要内容作了集中记述。文化是一条由古而今的难以割断的河流，文物是先人留给我们的文明创造之珍宝，乡风民俗更是千百年来传承不息、潜移默化于百姓的日常生活中、"日用而不觉"，均难以用"挥刀断水"之法截然划分新旧。因此，将相关文化部类的这些内容加以通过古今的整体性记述，是根据所记事物性质和特征加以灵活处理的适宜手法，很好地向读者提供了一地文化业绩的整体风貌。

第三，以"特例"的方式记述"马邑文化"等内容，彰显了鲜明的地方特色，跳出了"千志一面"的窠臼，令读者于开卷之初、篇目之中即可见"朔州"之内在精魂、志书之焕然神采。例如，马邑以养马筑城而得名，作为行政区域，不但历史悠久，还有关于马的神奇传说，文化底蕴十分深厚，是北方各民族频繁交往的历史场所、游牧文化与中原农耕文化交汇融合的历史大熔炉。为此，编纂者将第三十九编设为《马邑文化》，记载"马邑文化遗址""马邑文化与马""方言""马邑文化活动""马邑文化研究"五个章的内容，对马邑文化的历史、内涵、遗迹、活动、研究等各个方面做了系统的梳理和记述，并在设篇立目上做了单列一篇的升格处理。这样的记述，既是对历史的尊重和记载，也让读者有耳目一新之感，更为今天了解、研究，特别是发挥马邑文化在朔州当代社会经济发展中的作用提供了重要的资料基础，正是志书"存史""资治""教化"功能的体现。此外，第四十六编《丛谈》所记的"地理建制""文物古迹""人物春秋""奇闻趣事"，也都颇具异曲同工之妙。

由此可见，《朔州市朔城区志》的续志之"续"，不但是记述时限上的接续，更是接续了本地历史传统的"续"、保留了本地文化底蕴的"续"、传承了本地内在精神的"续"。朔州因此而显精彩，志书因此而得丰厚。

（二）以"连续性"建构一地历史文化传统的志书功能

地方志作为我国重要的文献记载形式，历经长期发展、积淀和传承，内涵十分深厚。就志书功能而言，在目前已经成型的编纂学和方志学等学科层面的研究认定之外，笔者认为，尚有从文化学的角度加以深探研析的空间。例如，建构一地历史文化传统，应该是地方志书在"存史""资治""教化"之外所具有的一个十分重要的功能。

就建构一地历史文化传统而言，作为地方志特征之一的"地方性"，自然是需要首先考虑的方面。随着人类文化演化进程的日益繁杂，每种文化在不断的变迁过程中，都在其内部生成了众多的元素、层次与类型，它们既从属于本文化区内具有共同价值的文化模式，又各自代表了此一文化区内的各种形式和不同水准，由此产生文化多样性。从此意义上来理解，地方志书强调的"地方性"特征及其记述内容上的"地方特色"，就一个区域而言，就是对具有当地特质文化元素、层次与类型的地域历史文化传统的记述、构建和传承。

但是，笔者在这里特别想要强调的是，作为地方志特征之一的"连续性"，也是建构一地历史文化传统的重要手段。具体地说，主要体现在以下三个方面。

一是就一部志书而言，记述的内容具有系统性、连贯性。既记历史，也记现状，注重有始有终，体现一地发展的兴衰起伏、转折变化。由此而以文本的形式，固化了一地的历史演进与文明业绩。

二是就修志传统而言，志书编纂具有连续性，即每隔若干年要编纂一次。如唐宋规定三五年一造图经，送兵部职方。民国时期规定省志30年一修，市志及县志15年一修。1996年国务院办公厅发文"每20年左右修一次"。这种连续编纂的制度规定，可在方志编纂史上得到佐证。比如江苏省《常熟县志》在明代编修6次，到清代又修过13次，平均每隔20年编修一次。江苏丹徒自清顺治至宣统间，先后纂修县志7种；山东泰安自清康熙十年（1671）至光绪三十三年（1907），也分别纂有府州县志7种。正是连续性的地方志编纂行为和志书序列，对一地文明业绩作了胜过私人著述的综合性记载，以记录、积累、传播和继承知识的方式，在建构一地历史传统上起到了十分重要的作用。

三是凭借地方志的连续性，将一个地方自觉记载保存历史的观念、相沿不辍的集体意识和地方文化认同落到了实处。举例而言，安徽南陵自南宋淳熙十六年（1189年）至民国13年（1924年），先后8次修志。在此相沿连绵的修志历史上，不乏后志之于前志的承续，地方历史之脉、乡土桑梓之谊、家国故园之情、乡里认同之心，均于此中得以传延深固。比如明嘉靖《南陵县志》的内容比南宋淳熙《春谷志》"补辑者什之四"。明万历《南陵县志》与以往旧志相比，增加了不少新的篇目，主要成就是对南陵建置沿革作了重要考定。清顺治《南陵县志》"举前志所载未及载者，删汰冗冒，网罗遗逸"。清嘉庆《南陵县志》与宋志相比，增加了圩坝、恤政、城池、坛庙、漕运、武员、封荫、名臣、乡饮宾、方伎、方外等新的篇目，并对旧志做了校正和增补。清光绪《南陵小志》则对照旧志，细心核正，"伪者正之，支者芟之，增昔所无，续今所有"。民国《南陵县志》计48卷，与旧志相较有不少校正增补，比如增编了《金石志》，充实了《艺文志》，增编了《经籍志》。通过这样一个简单的比较，我们可以十分清楚地看到，一地官方和文化人士对于本地历史文化的情感、责任和担当，他们以持续不断的对地方志事业兢兢业业、推进完善的作为，传承了一地的文化脉络；以不断完善、相沿承续的多部志书，建起了凝聚地方集体意识和文化认同的纽带。

笔者认为，《朔州市朔城区志》对"《朔县志》（1999年版）""《朔州志》（1993年重印版）""《马邑县志》（2008年重印版）"的补遗勘误、对文化内容贯通古今的完整记述、对马邑文化的升格处理等等编纂举措，不但具有本志编纂上的积极意义，同时也是对以"连续性"建构一地历史文化传统之志书功能的一种实践体现，因而具有可为他志编纂相借鉴的价值。

当然，特别需要说明的是，志书的编纂规范是必须切实遵守的，严格按照志首"凡例"编纂志书是方志学的基本原则和对方志工作者的基本要求。从这个角度来看，《朔州市朔城区志》在规范性的把握上，尚有可以做得更为严谨之处。例如，一是以必要、合理、规范为标准，严格审定和掌控超出凡例所定时限的入志内容；二是对超出凡例所定时限的入志内容，应以"特例"的形式在"凡例"中作明确的界定和说明，并据此严格操作。

第三章　人文化育历史传统

　　历史展开的过程、时代景象的形成，无不存在于错综复杂的关系之中。在文化传统的历史建构过程中，经济、政治、科技、军事、社会、制度等多重元素交互作用，历经分合、陶练、融汇，形成人文合力。其间，文化精神的引领，优质地域文化的涵育，以及文化精英与时代、家园故土之间的互动与贡献，是不可忽视的基础力量。

一、文化精神穿越时空

　　清丽婉约的浙江大地，不仅有"春水碧于天，画船听雨眠"的诗意情致，还有一地浙人在长久历史岁月里发微探真、踔厉奋进而成之文化精神，以其理性与睿智，引领浙江的历史进程。

（一）

　　浙江人民在漫长岁月里的磨砺陶炼、奋勇精进，形塑了浙江文化传统的绵密深厚，至美且大，独具性灵，令人追怀尊崇。她生发于清丽灵秀的自然山川，凭借着胼手胝足的辛勤劳作，遵从着理性自洽的哲学思维，营建出绚烂多姿的创新业绩，涵育了壮阔豪迈的天下情怀。数千年的星移斗转、光阴荏苒，岁月如歌而去，文明步步前行，织造成一幅波澜壮阔的锦绣华章，缔造了一个令人遥想追怀的地域传奇，引无数文人学者竞折腰，歌之咏之，研之探之，几至文献典籍汗牛充栋，浙江由此而臻人文胜境。

剖析浙江的历史传统、人文优势和文化基因，就能清晰地揭示出孕育浙江精神的文化底蕴。浙江文化名人如云辈出，王充的"实事疾妄"精神，王羲之超迈旷达的艺术境界，沈括里程碑式的科学理性，叶适讲究功利的事功之学，陆游"位卑未敢忘忧国"的济世情怀，王阳明"知行合一"的哲学观点，黄宗羲批判专制的空谷足音，龚自珍变革启蒙的思想先声，刘英、张秋人、俞秀松、宣中华等革命烈士的舍生取义，无不展现出思想的绿树丛生，智慧如繁花盛开，精神气节凛然不朽。浙江地域民风丰富多彩，义利双行的善谋实利，人我共生的和谐互助，尚德向善的品性修养，崇学重教的耕读传家，穷高极远的探微精研，兼容并蓄的包容开放，创造出璀璨文明业绩，厚重灿烂，气象万千。

正是在如此深厚、丰富、优良的文化沃土之中，独具特色的浙江精神得以孕育、生长。浙江精神又在历史的演进里，一以贯之地引领着、支撑着、陪伴着浙江人民行进在建设美好家园的大道上。千百年来，浙江精神以其丰富的内涵、深邃的思想、光辉的精神和务实的实践品格，在浙江人民创造历史的进程中，一以贯之地引领着、支撑着、陪伴着浙江人民开拓前行，以其穿越时空的生命力、感召力和价值引领，不断吸纳融合优秀文化元素，不断淬炼升华精神品质，激励着浙江人民在各个不同的历史时期超越自我、开辟新境。

浙江精神不但闪烁于历史时期，也传承于当代浙江人之中，为当代浙江发展奠定独特根基和思想基础。改革开放以来，建设中国特色社会主义伟大实践的阳光雨露，全面激活了浙江精神中蕴含的"文化基因"。在缺乏区位优势、工业基础、政策扶持和资源禀赋诸种条件的情况下，浙江千家万户办企业，千辛万苦搞经营，千山万水闯市场，千方百计创新业，创造了第一批发放个体工商执照、第一个闻名全国的农村专业市场、第一座农民城、第一批股份合作制企业等全国第一。

（二）

浙江经济奇迹的产生并非偶然，分析其成因，实与隐藏在经济发展背后的人文基因和浙江精神密不可分。2000年，面对改革开放20年来"真富、民富、不露富"的"浙江现象"和浙江民众在社会主义市场经济形成时期焕发出来的集体性创业意识，浙江学界开展了相关研究。结果表明，经世致用、崇义谋利、工商并举、讲究实效、敢闯敢拼、善谋实利等特质，是沉积于浙江人身上的文化基因。它们"一有阳光就灿烂，一遇雨露就发芽"，在改革开放的环境里，形成为"自强不息、坚韧不拔、勇于创新、讲求实效"的精神特质，使得浙江人特别能够适应和发展市场经济，锤炼出强大的民营经济，成为浙江经济持续高速发展的动因。

2005年，面对浙江发展中"先天的不足"和"成长的烦恼"，一些老问题未从根本上解决、一些新问题又不同程度地比全国先期遇到的实际状况，为使浙江人民在全面建设小康社会、加快推进社会主义现代化建设的不懈追求中具有现代的思想观念、价值取向、心理状态和社会道德标准，时任省委书记习近平亲自主持开展了"求真务实、诚信和谐、开放图强"的与时俱进的浙江精神研究。

全面审视、提炼浙江传统文化基因、文化品格之于当代发展的价值，是此次研究的一个重要内容。经过深入调研、系统研究，提炼出"以人为本、注重民生的观念""求真务实、主体自觉的理性""兼容并蓄、自得创新的胸襟""人我共生、天人合一的情怀""讲义守信、义利并举的品行""刚健正直、坚贞不屈的气节""卧薪尝胆、发愤图强的志向"七项浙江传统文化特质，作为"与时俱进的浙江精神"的历史基础和传统基因。浙江的历史传统中，除了浙东学派敢言功利的崇义谋利理念，尚有更多丰富内涵和要素。例如，在学术思想上，有被英国科学史家李约瑟评价为"中国科学史上的坐标"和"中国科技史上的里程碑"的沈括，有近代启蒙思想家龚自珍，有清末民初思想家、革命家、国学大师章太炎，有革命家、教育家、政治家、民主进步人士蔡元培。在地域民风上，有湖州嘉兴一代以诗文书画传家的温文平和，有杭州在西湖风月里浸染的精致秀雅，有衢州由南孔文化熏陶的尚德向善，有金华以耕读传家为尚的崇学重教。如此等等，不一而足，人文璀璨，厚重灿烂。唯其如是，浙江方能走过数千年的时光，创造出丰富的文明业绩和历史传统。这一研究客观准确地兼顾了体现于浙东浙西不同区域的文化要素和"浙学"发展过程中历时性融合汇聚的多种思想成果，为引领浙江发展提供了更为全面的历史基础和思想资源的支撑。

（三）

浙江于2000、2005年开展的两次研究表明，浙江精神与浙江改革发展的轨迹一路相伴，始终引领着浙江人民不断自我诊断、自觉反思，激励着浙江人民励精图治，开拓进取，推动着浙江经济社会的发展。浙江人民抓住改革机遇，遵循规律、崇尚科学，真抓实干、讲求实效，诚实立身、信誉兴业，和美与共、和睦有序，海纳百川、兼容并蓄，励志奋进、奔竞不息的作为，正是浙江精神在当代发展中的生动体现。新中国成立70年来特别是改革开放40多年来浙江经济社会发展的巨大成就，充分证明了浙江精神是浙江"干在实处、走在前列、勇立潮头"的动力源泉。2021年，浙江省GDP为73516亿元，跃上7万亿元新台阶；人均GDP达到11.3万元，居中国内地第五名，城乡居民收入分别连续21年和37年居全国省（市、区）第一，进一步夯实了共同富裕的物质基础，体现了浙江人民干事创业的坚定信心和无穷创造力。

综上所述，浙江精神不仅熠熠生辉于历史天空，促进了浙江的文明进步；更呈现出蓬勃鲜活的当代价值，至今仍然蕴含着推动经济社会发展的精神资源和实践品格。其不朽之丰神，正如浙江的青山秀水，百世不磨，魅力无尽。

二、江南文化：长三角区域融合的绵密基础

作为长三角区域发展之"根脉"的江南文化，历史悠久、内涵丰富、意蕴深厚、特色鲜明、品质精妙、声誉赫赫，具有不同凡响的文化特质，既在以往岁月里铺筑了绵密深厚的江南地区融合发展的历史基础，也在今天的时代语境里显示出人文化育的生机活力，昭示着江南地区在新时代领先一步、行稳致远、辉光日新的未来愿景。

（一）历史绵密深厚，铺就认同基础

江南文化渗透于民众思想情感、日常生活而日用不觉的浸润特质，江南民众长期形成的文化自觉和自发创造机制，为江南形塑了人文地理意义上的整体历史形象，打下了现阶段长三角一体化高质量发展的历史认同基础。

历史孕育了江南地区山水相依、人民相亲、习俗相近、人文共辉的区域整体形象。历史文献中，多有"吴越为邻，同俗并土""吴越二邦，同气共俗""吴与越，同音共律，上合星宿，下共一理""吴之与越也，接土邻境，壤交通属，习俗同，言语通"等记载。回溯江南史迹，即使只以绘画一科管中窥豹，也可为之佐证。东晋时期晋陵画家顾恺之描写会稽山水"千岩竞秀，万壑争流；草木蒙笼其上，若云兴霞蔚"；明代画家陈淳、徐渭各于江浙创水墨花鸟世界，"白阳青藤"遥相对望；安徽汪士慎、罗聘至扬州而成"扬州画派"中坚；晚清吴昌硕盘桓苏杭，终至上海而成画坛领袖。近代上海开埠，遂成江南文化中心，江浙皖之才人逸士云集沪上，艺术渊源盘根错节，至为深厚。融合发展的历史轨迹，造就其以"丝绸之府，鱼米之乡""东南财赋地，江浙人文薮""堆金积玉地，温柔富贵乡""江左风流"等整体形象示于世人。改革

开放以来，三省一市之间经济社会发展的合作度、紧密度、融合度不断提升，区域内人才流动频繁，文化交流密切，为今天的长三角一体化高质量发展，奠定了区域融合的历史认同和现实基础。

（二）增强协同意识，促进融合共生

文化是以内聚力维持身份认同、化解社会矛盾、增强社会团结的思想基础和重要方法。构建稳定而有活力的长三角，一个重要的关键之处，在于长三角区域文化共同体意识的普及与建构。所谓长三角区域文化共同体，是一个包含环境、经济、政治、社会、传统和文化自身等多重元素的综合体。其内涵就个体而言，关涉个体成员与区域环境相谐的家园认同、与区域社会相通的情感归属、与区域发展同步的自我实现；就区域而言，关涉区域内部各多元主体基于传统熏陶的文化认同、基于文化认同的理念趋近、基于共同目标的信任互助、共襄盛举，以及作为一个共同体所应具有的合作架构和运行机制等等。

长三角区域一体化高质量发展的基础，是区域内部的有机融合，具体体现在基础设施、交通、产业、经济、体制、机制等物质与制度等的实践领域，都是现阶段深受三省一市、中央相关部委高度重视、详细规划和着力推进的重点。而同样具有高质量品质的区域融合，也体现在价值观、发展观、审美观等深层次精神文化层面，需要文化协调、人文化育。

历史传统塑造了江南的区域性整体形象，然而，百里不同风，江南地区作为我国经济发展最活跃、创新能力最强、开放程度最高的区域之一，必然也是文化发展最为多元以至文化交流碰撞激烈的重要区域。江南区域内的吴文化、越文化、徽州文化、海派文化，各具历史脉息、文化特质和地域特色。从历史上看，即使同一府县内，环境、物产、生产生活方式以及由此造成的发展水平，也是差异明显。明代松江，物产上"一方有一方之物"，"山之竹木、海之鱼盐、泽国菱芡、斥卤木棉、莽乡羊豕之类"。生产方式、生活水平各异，滨海百姓"擅陆海之利"，上海县既仰耕织而食，又能充分利用沿海优势、陆海交通便利，至清嘉庆时期已是"居游服馔，颇近于奢"。浦东田多高昂，服耕力稿，四民各专其业。青浦近太湖，地势较低，耕渔之外，生计较少，与别

地不同。[1]

随着现代化进程的加快，特别是在如今社会大变革时期，江南地区更是经历着原有利益结构分化、社会群体多元并存、各种思想激烈碰撞的社会巨变，区域内部的经济社会发展水平差异明显。加之开放程度高、社会流动大带来的国内外新移民群体的大量进入，更使得理念驳杂、文化多元。

因此，江南区域内不同地域文化、多元社会主体、多重利益格局、各级行政区划以及城市群都市圈之间的壁垒破除、融合共生，都有待于文化发挥其协调整合功能和价值认同机制，确立区域发展的共同利益观，强化同一核心价值的约束引导，培育区域性公共意识、公共理性和公共精神，形成新的区域文化共同体，以此有效协调多元主体，弱化行政区隔，强化集群认同，调节行为规范，减少摩擦冲突，弥合社会矛盾，构建和谐有序的发展环境。

（三）激励精神动力，引领发展方向

文化是社会发展的重要推动力，通过塑造价值观、激发精神动力、提高知识水平、增强思维能力等方式，为人们提供行动指南。精神则是文化的核心能量，人类社会的每一个进步，都是在某种精神的激励下取得的成果。以浙江发展为例，回顾梳理浙江历史，清晰可见浙江地域文化孕育了浙江精神，浙江精神又在历史的演进里，以其穿越时空的生命力、感召力和价值引领，一以贯之地引领、支撑和激励着浙江人民在各个历史时期超越自我、开辟新境。明显的例子是，改革开放以来，浙江人民秉持"求真务实，诚信和谐，开放图强"的浙江精神，抓住改革开放机遇，取得了经济社会发展的巨大成就，为融入长三角一体化高质量发展奠定了扎实基础、提供了优质资源。

在长三角一体化高质量发展中，坚持主流价值引领，筑牢精神支柱，建设精神家园，从更高层面、更大范围丰富和充实群众的精神世界，是必不可少的人文基础和精神支撑。长期的历史积淀和丰富的现实淬炼，形成了江南文化勤勉、机敏、敦行、坚韧、崇文、重商、开放、进取、精致、雅逸等文化基因

---

[1] 冯贤亮：《晚明江南的松江府：士人生活与社会变化》，见《董其昌和他的江南》，北京大学出版社，2019年。

和开放求新、明达致远、精进图强的区域精神。江南的优秀文化基因和区域精神，必将会以其人文光辉照亮江南地区继续前行的方向和路径，对江南地区在新时代的一体化高质量发展，起到激励精神动力，引领发展方向的作用。

（四）提升人文素养，涵化区域品质

文化具有涵育、教化、形塑人文素养的功能，是提高社会成员个体素质、提升社会文明水平、推进区域发展走在前列的有效手段和路径。在长三角一体化高质量发展中，区域内每一个成员的个人品质、经济社会发展的内在品质、以"长三角"为区域标识的整体品质的陶炼、优化、提升，是其"高质量"发展定位的核心要义所在，也是江南文化足以独擅胜场的空间。

江南人文传统积淀深厚，其事上磨练的实践理性、大义凛然的刚健风骨、大气包容的和合胸襟、锐意进取的务实品性、诗意审美的精神气度，既是中华文化"讲仁爱、重民本、守诚信、崇正义、尚和合、求大同"思想精华的体现，也是江南地区人文品格的独特显现，是为区域发展厚植根基、敦实人心、磨砺品格的常青法宝。

时代步伐的行进，中西文化的交流，现代文明的成长，犹如滔滔长江，川流不息地为江南古典人文传统提供新鲜元素，陶炼、推动其日新月异、长盛不衰。接古通今的海派文化，红船起航的革命文化，以小岗村大包干、苏南模式、温州模式、昆山之路、义乌现象等改革开放精神为代表的创新文化，基于高新科技的互联网文化，等等，波澜壮阔、活力充盈、科学理性，体现了江南文化的与时俱进，使得区域发展接轨时代、淬炼品质、永续辉煌。

在长三角一体化高质量发展中，熔古铸今的江南文化，正可以其基础性、内涵式的人文化育之力，一如既往地在劳动者的个体修为、知识构造、思维方式、原创能力、心态胸怀等综合性人文素养的培育上，在新时代江南地区从经济到文化、物质到精神、自然到社会的又一次优化升华上，在以"长三角"为标识的区域领先发展的实施践行上，起到提供智力支撑、滋养人文素养、涵化发展品质的独特作用。

（五）活化审美资源，追求超越愿景

优秀传统文化通过创造性转化、创新性发展成为当代文化建设的资本，是其从历史的寂寞彼岸、文明的时间深处走进当代生活的绚烂再现、鲜活重生。历史文化资源通过文化创意、文化产业转变为产业资源、经济商品，是其在理念、精神、学术层面之外的价值开拓与深化，在更为广阔、实用、深入的生活世界里的作用发挥。就江南文化而言，特具超越意义的价值，还在于其审美特质及其当代运用。

江南素称"人文渊薮"，在人类精神生活上，以富于东方气质的创造性累积和成就居于文明高端。仅以绘画艺术而言，江南地区由古至今高才俊士层出，其拔新领异之势，占尽画坛春光。就画家而言，有引领一代艺术主流的南宋四家、元四家、明四家、清初六大家，都是艺术史上的熠熠光辉；就画派而言，有彰显艺术繁盛的江南画派、浙派、武林画派、吴门画派、华亭画派、娄东画派、虞山画派、松江画派、姑苏画派、新安画派、宣城画派、黄山画派、嘉兴画派、海上画派，都是艺术史上的厚重金砖；就画学而言，有堪称人文经典的顾恺之"传神"、孙位"逸格"、赵孟頫"古意"、倪瓒"逸笔"以及丰子恺觅透"生活的艺术"从而"艺术地生活"，都是艺术史上的思想之芒；历史上的苏州、扬州、南京、上海、徽州、杭州，都具有点石成金的艺术魔力，众多外省画家来到这里，著名者如李唐、林风眠之于杭州，黄慎、金农之于扬州，石溪、石涛、龚贤之于南京，吴昌硕、潘天寿之于上海，等等，成就了其作为文化名人的历史成就。

不唯如此，绘画艺术与同样精致于江南的诗文、戏曲、篆刻、园林、刊刻、藏书、青瓷、丝绸、鉴藏等诸种精妙入微、臻于化境的才情艺趣一起，共同造就中国人诗意蕴藉、精致风雅的生活典范，体现了探微索赜、穷高极远的精神追求，构成了中国式审美的最高境界。

从长三角一体化高质量发展的定位来看，江南地区具有诗意品质、审美价值的优质文化，不仅是文化创意、文化产业的资源要素，也树立了超越现实功利的生活品质和审美典范，彰显了长三角一体化高质量发展所应追求的文明愿景。活化优质审美文化历史资源，融入当下百姓生活，陶冶性情，提升品质，使之成为长三角作为全国高质量发展标杆区域的重要表征，是江南文化和长三角一体化高质量发展关系中一个切实可为的领域。

三、孙诒让：古典传统与时代变局间的行走者

孙诒让（1848—1908），字仲容，别号籀庼，温州瑞安人。他在经学、子学、考据学以及地方文献整理等传统学术领域造诣精深，成就斐然，与俞樾、黄以周合称"清末三先生"，被誉为"晚清朴学后殿""朴学大师"。面对晚清危殆时局，抱"经世致用"之愿，他以劳瘁苦志、务实力行、讲求事功的精神，走出书斋，倡言变法，兴教育，开民智，办实业，强经济，积极探索救国图强之道。孙诒让的时代历练和一生业绩，可为我们追寻知识精英的自我认同和价值追求，提供丰满的分析案例。

（一）潜心治学：成传统学术之大家

"晚清经学后殿""朴学大师"之誉，体现了孙诒让的学术史地位，也表明了他从事学术研究的主要领域。"朴学"一词，既指注重名物训诂考据之汉代儒生的治学方法，也指清代乾嘉考据学派。此一学派遵循"读九经自考文始，考文自知音始"之法，形成集文字、音韵、训诂、校勘、辨伪、版本、目录等于一体的考据学，作文献的真伪辨别、讹误校勘、文字注疏以及典章制度、地理沿革等考证，以无征不信、不重空泛阐述为治学方法，成为清代学术思想的主流，影响绵延至今。

孙诒让传习乾嘉考据学派的治学方法，精研古籍，著书30余种。著有《周礼正义》《墨子间诂》《契文举例》《温州经籍志》《尚书骈枝》《逸周书校补》《大戴礼记校补》《九旗古义述》《札迻》《古籀余论》《名原》《籀庼述林》《籀庼遗文》等朴学著述。《周礼正义》为其一生心力交瘁之作，是清人诸经新疏中最晚出而成就最高的学术巨著，被学界称为"清代礼学的集大成

者"。《周礼》以官职纷繁、文字古奥而聚讼日久，向称难治。孙诒让认为，"有周一代之典，炳然大备"，"文明之盛，莫尚于周"，《周官》一经乃周公致太平之法，为政教所自出，"处今而论治，宜莫若求其道于此经"，故决意为此经作新疏。他于同治十二年（1873）始草创《周礼正义》长编，光绪二十五年（1899）写定《周礼正义》八十六卷，光绪二十九年（1903）《周礼正义》铅活字版印成，前后历时30年。

孙诒让的学术成就，向为学界所重。康有为评《周礼正义》称："先生于礼学至博，独步海内，与吾虽有今古文之殊，然不能不叹服之。"梁启超评《墨子间诂》认为，"现代墨学复活，全由此书导之"，称孙诒让为"使清学有光的朴学殿军"。章太炎认为："海内耆硕，自德清（指俞樾）、定海（指黄以周）二师下世，灵光岿然，独有先生。虽年逾中身，未为大耋，浙人所仰望者，亦无第二人。"

（二）扼腕时局：起百忧相寻之思虑

清光绪二十年（1894），孙诒让的生活中发生了数件于他意义重大之事。这年四月，47岁的孙诒让第八次赴京师应试未中，自此决意远离科场；十月，其父孙衣言去世；七月，中日甲午战争爆发，清军节节败退，孙诒让痛陈"时局多艰，此后恐无复仰屋著书之日"。

在孙诒让的学术生涯中，其父孙衣言起有关键作用。孙衣言，道光三十年（1850）进士，授职翰林院编修，后外放历任安庆知府、江南盐巡道、安徽按察使、湖北布政使、江苏布政使，最后以太仆寺卿致仕。曾国藩为其座师、李鸿章称为同僚。孙衣言为官的同时，还是一位著述宏丰的学者。他一直将孙诒让带在身边，并因感其对文章之事有"犀悟"的禀赋和热爱，而倍加呵护培植。当时与孙衣言从容优游的著名学者和高官，也成为孙诒让治学请益的良师益友。孙诒让因此见多识广，视野开阔。孙衣言以自己的学术理想和治学经验为依据，为孙诒让定下一生的治学门径和学问目标："时衣言欲以经制之学，融贯汉宋，通其区畛，而以永嘉儒先治《周官经》特为精详，大抵阐明制度，穷极治本，不徒以释名辨物为事，亦非空谈经世者可比。因于四子书外，先授诒让以此经，藉为研究薛、陈诸家学术之基本。"孙诒让后来的学术成就，即从此路径中来。

父亲的去世，甲午战争的爆发，使得原本安稳的书斋生活逐渐飘摇起来，动荡的时局越来越深地进入到孙诒让的视野、生活和思想中。西方的入侵、西学的渐进、对清王朝统治合法性的怀疑等时代局势，带来了当时思想界的风雷激荡。孙诒让虽一直僻居浙南一隅，因其家庭背景和自己的交游、治学经历，孙诒让与洋务运动、维新变法等时代风云中的领军人物和重要骨干如张之洞、李鸿章、梁启超、陈宝箴、康有为、章太炎、汪康年等人，都不同地有家族世交、个人私谊、深厚友情、知遇之恩、学术交往。梁启超、章太炎、汪康年等人，一直给他邮寄书刊。孙诒让自己也积极学习新学，购有中外新学书籍2643册、订阅各种杂志刊物1400多种。故对国运局势，他都有及时和切实的了解。龚自珍、魏源、康有为、梁启超、章太炎等前辈、同辈和晚辈人的新思想，在孙诒让的身边轰鸣回响。时局的发展多变而又迅猛，孙诒让眼前历历而过的，不仅有座师张之洞的洋务运动，有康梁诸位的维新变法，甚至还有旨在推翻清王朝、建立民主共和体制的革命发生。

此时的孙诒让，既为岌岌可危的国运而忧心忡忡，更对自己以往的生活与学业，特别是对传统学术的价值，渐起质疑与反思之意。梁启超对孙诒让的治学成绩深表赞叹："瑞安孙仲容治周礼、治墨子、治金文、契文，备极精核，遂为清末第一大师，结二百余年来考证古典学之局。"但也对朴学经师的研究价值提出己见："以乾嘉学派为中坚之清代学者，一反明人空疏之习，专从书本上钻研考索，想达到他们所谓'实事求是'的目的。依我们今日看来，他们的工作，最少有一半算是白费。因为他们若肯把精力用到别个方向去，成就断不止此。"孙诒让也从"应时需"的角度，生发出旧学"无用"之感。他在给汪康年的信中，说自感过去所学无用，与西学相比是"死的学问"，"诒让章句腐儒……虽少治旧学，略窥一二，而刍狗已陈，屠龙无用，实不足以应时需"。希望自己能为维新变法、挽救国运、保种保教尽一分力。

在孙诒让此时与梁、章、汪等人的通信交往中，越来越多地出现事关时局的新内容。在《答梁卓如启超论墨子书》中，孙诒让谈及自己所拟《兴儒会略例》二十一条时说：此"乃前年倭议初成，普天愤懑之时，让适以衔恤家居，每与同人论及时局，忧愤填胸，即妄有缀述，聊作豪语，以强自慰藉，大旨不出尊著《说群》之意，而未能精达事理"。在与汪康年的信函中说："今日时局之危，黄种、儒教岌乎有不能自保之虑，寰宇通人自言以保教为第一要事，至于学派之小异，持论之偶差，似可勿论。""闻本科公车当有陈论，惜弟决计不应试，未得附名纸尾也。通函时敬希道意。倘未到京人不妨列名，则无论如何抗直，弟均愿附骥，虽获严诘，所不计也。"

从其所思所虑、所言所行中，不仅可见孙诒让勉力跟从梁、汪诸人积极参与时务的步伐，也可于这些时代精英的风云际会间，见其时知识群体救亡图存、奋发图强的作为担当。

（三）兴办实务：承经世致用之传统

永嘉地域文化的事功传统和经世致用思想，赋予孙诒让勤于思、敏于行、求实效的行为方式。一旦立定教育启民智、实业救国家之志，他即以家乡瑞安和温处地区为实践领域，以兴教育、办实业为实践路径，行启迪民智、变革社会之实务，从埋首书斋的经师，转型成为四方奔走的教育家、实业家。

"近者五州列强竞争方烈，救焚拯溺，贵于开悟国民，讲习科学。"鉴于此种认识，孙诒让克服重重困难和阻力，积极兴办地方教育。光绪二十一年（1895），瑞安算学书院成立，后改为瑞安学计馆，教授"中外交涉事务，各国记载，及近时西人所著格致诸书"。此后，先后创办瑞安方言馆、永嘉蚕学馆、瑞平化学学堂等。光绪三十一年（1905），温处学务分处正式成立，孙诒让任总理。原来民智闭塞、文化落后的温处两府，因此成为浙江近代史上的教育发达地区。据统计，温州、处州两府在1896年至1908年里，创办各级各类学校309所。其中243所为学务分处领导所建，占总数的78%。1908年孙诒让逝世后，温处两府办学数量急剧下降，从111所降至46所（据李海英《朴学大师孙诒让传》）。孙诒让以其兴学成就被授予学部二等咨议官，浙江学务议绅，1907年被推举为浙江教育总会会长。其对浙南教育事业的贡献之大，由此可见一斑。

兴办温州地方工商实业，是孙诒让实现救国图强目标的重要领域。他深知经济发达是国家强盛的基础，故在光绪二十一年（1895）制定的《兴儒会略例并叙》中，特制集资入股条例，详述从二三万股、二三十万金到千万股、万万金可分别做购商轮、分洋商之利，造机器纺织各局、保中国利权，购大轮船、与外国商人抗衡海上，造铁路、利陆路运输，开煤矿五金矿制造铁舰枪炮各厂、不致仰给于西人等不同事业，如此则"复仇雪耻之大功，庶或可望告成"。虽是纸上擘画，而其殷殷诚意可感，读来真切感人。

擘画之外，也有实际经营，涉及蚕桑柑橘、渔业捕捞、矿山铁路、交通运输等行业。光绪二十三年（1897），和黄绍箕等人集资组织瑞安务农支会，订立章程52项，收股80，购地40亩，试种桑树和瓯柑。光绪三十年（1904），集股万元组织富强矿务公司，试图开采永嘉孙坑铅矿；与同乡项湘藻等租湖广轮船航驶瑞沪之间，建大新轮船股份公司；集资创办东瓯通利公司，购人力车辆试行于府城，倡建人力车公司。

同样因其兴办实业之成效，孙诒让于光绪三十一年（1905）被推举为瑞安商会总理。

永嘉学派的思想涵育和导引了孙诒让以匡救时弊为己任、学以致用的社会实践，而孙诒让于地方事务中的各种踏实践行，又何尝不是对永嘉学派内涵和精神的丰富与充实？"素抱在经世，文章兼事功"，孙诒让的治学理念和成就，与其社会公义之举之间，实有着深刻的内在关联。

孙诒让于学术文化，原本即抱文随时移、因时而兴的开明理念："自来文化之盛衰，视国家之宗旨为转移。汉重经术，而贾、董、许、郑诸儒蔚兴；宋尊道学，而程、朱、真、魏之伦辈出；唐尚诗赋，而人擅词章；明崇制艺，而户诵经义，皆其明效大验也。我朝右文稽古，超越古今，经史朴学，大师相望。近以科举之弊，竞趋利禄，欧美科学，多未津逮，人才衰乏，民智晦盲，国势未振，实由于是。"故此，他据朴学专著《周礼正义》而撰用世之作《周礼政要》，其义即在于"《周礼》一经，政法之精详，与今泰东西诸国所以致富强者，若合符契"，是故"捃摭其与西政合者，甄缉之以备裁择"，"明中西新故之无异轨"，从传统经典中为国家强盛寻求思想资源。其著《墨子间诂》的一大缘由，既在于其中蕴涵的种种思想的、实业的、技术的因子，合乎实业救国的时代之需，更在于他对墨子"用心笃厚，敢于救世振弊"的认同。孙诒让在兴办教育和实业中，全身投入，力排阻力，捐款捐物，其劳瘁苦志、坚韧不拔之德行，即被章太炎称为"大类墨氏"。

（四）珠璧联辉：臻内外双修之境界

长期以来，孙诒让因其家庭环境、养成方式，特别是令人瞩目的学术成就，而被看作是一位孕育于古典儒宦之家、究心于传统学术并以此立身扬名的学问家。江南自古堪称中国人文渊薮，清代朴学更以江浙皖为其中心地域，梁启超曾说："一代学术几为江浙皖三省所独占。"孙诒让随父游宦于此三地，与其间的学者、名士、经师俞樾、潘祖荫、黄绍箕、戴望、莫友芝等交往密切，他们对孙诒让知识结构、价值理念的建成，起着极其重要的夯造之功。故在孙诒让的生活、事业、思想层面，传统学术都是其内在修养和立身处世之本。他对西方文化的认识，具有明显的"西学中源"特征，既体现了他的历史局限性，也可见他总体居于传统文化营垒的基本格局。

然而，晚清时局之变，为孙诒让带来许多不同于传统士子的新听闻、新知识，引发出他不同于以往的新痛苦、新困境，迫使他作出新的思考和探索，造就了他规范古典而又驳杂躁动的精神世界。他缘此而走出书斋，走向社会，迈出了顺势而为的积极、主动、开明和颇见成效的步子。因此，孙诒让的身上，并非只有古典的传统，也渗透着千丝万缕的时代印痕，新旧交织，繁杂缠绕，深刻地体现了知识精英之于自我完善的不懈努力。

相比于西学的科学、实用、强大，迫于时局危殆的残酷现实，出于有心救国的动机，孙诒让对原本书斋中传统考据之学的质疑乃至否定，已不是学术高下的比较与研讨，更丰富的意义在于其中饱含的学者的公义良知和社会责任感。虽然晚清士人因其观念、定力不同而于实际生活各有选择，但孙诒让的经历却是他们的共同生活。因此，孙诒让的质疑，是一个时代的质疑；他的反思，是一个时代的反思。这种质疑和反思，深刻地体现了知识群体之于社会关怀的价值追求。

北宋思想家张载"为天地立心，为生民立命，为往圣继绝学，为万世开太平"的"横渠四句"，道出了学者据以安身立命的价值目标和理想境界。孙诒让以其朴学研究、社会担当、自我良知与学术品格，作出了贴合于此的践行与努力。其情其行，令人由衷感佩。

扎实厚重、穷高极远、专精深赜的专业研究，是学者的本分和职责所在；而富有公义良知和社会责任感，则是知识精英自我认同和价值追求的应有之义，是其超越自身利益的追求和担当。因此，不论是锲而不舍地做基础性的专业研究、获取专精的研究成果，还是积极参与社会实践、实现学术的社会价值和人文关怀，都是学者自我磨砺、竭诚奉献的路径。而若能融会贯通不同路径而至内外双修之境，取得有深厚学养、有现实根柢、有实践历练、有社会关怀、有创新思想的原创成果，则正显学问之本、学力所在，正是值得期待的学术人生。

当代形塑的多路径探索

文化传统不仅是历史性的过程及其产物，也在现实生活中不断得以动态形塑和持续发展。以专业、严谨、深入的学术研究为理论支撑，以历史文化的精华萃取、价值提炼和有效转化为资源，以创造性转化创新性发展为方法手段，发挥文化治理功能，重塑当代城乡传统，既是传统演进的多重路径，也是当下在传承弘扬中华优秀传统文化这一文化建设领域形成的时代特征。各方关联清晰，内在逻辑自洽。

第四章　不可或缺的学术研究支撑

传承和弘扬优秀传统文化、形塑当代文化传统，必须重视哲学社会科学，发挥人文学者的积极性，开展有关文化理论、文化传统、文化变迁、文化传承等学术研究。就文化建设而言，学术研究不仅是整理历史文献、挖掘传统资源、提供历史借鉴等基础性工作，还具有理论支撑、方向判断和价值引领的作用。就专家学者而言，关切社会、注重民生、经世致用是我国的优良学术传统；敢于发声、勇于担当，以世界视野、丰富学识、理性思考、专业水准为当代发展作出奉献，是应尽之责。

一、以学术创新提升文化建设品质

主流文化、大众文化、精英文化是文化建设的三大领域。目前来看，政府主导的主流文化和民间化市场化的大众文化，一直是当代文化建设的重要主体，作为精英文化集聚地的人文学界，总体上在参与度方面尚有进一步加强提升的空间。在新时代文化建设工程中，应重视人文学科力量、发挥人文学者作用，以学术创新提升文化事业品质、推进中国特色哲学社会科学构建。

（一）学术创新恰逢其时

高质量发展建设共同富裕示范区，从文化角度来看，其高质与富裕，既体现在设施完善、活动丰富上，更需要关注知识的拥有与传播、观念的共识与认同、理论的建构与深刻，以及思维品质、情操品格等大众综合素质的提升与优化，在精神富有的世界里，养成仰望星空的群体和追求。哲学社会科学是坚定理论自信的重要基石，理论自信是文化自信的重要内核。重视哲学社会科学研究、发挥人文学者作用，不仅对其自身建设意义重大，更是强化价值引领、凝聚思想共识、激发创造活力、提升人的素质、加强文化交流、坚定文化自信的迫切需求。

1. 我国人文传统具有经世致用、与时俱进的优秀品质

关切社会、注重民生、经世致用是我国的优良学术传统，古代文人士大夫崇仰并传承为天地立心、为生民立命、为万世开太平等士人风骨，有强烈的忧国忧民之心和社会责任感，密切关注社会需求，积极参与社会变革，不断推进社会进步。例如，南宋以朱熹等为代表的宋学，积极推进儒家思想融入日常社会生活，成为构建基层社会秩序和日常生活规范的重要思想资源，并以其重义理的特色而与汉学共同构成中国经典诠释的主要方式。当代人文学者继承历史传统、融会西方思想资源中的优秀元素，敢于发声、勇于担当，以世界视野、丰富学识、理性思考、专业水准为祖国强盛、民族兴旺、人民幸福而针砭时弊、建言献策，做出重要贡献。

2. 中国实践、时代发展为学术创新提供深厚沃土

学术思想是对时代重大现实问题的学理回应，是推动社会发展的重要先声。然而，起步于近代的我国哲学社会科学，主要来自西方。作为国家治理、社会发展理论支撑的基础学科，深受西方思想传统、政治制度和文化观念影响，并通过学校教育师承传授。由此造成其相对疏离于当代中国发展实践、未能充分提炼中国成就理论价值、本土学术话语缺乏阐释效力、尚未形成严格科学体系等不足。因此，重视构建立足中国当下，融通中外学术，提炼基于中国现代化实践的主导性学术概念、范畴、范式的哲学社会科学体系，提高我国哲

学社会科学的原创水平、国际话语权和影响力，应是当务之急。

我国特色鲜明的社会主义建设探索实践和已经取得的全方位发展成就，以一个巨型国家史无前例的现代化转型，创造了中国式现代化新道路，创造了人类文明新形态，为学术创新提供了丰厚土壤和资源，也提出了以中国理论有效阐释中国实践、构建中国特色哲学社会科学的时代要求。我省走在前列的成功经验，建设现代化先行省和高质量发展建设共同富裕示范区的新目标新任务，既是展示中国现代化建设成就和实践探索的典型，也是构建中国特色哲学社会科学的重要省域案例和现实基础。

3. 文化"走出去"需要学术创新的支撑

学术创新代表一个民族的思想深度和文化创造力，是国家文化软实力中的核心要素。在中国文化"走出去"，特别是走进欧美国家的进程中，学术理论"走出去"具有迫切性和有效性的双重价值和意义。

国内国外两个大局，特别是世界百年未有之大变局，使得人类面对普遍问题，世界面临共同挑战，文明需要面向未来做出选择。中国的快速发展和成功经验，宛如汹涌波涛中沉稳前行的巨轮，对世界发展具有启示意义。中国式现代化新道路、人类文明新形态的深入推进，也将从根本上重新认识世界既有理论谱系，改写"西方中心主义"理论的概念、范畴、模式、标准。中国学术理应挑起学理重担，以中国实践为本位、以世界需求为取向，以理性认知和科学解读积极回应、有效应对全球变局。

同时，欧美国家具有深厚的学术理论传统，尤其视知识变革、思想先导为引领力量，许多重要思想家、学问家的思想理念和观点，被视为金科玉律，在国家治理、社会发展上具有举足轻重的地位。因此，"文化走出去"，特别是在走进欧美国家的历程中，学术交流是抵达西方思想体系核心、进入主流精英社会、实现平等畅通对话、增进相互接受认可的有效路径，在向世界展示中国形象、智慧和力量方面，具有不同于文学艺术、歌舞娱乐的独特价值。

（二）学术创新的广阔空间

在建设新时代文化的新征程上，居于社会关系网络的核心地位，拥有文化话语权，具有传播价值理念、影响社会思潮能力的人文学界，拥有施展抱负和才华、积极开展学术创新的广阔空间。

走进当下现实社会。开展学术创新，需要秉持专业知识特长，超越专业视野局限，以客观理性、多元包容的态度，警惕自我中心立场，走进时代真实场景，理解现实演进逻辑，认识历史形塑的复杂合力，看到文明演进的繁复过程，承担社会责任，关注社会实践，关切社会民生，做"理论与实践相结合"的学问。例如，带有历史背景的当代文化研究，会更有历史纵深、理论厚度、人文气质；带有当代文化取向的历史研究，则更具问题意识、现实关怀、创造品质。

正确看待西方学术。西方具有悠久的学术人文传统，产生了众多思想史上的巨匠，奠定近代学术格局，产生众多学科范式、理论体系和重要思想。例如，作为西方文明发祥地的欧洲，从文艺复兴到启蒙运动，为解决人类社会复杂问题提供了方案，贡献了今天国际社会的核心要素以及主要架构，塑造了现代世界。但是，面对当今世界变局和发展潮流，我们在借鉴西方学术理论方法的同时，也要破除对于西方学术的认知迷思、盲目崇拜和教条化运用，提振学术创新自信，建立我们自己的学理阐释模式，在世界思想文化领域中构建和提供来自中国的价值理念和学术体系。

立足本土学术创新。当代中国日新月异的社会发展、生机勃勃的建设成就、多姿多彩的人民创造，给学术研究带来新场景、新资源和新案例，蕴含着理论创新的空间。我国改革开放的实践、经验和成就，积累的各类研究成果，为学术创新打下深厚基础。开展学术创新，要积极融入浙江探索实践，认识中国显著进步，看清世界发展大势，以整体性的人类文明观，在浩瀚纷繁的社会现象和已有的对现象、经验的陈述中，精准提炼基本概念，建立内在分析逻辑，形成独立知识架构，构建严格科学体系，追寻终极意义蕴涵。在习近平新时代中国特色社会主义思想的学理式溯源、区域研究的理论与方法、传统知识体系的当代学科化建构、当代发展的文明史意义等方面，开展深层次研究、多维度阐释，探索学术思想的国际化表达，强化学术传播力，提升思想影响力。

（三）关心和满足人文学者的文化需求

在目前浅阅读、短视频等快餐文化流行的氛围里，人文学界的文化需求未能得到充分重视和满足，应该也是一个"人民日益增长的美好生活需要和不平衡不充分的发展之间的矛盾"。政府部门有必要通过设置合适议题、倡导深度思考、建设参与平台、组织实地考察、建立交流机制等工作，满足人文学界文化需求，帮助人文学者融入当代文化建设，更好地发挥他们推进文化建设的作用。

二、区域文化研究的格局与视野

自2005年浙江省文化研究工程（以下简称"文化研究工程"）启动以来，有幸躬逢其盛，参与其间，颇受教益。值此文化研究工程实施十五周年纪念之际，回望亲历过程，学习时任省委书记习近平为文化研究工程成果文库所作《总序》，于文化研究工程实施之格局、视野、研究进路和目标追求，有了更多的理解和领悟。略述一二，以志纪念。

（一）整体观照"文化传统"的研究格局

重读《总序》，深感作为浙江省加快建设文化大省重大举措之一的文化研究工程，在重视哲学社会科学研究、求取现实发展之理论支撑的政府工作目标之上，更蕴含着深入探究文化传统内部结构、发展规律和当代价值的高远立意，体现了不同于一般政府文化建设项目的追求，展现出整体观照"文化传统"的研究格局。

"文化传统"是历史学、政治学、文化学、艺术学等多种学科关注的研究课题，也是区域研究的重要领域。在我们的理解中，所谓"传统"，既是文明积淀的历史轨迹，也是借古鉴今的当下本位、"后之视今，亦犹今之视昔"的前瞻视角、继往开来的未来愿景。综其所成，是过去、现在和未来相互映照、循环往复的整体统一。因此，文化传统的意义，并不完全来自于时间维度上的"既往"，而是在于其以历史的智慧与通达作用于人类精神世界，打开个体生命经验的有限性，赋予其道德、价值、文化判断力，使之获得足以深刻理解人类世界多样性和复杂性的深邃视野，成为超越时代局限、具有博大历史情怀的个体；在于其建构了潜藏在一个特定群体生活方式之下的由知识、信仰、价值观等组织系统构成的共同观念体系，成为人们遵循的社会通则；在于其以强大的原生动力、整合功能、调适机制，在社会实践中创生呈现、在历史长河中淘炼选择、在文明演进中沉淀深化着具有鲜明地域特色的文化基因；在于其以教化、习得等社会传递模式，将观念体系、文化基因从直观的表象世界浸润至人的文化心理、集体意识、经验世界之中，形塑一地的民众性格、文化精神和地域特征。

近年来，随着党和国家执政理念中传统文化元素的不断呈现，特别是习近平同志以其民族情怀、古典修养和政治睿智，对优秀传统文化及其当代价值，多次加以褒扬推崇，作为"优秀传统文化"母体的"文化传统"，越来越频繁地与政府工作和社会生活相关联。优秀传统文化作为文明根柢，在经过创造性转化、创新性发展后，既是基础性的历史资源，也是现实中的发展动力，更是民族精神的中坚，具有毋庸置疑的当代价值。然而，问题在于，如果我们只是概念性地、口号式地、标语化、标签似的对待"文化传统"，而不去深入分析文化传统的内部结构、重要元素、生成机制、形成路径、传承方式，不去比较辨析基于不同历史、地理、经济、社会环境而产生的多样化的地方文化传统及由此形成的文化多样性，不去细致研究传统与人之间涵育、形塑、认同、超越等等共存互动的复杂关系，那么不但"传承弘扬优秀传统文化"的政府诉求将有可能流于形式，就是这"文化传统"本身，也极有可能离散为戏曲、书画、文物等等物质形态的"国故"和日益庸俗化、实用主义化的所谓"国学"，而使大道隐而不彰、晦而难明。

因此，就学者的个体研究而言，自可专精于某一具体问题的探幽索微，但作为有组织的综合性、系统性政府文化研究工程，则应该具有如下旨趣：对本地"文化传统"做一次整体"进入式"细致剖析和务实解读，深入探讨作为"文化母体"的文化传统如何以故土、家园、宗族、习俗、经验教化等地缘、血缘和"集体无意识""日用而不觉"的情境涵育，赋予乡土之子的精神世界以某种乡土印痕和地域特性，奠定其文化认同的底色与根基；而历代杰出乡贤名士，特别是走出故土深受外来文明洗礼的时代骄子，又如何以其视野、经历和作为，回馈故里，反哺家乡，为建构本地文化传统奉献超越于地域之限的多元精华。继而在此基础之上，从人、地两大基本要素的互动关系中观照一地传统在个体与群体、观念与意义、稳定与变迁之间的有机生成，揭示大传统和小传统的并存互渗，追寻文化传统具有的与时俱进的时代价值和永恒不坠的内在精神。

这样的工作，早在2005年，就已经体现在文化研究工程的立意之中。

《总序》开篇即言："有人将文化比作一条来自老祖宗而又流向未来的河，这是说文化的传统，通过纵向传承和横向传递，生生不息地影响和引领着人们的生存与发展；有人说文化是人类的思想、智慧、信仰、情感和生活的载体、方式和方法，这是将文化作为人们代代相传的生活方式的整体。我们说，文化为群体生活提供规范、方式与环境，文化通过传承为社会进步发挥基础作用，文化会促进或制约经济乃至整个社会的发展。文化的力量，已经深深熔铸在民族的生命力、创造力和凝聚力之中。"

由此可见，文化研究工程的研究定位，并非单纯的传统意义上的学术研究，也不是即时性的"中""小"层面文化概念上的政府工作需求，而是以整体"地域文化传统"为研究对象，探究浙江一地文化发展的规律，观照、梳理、研究其历史形构过程和传延至今的价值。它包括浙江地域文化传统的自我建构和纵向传承，包括浙江地域文化传统所特有的一切内隐的和外显的观念、态度和生活方式，包括本地域人群以此传统适应环境并遵循客观规律改造环境的行为、行为方式和行为的产物。而最终的本质性诉求，则在于追寻被时间遮蔽的历史本相、传统底色，揭示其文化基因、文化精神与浙江历史发展之间内在而隐秘的深层关联，找到社会发展、文明进步、文化演进的根本动力。

同时，《总序》十分重视从文化传统的内部构成去理解一种文化、一个文明的"博大精深"和"历久弥新"："在人类文化演化的进程中，各种文化都在其内部生成众多的元素、层次与类型，由此决定了文化的多样性与复杂性。中国文化的博大精深，来源于其内部生成的多姿多彩；中国文化的历久弥新，取决于其变迁过程中各种元素、层次、类型在内容和结构上通过碰撞、解构、融合而产生的革故鼎新的强大动力。"并将此作为文化研究工程的立足点和实施基础："在研究内容上，深入挖掘浙江文化底蕴，系统梳理和分析浙江历史文化的内部结构、变化规律和地域特色，坚持和发展浙江精神。"

故此，文化研究工程围绕"今、古、人、文"四大主题，开展"浙江当代发展问题研究""浙江历史文化专题研究""浙江名人研究""浙江历史文献整理"，力求以贯通古今的整体性视野和文化研究的深层次探究，系统梳理浙江历史发展的客观规律，揭示浙江地域文化传统的内部结构、本质特征、观念系统，全方位总结提炼推动浙江经济社会发展的文化基因和精神渊源，为文化研究工程奠定了不同凡响的起点和目标，也给浙江省委、省政府的文化建设工作注入了深厚学养和睿智、科学的理性之光。

（二）超越区域局限的研究视野

在一定区域范围内对一地的地域文化传统和当代发展开展系统研究，属于区域研究的范畴。在地方政府提供的有组织的平台上开展区域研究，有利于在一个相对稳定的框架内全方位地、有序地展开系统化的科研活动。然而，由于区域社会是一种凭借地域界限和共同的语言、习俗等文化系统而与四邻相区别的群体组成，这种界限和区别，很容易给区域研究造成重局部而忽视整体、重自我而忽视他者、就区域论区域的视野局限，产生囿于区域所限的地方性"自我中心主义"。文化研究工程虽然是地方政府组织的区域研究活动，却在其启动之初，即体现出站位高远、襟怀宏阔、把有关浙江地域的区域性研究置于中华文化整体格局中、置于与其他区域的比较中加以研究的超越性开放视野。

习近平同志在《总序》中，就区域文化与中国文化的相互关系，作了简明扼要的阐述："中国土地广袤、疆域辽阔，不同区域间因自然环境、经济环境、社会环境等诸多方面的差异，建构了不同的区域文化。区域文化如同百川归海，共同汇聚成中国文化的大传统，这种大传统如同春风化雨，渗透于各种区域文化之中。在这个过程中，区域文化如同清溪山泉潺潺不息，在中国文化的共同价值取向下，以自己的独特个性支撑着、引领着本地经济社会的发展。"

正是此种萦绕于地方与国家之间繁复回旋的生成、交流、陶练、整合、反哺的长久过程，将各个区域紧密地融入国家整体而成绵密紧致的中华文明传统，并于此中形成区域研究来自国家诉求的内生价值。真正具有学术品质的区域研究，应该以心怀国家乃至世界文明大局、立足区域局部、比较他域异同、探求其普遍意义为基础，研究本区域的自在本性、与其他区域的差异性、与国家层面的关联性，并于此综合形态之中，探索其未来演进的可能性。因此，罔顾整体性的局部研究、忽视国家诉求的区域研究、缺乏共性价值追求的碎片式雕琢，都有可能会在学术视野的开阔性、学理研究的深刻性和人文价值的普遍性上有所缺憾。

将区域研究置于国家层面和文化整体发展之中、置于"与其他地域文化的异同"比较之中加以理解和把握的视野和定位，正是文化研究工程的深远之处："从区域文化入手，对一地文化的历史与现状展开全面、系统、扎实、有序的研究，一方面可以藉此梳理和弘扬当地的历史传统和文化资源，繁荣和丰富当代的先进文化建设活动，规划和指导未来的文化发展蓝图，增强文化软实力，为全面建设小康社会、加快推进社会主义现代化提供思想保证、精神动力、智力支持和舆论力量；另一方面，这也是深入了解中国文化、研究中国文化、发展中国文化、创新中国文化的重要途径之一。如今，区域文化研究日益受到各地重视，成为我国文化研究走向深入的一个重要标志。我们今天实施浙江文化研究工程，其目的和意义也在于此。"

文化研究工程实施十五年来，浙江哲学社会科学工作者在省规划办的精心策划、协调和组织下，坚守并循此研究定位和路径扎实推进。尤其是2017年启动第二期文化研究工程以来，愈加重视项目实施的系统规划和顶层设计，在全面梳理浙江地情、系统回溯已有成果、细致排摸研究空白的基础上，精准选题、整合力量，以系列项目形式有序推出相关专题，例如浙江当代发展问题专题中的"中国村庄发展的浙江样本研究"等项目重在提炼浙江实践基于中国发展的样本意义，浙江历史文化专题中的"浙江史前文明研究"等项目重在探索浙江历史文化对中华文明的贡献，"浙学"文化意义诠释专题中的"'浙学'与中华文明"等项目重在研究地方性学术文化共同体之于中国特色哲学社会科学体系建设的意义。如此种种，均体现了文化研究工程超越区域局限的国家观念、整体文明意识和学术视野。

三、在文化传承的"落实"中构建文化软实力

　　落实优秀中国传统文化的当代传承，是使优秀传统文化成为跨越时空、超越国度、具有当代价值的软实力要素必须面对的前提，是构建中国文化软实力的内在性、基础性支撑。其间，研究传统文化中的各个要素、各个要素之间的构成关系、各种关系构成的网络，是一个方面；研究当代文明中联结政治、经济、社会、文化要素的各种关系，由这种种关系结构而成的网络，这个网络之间的空间和张力，是一个方面；研究传统文化与当代文明之间可以析出的各种要素间的关联，存在或不存在的构成关系，不存在的构成关系如何处理，存在的构成关系如何对接、如何促使其成为有机结构、成为新的网络、成为新的整体，从中寻找更符合这个时代实际需求的多元的、个性的、生动的新的文明要素，是必须重视和研究的首要问题。

　　因此，优秀中国传统文化的当代传承，是一项全面、综合、复杂的系统工程，而其间的最为关键之处，在于将"传承"真正落到实处。

（一）关于优秀传统文化当代传承重要性的两个认识

　　关于优秀传统文化当代传承的重要性，从一般意义上去理解，可谓不言而喻。然而，如若深入当今中国社会实践和现实需求，同时引入纵向的历史眼光做深入分析，则有以下两点尚可再做论述。

1. 在社会建设上的意义：可全面对接社会整体发展的全局大业

　　2013年8月，习近平总书记在全国宣传思想工作会议上的讲话中指出："宣传阐释中国特色，要讲清楚每个国家和民族的历史传统、文化积淀、基本国情不同，其发展道路必然有着自己的特色；讲清楚中华文化积淀着中华民族

最深沉的精神追求，是中华民族生生不息、发展壮大的丰厚滋养；讲清楚中华优秀传统文化是中华民族的突出优势，是我们最深厚的文化软实力；讲清楚中国特色社会主义植根于中华文化沃土、反映中国人民意愿、适应中国和时代发展进步要求，有着深厚历史渊源和广泛现实基础。"

这四个"讲清楚"，从道路、精神、力量和传承等角度，简明扼要、提纲挈领地阐明和强调了优秀传统文化与中国特色社会主义建设之间足以全面对接的关系。中国特色社会主义植根于中华文化沃土，中国之"中"、特色之"特"，都在这片沃土之中。归根到底，中国人终究要走中国人的道路、要过中国人的生活。这不仅是维护中华文化传统的需要，更是保持世界文化多样性的责任。这就要求我们对此沃土作出科学分析、合理培植，因势利导地加以悉心养护，才能从中培育出华盖葱茏的参天大树。

因此，我们对优秀传统文化当代传承的认识，不能简单地停留在丰富文化生活、构建精神家园这样的狭义的"文化"层面，而应关注到社会整体发展的全局大业。传承优秀传统文化，不只是文化生活，不只关乎个人，究其本质，实关乎新形势下道路选择、经济发展、环境治理、社会管理、秩序规范构建等等重大主题。比如在参与构建社会公理解释系统和规范体系、构建新的社会秩序和规则、重塑民间社会生活的习俗架构、建立具有中国特色的新型社会关系、增强国民的民族集体意识、提升民族认同感和凝聚力等等众多方面，优秀传统文化中均有可资传承应用的资源。因此优秀传统文化的当代传承，不但具有精神价值，更具实践意义；不但是软实力，也是硬实力。

比如关于"孝""德""礼""仪"的传统社会规范及其当代传承。在古代社会，以"孝"为内涵的宗族纵向纽结，以"德"为内涵的个人品行修养、以"礼"为内涵的社会行为规范，以祭祀、修谱等等之"仪"为形式的活动平台载体，交织而成有效的社会管理和社会秩序控制网络，在很长时间和很大程度上维护了社会的稳定，形成了独具特色的文化传统。这样一个控制网络，缠结着一个民族思想观念、社会体制、国家治理、文化心理等诸多方面复杂深刻的意蕴，远非"父慈子孝"这般简单。在宗族消亡、礼制消解，社会性质、社会形态和社会文明巨变的今天，如何辨析提炼传统"孝""德"

"礼""仪"中的积极因素，合乎时需、切实有效地运用到当代新型社会秩序、社会规则和人际关系的建设中，就不仅只是一个文化研究上的理论问题，更是一个社会建设上的实践命题。

因此，优秀传统文化的当代传承，是一项足以全面对接社会整体发展的全局大业，可为当代中国发展提供智慧和策略，助推我们走上具有本国特色的正确道路，因此是我们必须尽心竭虑思考和践行的重大课题。

2. 在文化建设上的意义："中国文化花果飘零，我们需要灵根再植"

当代社会面临的矛盾纠纷、问题挑战，特别是精神世界中的集体意识失落、文化认同淡漠、价值体系涣散等危机，究其产生的根源，既因几十年来重视经济发展、忽视精神引领所致，也在于近代以来国人面对西方强势文化入侵而产生的文化认同危机和文化迷茫。

20世纪是中国文化遭受西方文明冲击最为严重的时期。清末废科举建学堂的新政、近代以来内忧外患带来的连绵战火硝烟、"文化大革命"对传统文化的破坏等等社会时代因素，使得受教育者的传统功底几近毁损殆尽。当代人不论来自政府机关，还是学校科研单位，抑或社会贤达，都是新式教育背景，绝大多数人的生长环境、养成方式、教育经历、知识结构等几乎各个方面，都与传统文化泾渭相隔，与之产生本质上的断裂、隔膜和陌生感，民族文化的认同危机由此而生。这在传承文明、提供思想资源的知识界，表现尤甚，基本的价值取向呈现出怀疑传统和反传统的倾向。五四运动以来，一直有众多知识分子提出去民族文化身份、强调接受普世价值洗礼的现代化方案。

这种现象无关乎社会成员个体的教育背景、学历学位、职业职务，而相关于我们这个社会近代以来的历史路径、文化观念和社会氛围，其间最为直接的缘由，乃在于近代以来几近全盘西化的教育理念、体系和内容。因此不是个人的问题，而是社会的问题。

如何在全球化的时代大势中，既以开放的姿态、包容的胸怀向西方学习，又保住中华民族的根基和元气，保留民族传统的自身特征；如何发掘揭示优秀传统文化的价值和力量、清楚彰显优秀传统文化的智慧和魅力，以翔实史实、清晰学理、生动言说使人心服口服地接受、认同优秀传统文化，走出文化迷茫，走向文化认同，重建文化自信，是历史赋予我们的义不容辞之责。民国时期出现的包括梁漱溟、熊十力、张君劢、冯友兰、钱穆、牟宗三等学者在内的"新儒家"以及20世纪80年代以来发生的国学热潮，都是文化觉醒、文化自救的自觉行为，都体现出了一代中国人所具有的民族理想、文化情怀和社会担当。

我们今天传承优秀传统文化，正应有此抱负和作为，此正如唐君毅先生所言："中国文化花果飘零，我们需要灵根再植。"

（二）目前传统文化传承中需要注意的几个方面

就目前社会上的传统文化当代传承而言，在学术研究、图书出版、影视创作、舞台艺术、展览陈列、非遗保护、动漫游戏等众多领域，都有大量成果涌现。同时也存在一些不足和问题。

一是时代、社会、制度、技术等各方面的本质变化，导致传统文化与当代社会的疏离及其当代生存困境。目前论述这种疏离和困境者多，探寻当代中国社会所具备的或可创造的接受传统文化的条件和空间者少。

二是作为现阶段文化建设关键的政府、文化企业、文化从业人员，对传统文化的了解和把握总体上比较零散、片面、肤浅，在很大程度上影响优秀传统文化科学合理的当代传承和切实有效的开发利用。

三是现有决策、研究、呼吁中，笼统提要求、谈重要性者较多，具体研讨优秀传统文化当代传承路径者较少，可操作性不强。就文化资源的开发利用而言，尚存在认识不足、重视不够、判断不准、特色不明、优势未显等问题。就机制、路径、方法而言，尚存在观念落伍、思路封闭、载体单一、形式守旧、泥古不化、脱离时代、不接地气等粗粝化现象。

四是在传承实践中，已经开发的以传统文化为题材的不少产品，长于或囿于传统形式的形似，而忽视或无力于中华民族文化精神、文化理想的传神写照，背离了精神文化产品生产的初衷。更有甚者，以传播传统文化之名，行宣传封建糟粕之事者也大有人在。

五是在目前势头迅猛的文化产业发展中，存在出于资本逐利目的而过度开发、过度商业化的现象。如民间风行的风水、八卦、商战之道等，以传播传统文化之名，行宣传封建糟粕之事。

六是专家学者的观念认识、角色定位、参与程度尚需进一步明确。在传统文化传承体系建设中作用重要的专家学者，有些只重视书斋里的个人研究，对传统文化的社会化传播重视不够，参与更少；有些思想保守，以僵化、隔离、复古的态度对待传统文化；有些则目的不纯，不乏自我标榜、借机炒作、利益至上者。

所有的这些现象，都是我们在开展传统文化当代传承工作中，必须引起重视、予以正确对待、加以切实解决的问题。

（三）培养文化国人，探索特色道路，涵养理性智慧

中国自古称为人文渊薮，历史文化积淀深厚；当今经济发达，文化建设得到党和政府的高度重视，民间崇文尚学风气浓郁，社会力量参与文化建设的积极性高涨。因此，具有传承优秀传统文化、构建当代文化软实力的客观优势和条件。以落实优秀传统文化当代传承为基础、构建文化软实力的当下目标，可定位于培养文化国人、探索特色道路、涵养理性智慧三个方面。

1. 培养文化国人

人的问题是一切问题的出发点和归结点，处理好人与人之间的关系，是社会治理的根本，也是中国传统文化着眼的重点。中国在更高层次和境界上的发展，需要高素质的国民。所谓"文化国人"的概念，来自于著名学者钱穆先生的理念，讲的就是人与历史传统的关系。他认为，任何一国之国民，尤其是自称知识在水平线以上之国民，对其本国以往历史，应该略有所知。否则最多只能算是有知识的人，而算不上是有知识的国民。每一个国家里，只有具有历史知识、对历史抱有温情和敬意、摈弃了历史虚无主义的文化国民比例日益增多，国家才有向前发展的希望："我们要根据历史文化与民族精神来打开当前一条出路，来寻求我们此后的新生。"

近年来，随着我国经济、社会建设的深入推进，文化建设在各个领域都取得了很好的成绩。在汇聚融合已有成就的基础上，以优秀传统文化抚慰涵养人

心、统合人际关系、提供价值理念、整合社会秩序等方面的作用为能量，致力于培养对优秀中华传统文化抱有温情和敬意的"文化国人"，是我们今天构建当代中国文化软实力的一项重要工作，也是我们可以做出更高层次、更新业绩的重要领域。

2. 探索特色道路

走中国特色社会主义道路，从传承优秀传统文化的角度切入，就需要扎实、深入、细致地探索"中国"之"中"与基于中国基础的"特色"之"特"，这是一项需要潜入传统之中殚精竭虑、深研细磨的艰巨工作。如果只有概念式、口号式的抽象宣教，不足以使人心悦诚服地认同"独特的文化传统，独特的历史命运，独特的基本国情，注定了我们必然要走适合自己特点的发展道路"。目前以为中国特色发展道路提供实证、为当代中国文化软实力构建提供传统元素为目标、系统探究中华文化传统的工作，尚不多见，殊为可惜。因此，剖析、研究历史文化传统，揭示提炼其有益于当今社会所需的优秀因子和积极因素，无疑可为彰显中国特色、分析基本国情、探索"适合自己特点的发展道路"提供实证支持，为文化软实力的构建提供内在支撑。

3. 涵养理性智慧

目前，传统文化在社会上的表现不可谓不热，其中不乏在恢复、传播传统文化旗号下，腐朽意识、专制观念、皇权崇拜、虚妄迷信等传统糟粕借着大众文化传播的通衢、在牟利的商业浪潮里大行其道的不良现象。比如后宫戏、宫斗剧、穿越剧、各种三跪九叩式的所谓"礼仪盛典"等在荧屏上争奇斗艳、炫富炫丑。"宫斗"似乎成了我们触摸传统文化的主要路径。荧屏外的万千当代观众，也随着剧中人一并跪倒在了戏中的专制皇权脚下，人的尊严和人格都在自称"奴才""臣妾"的奴颜婢膝中湮灭。更为不堪的是，如此的剧情，被肯定和传递的是不择手段、不顾廉耻、成王败寇的价值理念，被隐喻的是"当代职场生存教科书"。此时此刻，又怎能从中感受到气大道正的优秀传统文化？又怎能从中接受到真善美的艺术享受和熏陶？又如何构建具有中国精神、中国品格和中国气派的文化软实力？

就本质而言，传承优秀传统文化，最根本的是传承其思想性的精华，涵养今人的理性智慧。所谓理性智慧，既是科学理性与思想睿智的并举，也指摈弃了机巧黠慧的具有理性价值的智慧。我们传承优秀传统文化的根本目的，不在于历史知识的传承，更不是泥古不化的而在于学习先人们在古今多少事中累积而成的理性智慧，以此修身养性、陶冶情操、涵育精神、丰富思想、提升能力，也以此还原优秀传统文化的真正价值。

（四）重在落实：优秀传统文化当代传承的路径思考

优秀传统文化的当代传承，是一项持久、综合和复杂的工作，其间既有浸润在日常生活中的自然传承，也有需要借助政府、学界、社会相关力量共同努力加以着意促进的传承。在我们今天建设社会主义文化强国、推进文化大繁荣大发展、构建中国文化软实力的时代环境里，以切实有为的社会合力积极推进、加快建设优秀传统文化传承体系，就显得十分必要。

1. 从传承内容、资源、地域、人群等方面细加分别

传承内容的区别。传统文化积淀深厚，层次丰富，清除传统文化中的封建思想残余，是建构传承体系的必要前提；判断和选择适合于当今运用的内容，是建构传承体系的重要基础。具体而言，优秀传统文化的当代传承，在重视物质层面内容传承的同时，应更多地重视体现在哲学观念、自然法则、品格修炼、东方智慧、审美特性等方面的思想性、精神性、智慧性内容的传承。

传承地域的区别。无论是从历史进程、社会环境、经济水平上，还是从思想观念、生活习惯、受教育程度、现代化程度、接受能力、欣赏能力甚至文化资本的拥有上，城市与农村（农村又可分为山区、平原，富裕地区、贫困地区等等）都存在巨大的差距。因此，正视地域差别，精准定位传承理念，有的放矢地采取不同方式和途径，是取得较好传承效果的一个重要方面。

传承人群的区别。根据社会的实际需要，甄选传承的重点人群。就目前而言，学生、党政干部、媒体人士、文化企业从业人员、文化管理部门工作人员是重点人群。故此，要重视在学校开展优秀传统文化的传承教育，在系统的学校教育中将优秀传统文化潜移默化于学生的知识结构和精神世界；要重视在党校开展优秀传统文化的传承教育，在干部的党校培训中提升领导干部的优秀传

统文化素质修养和判断决策能力；要重视在媒体开展优秀传统文化的传承，提升媒体从业人员的判断能力和社会责任感，打造积极健康的传播力；要重视在文化企业开展优秀传统文化的传承，提升从业人员的文化修养和审美情趣，生产积极健康的文化产品；要重视在作协、文联、广电、出版等文化管理部门的职业素养培训，提升其对传统文化资源的理解、分析和研判能力。

传承资源的区别。区分保留标本和实际使用的不同作用。有些传统文化资源，传承的价值更多地是表现在保留标本的层面，比如逐渐消失的一些偏远地区的方言、用具、生产生活方式等；有些则应通过合理内涵的挖掘、现代意识的熔铸、当代传播方式和技术手段的运用等方式，使其彰显历史价值、焕发时代新姿，重新行走于当代生活之中，为构建新的文化传统和价值体系发挥作用。

2. 重视优秀传统文化当代传承转化的可行性研究

优秀传统文化的当代传承，不仅是重要的学术研究，也是迫切的社会需求。因此，不但要重视传统文化自身的研究，更需重视分析研究优秀传统文化传承体系构建于其中的这个"当代"的社会环境、文化空间，尤其需要探寻传统文化的当代适应性及其实现传承的具体路径。因此，有效开展优秀传统文化的当代传承，重视其当代传承的可行性研究。一是要重视探究合理性，从古今社会的比较中分析其异同，探究传统文化落地当代的合理性。二是要重视探究现实性，从古今社会的异同中分析当代社会环境，探究传统文化落地当代的现实性。三是要重视探究操作性，从当代社会环境中分析传统文化的发展空间，探究传统文化落地当代的操作性。

中华传统文化具有源远流长、积淀深厚、门类众多、内容广博、内涵丰富的特点。随着历史的物移景迁、社会的更替变化、文化的变动发展，新旧之间的延续、扬弃、更新，都需要作出全面的评析考量。此外，五四新文化运动倡导白话文以来，作为中国历史文化传统重要载体的文字表达体系发生全新变化，也是今天传承优秀文化传统最为直接的一大障碍。对传统文化的了解认识，在很大程度上都成了专门的学问，需要专精的研究加以阐发，并在此基础上做好适合于当代传承的转化工作，才能真正发挥其作用。因此，深入研究、系统梳理、积极转化，是优秀传统文化当代传承的首要任务。

因此，将传统文化资源切实转化为当代文化软实力构建的资本，可有以下一些工作：

一是即时性的专题对策研究系列，旨在为政府重大决策提供理论支撑。

二是系统性的整体规划、分门别类的基础研究系列，此为"研究转化"工作的主体，旨在逐步建立可资决策咨询、社会服务的项目库。

三是素材性的公共文化服务产品研发系列，旨在为各种社会需求提供高质、积极、健康的传统文化资源。

历史上，我国学术传统素有"经世致用"、以天下为己任的学术传统，但在当下研究中，学术研究在一定程度上成为专家学者的职业行为。就学术研究而言，职业精神事关学术的纯粹、严谨和规范，故而十分重要；但就知识分子而言，也需要具有关注现实的勇气和能力，具有超越一己利害得失的精神，在专业之上发展出对国家、社会、大众的人文关怀。此正如杜维明先生所言："当代哲学违背了希腊哲学的传统，日益成为专家之学。哲学需要进入公共领域，必须面对大问题发言。"

3. 重视文化从业人员的学习培训，培养辨别判断把握能力

传承优秀传统文化是文化含量高度集聚的人文大业，宣传文化系统干部和从业人员对传统文化资源熟悉了解、准确判断和正确把握的水平、能力尤为重要，在很大程度上决定着传统文化在当代社会生活中的走向、趣味和价值体现。这种水平和能力，并非只是理论家或学者的工作，而是所有从业人员必须具备的职业素质，而职业素质则决定了事业的高度。缺乏必要的职业素质，不但难以建树起高品质的文化大业，甚至会影响到日常工作的顺利开展。现如今在文化建设工作中碰到的一些认识问题、思想问题和工作问题，究其根源，就是缺乏对中国传统文化的准确认识，缺乏基本的判断、选择和审美能力。不但难以真正做到弃其糟粕、取其精华，甚至导致继承弘扬传统文化的美好愿望、良苦用心反而得到适得其反的结果。

因此，在文化从业人员中，开展系统的学习培训工作，增强传统文化素养，提高辨别、判断、把握的水平和能力，构筑实际工作中的品质感和方向感，十分必要：

一是在各地的党校干部培训中，加入优秀传统文化的学习内容，特别是在较长时间的培训班中，适当增添此类课程。

二是开展专门的传统文化学习培训活动，在宣传文化主管部门、文化企业、文艺团体、各类主流传媒的干部和从业人员中，定时定期开展相关活动，强化学习。

三是通过适当的激励、评价机制，督促从业人员自觉加强日常自学，涵育文化情怀，提升使命感、责任感。

4. 着重于以电视和视听新媒体为载体开展公益性、长期性、强效力的社会传播

在传播学的技巧运用中，多说性（反复、持续、大量地传播同一内容）是一种基本方法，优秀传统文化的社会化传播，同样适用并且需要此类方法。目前，有关优秀传统文化的经典原著、研究专著、大众读本、辞典、影视、歌舞、戏剧、讲座等等，都已出了不少成果和产品，然而大多局限于相对封闭场合、静态阅读、被动等待、受众面小或是单一题材的范围内，缺乏主动、互动、灵活、开放、强势、高效、覆盖面广、受众面广、传播力大的明显效果。

以公共文化服务项目和公益性文化产品的形式，主要依托传统媒体中的电视和网络广播影视、IP电视、手机电视、移动多媒体广播电视、公共视听载体等视听新媒体等传播平台，开展全方位、强效力的优秀传统文化大众化传播。

5. 在时间的陶冶历练和潜移默化中培育涵养

文化的积淀、传统的形成、教化的作用，都是"时间的养成"，形成于长期的陶冶历练和潜移默化之中，决非一时可以求成，需要持续培育涵养。绵密深厚的传统乡村文脉的形成，在于长期的经验习得；当代乡村今非昔比，传统意义上的生活方式和文化形态已不适合于当今实际，新生活、新家园都需与时俱进的更新重建。而这种与时俱进，是一个长期的实践过程，同样需要"时间的养成"。

以浙江省已经持续开展十年之久的农村文化礼堂建设为例，作为建设精神家园、重构乡村生活秩序的人文大业，不是短期行为，也难以一蹴而就，需

要长期的探索、实践、坚持、完善。在具体做法上，除了政府部门的体制、机制、经费、人员的外在保障外，内在的内容建设需要注重由表及里、由浅入深的渐进式推进。即从唱歌跳舞、观看表演的文娱活动，到涵养民间生活秩序的礼仪活动，逐渐向更高层次的文化阅读能力和习惯的培养、公序良俗的构建推进。一方面，"精神家园"的建设不可能直奔主题，凭空建成。举例而言，以前建有不少农民书屋，初衷很好，很有意义，但作用发挥不大。其中一个重要的原因，就在于操作似乎过于简单，未作铺垫、引导和培育，因为无论是农家书屋的吸引力、书刊的针对性，还是农民自我阅读的习惯和能力，都缺乏细致的涵养、耐心的培育引导，未达到一个相应的层次。现阶段开展的思想道德、文明礼仪、文体娱乐、知识技能普及等活动，都是积极有益的综合素质提升的活动，可以有效构筑"精神家园"的扎实基底。另一方面，从文化礼堂"精神家园""精神文化地标"的建设目标来看，需要在唱歌跳舞看演出的文娱层面和知识技能学习层面之上，不断有新的深化和提升，逐渐向更高层次的文化阅读能力和习惯的培养、公序良俗的构建推进。因此，农村文化礼堂需要通过一个渐进式的过程，有意识地做好吸引人、培育人和引导人的工作，通过时间的涵育，将村民和文化、和礼堂紧密地纽结在一起。

四、从中国传统文化变迁看乡村公共文化空间建设

公共空间可以从多个层面加以理解。例如，城市市民使用的室外公共空间，包括街道、广场、公园、会所、文体场馆、娱乐场所等地；教堂、寺庙、宗祠、庙会等人们广泛熟知和使用的传统公共空间；美术馆、博物馆、图书馆等政府公共文化服务体系中的公共设施建设。另外还有网上论坛、博客、微博等网络时代新型而更为开放的公共空间。

今日建设乡村公共文化空间，与之既有相同之处，更有本质区别。区别的根源，很大程度上在于中国独特的以农耕文化为基础的传统乡村文明。因此，走进乡村文明传统之中，了解其基本特征，将有利于深化理解乡村文化建设的历史必然和现实需求，更好地贴近乡村社会形态和乡民内在心理；探索其可为今用之资源，将有利于准确把握本土资源，更好地接续乡村文脉；修正其弊端与不足，将有利于为古老的乡村文明传统带来具有现代文明气息的创新发展。

（一）涵育生发于农耕文化的传统乡村文明的特征

"郁郁乎文哉，吾从周。"孔子心目中的这个"文"，虽然可以理解成是对周朝礼仪制度丰富多彩的描述和肯定，而其实质，则是对产生这种制度的文化体系的颂扬。周人以蕞尔小邦崛起，铸就了孕育生发于农业文明的华夏文化本体，让孔子看到了西周的盛世之治与礼乐之兴，故此对之尊崇热爱，并试图复制于自己的时代。让他遗憾的是，虽率弟子历经艰辛周游、游说列国，却终无所得。而他没有料到的是，形成于西周的华夏文化体系，在两千余年的历史演进中，成为中国历史传统。

历史上的中国，素来以农立国。从新石器时代开始，农业发展绵延不绝。

在人口众多而耕地不足的大地上，勤劳的中国人日出而作，日落而息，固守家园，精耕细作。农业生产不仅是一种主流的物质生活形态，而且成为决定古代社会文化类型的重要力量。今天我们熟知的注重天时、地利、人和，认为阴阳五行相生相克以及安土重迁、听天由命、耕读传家等等中国人的传统观念，都来自于农耕文化。农业生产不但保证了一代又一代中国人的繁衍，也涵育了中国文化的辉煌。

农耕文化传统历史悠久，乡村文明既是它的根基，也是它的主体，根系发达，内涵深厚。本文就其间比较显著的特征，略加叙述。

1. 宗法制度与社会形态

古代中国，是一个讲究宗法制度的国家。宗法既是古代社会构成的重要基础和方式，也是其文化传统的重要根基。其间，家、族、宗，是三个区别明显又联系紧密的概念。

所谓家，指夫妇共同生活所组成的人群最小单位。《周礼·地官》郑注："有夫有妇然后为家。"[1]这里的"家"，即现代所指的家庭。所谓族，是指以家庭为基础的血缘姻亲关系网。中国古时有"三族""九族"等说，《周礼·春官·小宗伯》："掌三族之别以辨亲疏。"郑注："三族为父、子、孙人属之正名。"[2]《尚书·尧典》："克明俊德，以亲九族。"孔颖达注疏："九族，上自高祖，下至玄孙凡九族。"[3]从这些古贤经典对"家""族"的定义规范中，可见家与族的关系是以血缘姻亲为纽带建构起来的，充分体现了中国人对血缘关系的重视。所谓宗，汉代班固所著《白虎通义》云："宗名何？宗有尊也，为先祖主也，宗人之所尊也。"宗是一族之内的先祖，始终处于主导地位，为后代所奉所尊所从。这种区别主从关系的"宗"，具有特定的法则，这就是"宗法"。

宗法制度建立在农业经济基础之上，源自氏族社会的父系家长制，是宗族内部按制统远近区别亲疏尊卑、规定继承秩序以及不同地位之权利和义务的法

---

[1]　《十三经注疏》之《周礼·地官·小司徒》郑玄注。

[2]　《十三经注疏》之《周礼·春官·小宗伯》郑玄注。

[3]　《十三经注疏》之《尚书·尧典》孔颖达疏。

则。宗法关系的主要内容，一是以血缘纽带为基础的宗法伦理关系，包括家族中的亲疏关系、长幼关系、尊卑关系等；二是以封建土地所有制为基础的人身依附关系，包括佃农与地主的关系、雇工与雇主的关系、奴仆与主人的关系等等。经过后代统治阶级及学者士大夫的加工改造，逐渐建立了由政权、族权、神权、夫权组成的封建宗法制，使这种建立在父权家长制基础上的宗法关系越来越缜密，由家庭渗透到社会生活的各个方面。

延续数千年之久的宗法制度是中国传统社会最为重要的维持力量，是中国文化发展中极其稳定的因素，"成为中国文化的遗传基因，深刻影响了中国文化的发展方向和国民性格"[1]。

（1）家族制度与社会关系

森严的家族制度是宗法制的重要内涵，其最为鲜明的表征，就是祠堂、家谱、族权。

祠堂主要供奉祖先的神主牌位，是宗族的祭祀场所，表达的是对祖先的崇拜。在古代社会，对祖先的祭祀是最重要、最严肃、最重的礼制，"礼有五论，莫重于祭"，是中国传统文化心理的一个重要特征。祠堂也是向宗族成员灌输家规、族规的场所，所以祠堂一直具有强化家族意识和家庭伦理、维系家族团结、在精神上训导家族尊宗的作用。

家谱又称族谱、家乘、祖谱、宗谱，以记载父系家族世系、人物为中心，是家庭的档案、经典、家族法规，包罗了一个家族生息、繁衍、婚姻、家约、族规、社会关系等历史文化的主要信息。就其作用而言，主要是为防止战乱、流动等原因所导致的血缘关系紊乱、家族瓦解；同时也是解决家族纠纷、惩戒不肖子孙的文字依据。

宗族制度长盛不衰的最主要标志，是族权。族权对中国历史影响深刻，在宣传封建伦理、执行封建礼法上有独特的功能。族权所具有的血缘宗法制的特点，比政权的硬性灌输显得更加有效，更容易起到管摄天下人心的作用。因为族长与家族成员有着血缘关系，所以他们比官吏更贴近家族成员，可以对家

---

[1] 李中华：《中国文化概论》，中国文化书院印行。

族成员毫无顾忌地施加教化，甚至对违规的成员实行处罚。因此在强制执行封建礼法方面，其威力往往在地方官员之上。族权凭借血缘亲属关系的优势，在"鸡犬相闻，老死不相往来"的乡土大地上，形成了一个个独立的社会，实行着事实上的乡土自治。正如古语所言："山高皇帝远，村落犹一国。"

森严的家族制度以及对家族关系的重视，带来了大家庭的传统，五世以内（祖父母、父母、己身、子、孙）往往累世同居，形成几代同居的大家庭，形成对宗族关系和家庭伦理极为重视的传统观念。这种观念又经由家庭扩及至家族、宗族，形成一个亲戚、族人、同乡、师长、朋友等关系密切的关系网，构成中国封建时代社会人际关系的基本模式。

（2）家国同构和忠孝同义

"家国同构"是古代中国宗法社会最鲜明的结构特征，不论家庭、家族或国家，其组织系统和权力结构都是严格的父权家长制。家庭之内，父亲地位至尊，"父为子纲"，权力最大，"家人有严君焉，父母之谓也"[1]；一国之内，君主地位至尊，"君为臣纲"，权力至大，"夫君者，民众父母也"[2]。各级行政长官则被百姓视为父母，"父母官"的说法，即来自于此。故此，父与君互为表里，国与家彼此沟通，"家是小国，国是大家"，"欲治其国，必先齐其家"[3]，中国式的"家国同构"的社会结构，便由此生发。

"家国同构"的伦理基础，在于孝道。孝道的实质，在于以血缘纽带为基础、以延续家族生命为核心的婚姻家庭关系，它要求每一个人经由婚姻以生育子女，绵延血统，包括延续父母在内的祖宗生命。在中国，"不孝有三，无后为大"[4]，孟子的这句名言深入人心，足以表明孝道在中国家庭生活和伦理中所占据的重要地位。

渗透于整个社会关系之中的宗法关系，决定了孝道不仅存在于家庭之中，不仅只是家庭伦理，它同时还具有社会和政治的功能。家庭内的"孝道"，通

---

[1]　《周易·家天下》。
[2]　《新唐书·礼三本》。
[3]　《礼记·杂记》。
[4]　《孟子·离娄上》。

过"天地君亲师"的人际关系网络，扩展至整个社会。《孝经》称："君子之事亲孝，故忠可移于君"，因此可以"求忠臣于孝子之门"。《孝经》还认为："夫孝，始于事亲，中于事君，终于立身。"忠君是孝父的扩大，究其实质，同样都是对权力的绝对顺从，故此"忠孝同义"。家与国相通，君与父相代，忠和孝成为中国的道德本位，就此形成了以忠孝治天下的传统。

特别需要重视的是，"忠孝同义"不仅是一种社会治理的观念和功能，而且在中国的学术和思想体系中得到认可和尊崇。《孝经》一直被列于代表儒家正统的《十三经》中，突显了其在中国家庭、伦理、社会、政治乃至整个中国文化传统中所占据的主要地位。

这种"家国同构""忠孝同义"的特征，表明宗法关系渗透到了古代中国社会的各个层面，直接导致了家庭成员和国家子民品质的统一，对于稳定社会、维持统治、维系传统，起到了不可估量的重大作用。同时，也造成了缺乏独立于家国之间公共地带的历史缺憾。

（3）父权一统与男尊女卑

在"父为子纲"的孝道、"君为臣纲"的忠君之外，宗法制度还要求有"夫为妻纲"的妇道。宗法制度在世系排列上完全排斥女性成员的地位和权利，中国社会数千年的历史，呈现的都是男性主流社会的形态。《礼记·郊特牲》言："妇人，从人者也，幼从父兄，嫁从夫，夫死从子。"在父权的一统制下，男尊女卑，女性被剥夺了家庭、社会、政治甚至生存等各个层面的一切自由与权利。各种史志中的"烈女传"和各地树立的"贞节牌坊"，是古代社会对女性的褒扬，却让今天的我们读到、看到了宗法的专制、人性的残酷和文化的冷漠。

2. 礼俗社会与礼治传统

中国文化具有泛道德化的倾向，以德治、礼治代政治、法制是其显著特征。孔子曾经说过："道之以政，齐之以刑，民免而无耻；道之以德，齐之以礼，有耻且格。"[1]在孔子看来，政治、刑法的效果明显但有限，不能从根本

---

[1]　《论语·为政》。

上解决问题。只有道德和礼制的力量才是无限的，只有把人的道德修养、伦理观念与日常生活之中的礼制相结合，构建一种合理的社会结构、形成一种合理的行为方式，才能培养人的羞耻之心和行为规范，才能缓和人与人、人与社会、统治者与被统治者之间的紧张关系。

儒家的这种理念，直接地产生于古代乡土形态的社会土壤。

法国社会学家涂尔干曾经定义过基于不同社会结构而产生的机械团结和有机团结两种社会状态。机械团结是指建立在个人之间相同性与相似性特质基础上的社会联系，以强烈的、共同的集体意识为基础，集体意识影响和左右了个人意识的大部分，社会强制支配了社会生活和个人生活的大部分，社会成员具有类似的情绪感受、价值观和信仰，个人的行动总是自发的、不假思索的和集体的，因而社会保持高度的一致性。有机团结则是指建立在社会分工和个人异质性基础上的社会联系，个人与群体之间存在显著差异，社会分工日趋专门化、细致化，社会关系日益错综复杂，社会合作的重要不容忽视，社会合作的方式繁复多样。

显然，机械团结的社会，是一个传统的社会；而有机团结的社会，则是指现代社会。"用我们自己的话说，前者是礼俗社会，后者是法理社会。在生活上被土地囿住的乡民，他们平素所接触的是生而俱来的人物，正像我们的父母兄弟一般，并不是由于我们选择得来的关系，而是无须选择、甚至先我而在的一个生活环境。"[1]法理的社会必定是一个法治的社会，而礼俗的社会，就是一个礼治的社会。儒家以德治代政治、以礼治代法治的社会治理理念，一方面源生于"机械的团结"的乡土中国社会，另一方面也以其强大的力量固化和强化了古代中国的礼治传统。

在古代中国，"礼"与以"仁"为核心的伦理道德学说一起，构成颇具特色的传统中国的思维模式和文化心理结构。礼是具有独立品格的道统，即使在"普天之下，莫非王土"的古代中国，礼治也不是人治，社会并非完全由着帝王的个人好恶来治理。礼治的维持，实实在在地筑基于整个社会的历史和文化

---

[1]　费孝通：《乡土中国》，三联书店1985年版。

传统之上，根深蒂固，绵延不绝。

所谓"礼治"，就是一套古代中国社会以维护宗法等级制为核心目标的礼制，一种根据"礼"的原则确立的治理国家的统治方式。它以名教教化为社会控制方法，严格规定了君、臣、父、子各有名分，贵贱、上下、尊卑、亲疏各有区别，利用宗法制度的社会结构和崇古主义、权威主义的价值取向，构筑社会治理秩序，长期盛行于古代中国，成为中国传统社会的治国理政之策和文化传统的形成基础。

3. 农耕生产与乡民心理

地理环境不是文明起源、文化流变和传统形成的决定性因素，但是它对社会形态、民族个性和文化心理的形成产生了重要影响，却是不争的事实。中国东临大海，西北是茫茫沙漠，西南是海拔数千米的青藏高原，这些空间上的阻隔，是古代农业民族无法逾越的屏障，彻底打消了他们探索、拓展外部世界的可能，自然地与外部世界形成了隔绝与疏离。同时，疆域广大、幅员辽阔的本土环境，进退自如，回旋有余；地理条件多样，农业发达，物产丰富，文化多元。所有这一切，为他们提供了生活、生产和发展的固定天地。因此，建立在农业生产基础之上的中国古代文化，是一个典型的大陆文化体系，具有大陆文化厚重、封闭的内向特征。

"日出而作，日落而息，帝力于何有哉？" "阡陌交通，鸡犬相闻，老死不相往来"等等古语，都是耳熟能详的对古代乡村社会的形象化描述。男耕女织的乡村生活，人口流动率小，村落间的交往少，活动范围呈现出明显的与外部世界隔离的地域限制。农业生产直接与土地打交道，"长在土里的庄稼行动不得，伺候庄稼的老农也因之像是半身插入了土里"[1]。这种与世隔绝的地域限制，使得几乎人人生于斯，长于斯，终老于斯，由此形成了社会学意义上的熟人社会。这样的一个社会，乃是世代聚居的父母之邦，积淀着累世而成的桑梓之情。乡民们于此间躬耕乐道，安土重迁，对家乡有着无限的思恋，对故国有着深厚的眷念，成为中华民族凝聚力的社会基础。"寒耕热耘" "揠苗助

---

[1] 费孝通：《乡土中国》。

长"一类从农耕生产中提炼生活哲理之成语的出现，也就是自然而然的事了。

小农经济之"小"的一个重要原因，在于耕地面积不足和地主土地兼并造成的农家自有土地狭小，他们因此而不得不对这土地精耕细作，细加侍弄，做到最大化的开发、最经济的利用。春耕、夏种、秋收、冬藏的农业生产规律，又要求他们不违农时，循序渐进，脚踏实地，耕耘树艺。粮食生产对自然条件的依赖，使得他们必须对天文、地理、四季、物候、气象等自然现象加以观察、把握规律，做出趋利避害的利用，精准化地发展天文、历法、算术、工具和农学。如此，便形成了乡民们勤勉踏实、自力更生、埋头实干的精神和细致入微、精益求精、精打细算的作风。

面积狭小、精耕细作的传统农业，获得丰收的主要因素，不在于投资贸易，而在于天时地利。顺时而为，靠天吃饭，重积蓄，重节俭，不求暴发致富、但求丰衣足食，形成了乡民们安分守己、知足求稳的思想意识和精神状态。"三亩地、一头牛，老婆、孩子、热炕头"，20世纪50年代土改后的北方农村，仍然传承着这种心态。

小农生产规模小，过程简单，乡村生活秩序井然，文化稳定，极少变化。这样的生产与生活方式，造成了乡村社会自给自乐、自我满足、保守偷安的状态，不重来世天国、追求现世安稳的观念，缺乏进取精神与竞争意识。

4. 经验习得与生活方式

宗法制度、礼俗社会、农耕生产，造成了经验习得的生活方式。从经验习得型的生活方式角度来看，古代中国的乡土社会，在某种意义上确实是"没有历史"的。此正如费孝通所指出的那样："在一个每代的生活等于开映同一部影片的社会中，历史也是多余的，有的只是'传奇'。一说到来历就得从'开天辟地'说起；不从这开始，下文不是只有'寻常'的当前了么？"[1]

在古代中国的乡村生活环境里，经久不变的经验形成为传统，在日复一日的传承中成为人们遵循的指南和圭臬。历史性的过程，只是时间上的存在，而其有意义的内涵，确实在很大程度上表现为相似或相同的重复。这里的主要原

---

[1]　费孝通：《乡土中国》。

因，乃是在于古代中国，是一个定型了的循规蹈矩的熟人社会，且以崇古主义与权威主义为其基本的价值取向。

稳定的村落，固定的地域，不变的生活，相似的经历，非亲即故的人群，构成了一个熟悉的生活空间。彼此之间，知根知底。即便是尔虞我诈，也时不时地透着些亲情故旧的底色，交织着一方水土的气息；但更多的还是相帮相助，相依相靠，共度漫长人生。熟悉而亲密的乡里关系，就此形成。"熟悉是从时间里、多方面、经常的接触中所发生的亲密的感觉。这感觉是无数次的小摩擦里陶炼出来的结果。这过程是《论语》第一句里的'习'字。'学'是和陌生事物的最初接触，'习'是陶炼，'不亦乐乎'是描写熟悉之后的亲密感觉。在一个熟悉的社会中，我们会得到从心所欲而不逾规矩的自由……只有生于斯、死于斯的人群里才能培养出这种亲密的群体，其中各个人有着高度的了解。"[1]

在一个狭小而固定的地理空间和熟悉而亲密的关系里，面对的是相同的环境、熟悉的人群、重复的生活、共同的境遇。定了型的生活，自有定了型的经验去应对，一代一代累积出的生活经验，是每一个乡土社会之子在出生前便已得到的礼物。各种经验的传承，使得生活方式世代传递，屡试不爽，成为习惯，子孙永继。一代新人总是可以在长者那里得到指导，解决自己的问题。农具耕牛，种子肥料，租税田赋，风雨旱涝，地里的事项大多如是；春耕、夏种、秋收、冬藏，四季的劳作总是相似；除夕、春节、元宵、清明、端午、冬至、中秋拜月、重阳登高，一年的日子似水东流；生养嫁娶，子承父业，日出日落，慢慢变老，一生的模式刻在时光隧道里，人人从此走过。

"传统"二字，往往可以令人产生根蒂深厚的踏实感、有所依凭的安全感、心灵寄托的归属感。在现代社会，它是一种精神皈依。然而在乡土社会，传统不但是精神抚慰，更是实际生活的指南和工具。敬宗崇古的价值取向，让"传统"在乡土社会里有了更为强势的效力。人们从长辈经验和传统习得里寻求解决生活问题的良方，其极佳效应不断在实践中得到验证，被证明是保证生

---

[1]　费孝通：《乡土中国》。

产、生活一帆风顺的"灵丹妙药"。于是，对传统的信任、尊崇以致敬畏油然而生，有些甚至还被赋予了神秘的魔力而得到膜拜，导致"言必称尧舜"的信古、崇古和好古之风盛行。以传统指导社会生活，就成了古代价值体系中的重要成分。古代经典成为集体意识和教育的主体内容，教育的主要功能是教人服从传统，个人兴趣、开拓意识、创新能力自然不被鼓励，甚至从根本上缺乏生成的土壤。

然而，所习所得的经验，并非由着乡民们自由自在地选择；累积而成的传统，也不是随性随意的自然造就。经验与传统，都有内在的历史规定性。在宗法制的社会里，这个规定性的掌握者，便是父系家长制里的家长。祖宗所传、必须遵循的规范、习俗和教训，必定以父系家长制的意志为本，基本的力量是父亲的权威。"孝道"伦理观的社会性思维定式，十分强大地将父权推举上社会权力的顶峰。而"家国同构"的社会结构和"忠孝同义"的正统观念，犹如沟通的渠道，天然地将父权直接导向君权，造成了中国传统社会的权威主义性格。反对君主，就等于触犯传统，轻则治罪，重则杀头。百姓头上的这把达摩克利斯之剑，就此炼成。

5. 亲亲原则与乡土情谊

儒家有很多原则，亲亲原则，便是其中之一。这个原则要求在家族之内，父慈子孝，兄友弟恭，以天伦护持父子兄弟夫妇之间的亲情。最为著名的例证，在《论语》中："叶公语孔子曰：'吾党有直躬者，其父攘羊，而子证之。'孔子曰：'吾党之直者异于是：父为子隐，子为父隐。——直在其中矣。'"[1]在孔子看来，父子之情乃是天伦，此处所说的"直"，侧重的是源自"孝道"的父子亲情的角度，强调的是以家庭真情彰显孝道。此等体现于家庭关系上的亲亲原则，同样来源于宗法制度。

儒家的亲亲原则，并非只局限在家庭亲情、家族血缘之内。孟子说："老吾老以及人之老，幼吾幼以及人之幼。"又说："君子之于物也，爱之而弗仁；于民也，仁之而弗亲。亲亲而仁民，仁民而爱物。"至此，亲亲原则已然

---

[1] 《论语·子路》。

在家族血缘的基础上，通过"推己及人"的路径，由近及远、由亲而疏地跨出了家庭的范围，扩展到了宗族乡党、邻里乡亲的领域，加之封闭集聚、礼俗社会等等乡村文明的要素，自然而然地催生了乡民之间的乡里观念，乡土情谊深厚。

古时以五百户为一党，乡党，即乡里之义。孔子十分看重乡里关系，"原思（名宪，孔子弟子）为之宰，与之粟九百，辞。子曰：'毋，以与尔邻里乡党乎！'"[1]此文说的是，原思认为自己为官所得的报酬太高，故辞而不受。孔子教他不必推辞，可以分给自己的邻里乡亲。因为孔子是十分敬重父老乡亲的，《论语·乡党》记道："孔子于乡党，恂恂如也，似不能言者"；他也非常重视一个人在自己家乡中的形象，子路曾问孔子说："何如斯可谓之士？"孔子列了三条，第二条即称"宗族称孝焉，乡党称弟焉"[2]，十分积极地在宗族乡党中培养孝悌的感情。

在儒家亲亲原则的推动下，中国人十分重视家庭关系，对父母兄弟的孝悌之情，在一个人的社会评价中占据首要地位："百善孝为先"。其次由近及远、由亲及疏地推及自己的邻里乡亲，形成了亲切深厚、持久绵密的乡土情谊。这种乡土情谊，不仅是情感上的亲密，也是道德上的认同，甚至还是利益上的共同体。彼此之间，在生活上相依相靠，在事业上相辅相成。

随着社会的演变，宗法血缘关系逐渐淡化，但宗族乡党观念却积淀在人们的文化意识之中，由地域关系代替了血缘关系。现在常见的各种以地域关系联结而成的会馆、公所、同乡会、联谊会，"浙商""晋商""宁波帮"等在经济关系中的地域性团体，等等，探寻其源头，正在于亲亲原则下形成的乡土情谊。

传统社会的乡土情谊，现代社会的故乡之思，都是对土地、对家园、对父母、对祖先的眷恋之情。这种深厚真挚的情感，自古而来和中国人的日常生活紧密融合，成为中国人的一种潜在文化心理意识，深深地熔铸于中国文化传统之中，成为中华民族凝聚力的乡土底色，源远流长，根深蒂固。中国文化传统

---

[1] 《论语·雍也》。

[2] 《论语·子路》。

中的天人合一、以人为本、重视伦理、贵和执中、安土重迁等等特征，无不与此紧密相关，由此打底而来。

（二）传统乡村社会公共文化生活的主要形式和内容

在如上所述的这样一个封闭、熟悉、亲密的地域空间和乡土社会里，日常生活里的公共文化活动，自有其不同于西方世界、现代社会的独特形式和内涵。

与乡村文明相关的文化活动和成果，丰富多彩，比如宗教祭祀、宗谱家乘、地方志书、戏曲曲艺、口头文学、音乐舞蹈、工艺美术、礼仪民俗、访学问道、乡绅交游等等。与之相关的，就有了寺庙、祠堂、乡校、书院、塾馆、会馆、戏台、庙会、同乡会、聚会雅集等等公共活动空间和活动形式。

1. 祠堂活动与宗谱修纂

中国古代封建社会的家族观念深刻而又普遍，祠堂是其在日常生活中的具象反映。祠堂是家族观念的产物，同姓血亲关系是其延续的纽带，而内容和形式的生活化，是其活动的主要方式。祠堂活动通过祭祀历代先祖，宣示祖辈训诫，制订族规族约，宣扬仁爱孝悌、重学尚贤等传统社会规范和道德，将感恩之心、勤勉之习、奉献精神渗透、贯穿于族人日常生活的方方面面、各个环节，形成公众性自律机制和行为规范。因此，人文根基深厚，精神力量强大，不仅联系起整个家族，形成宗族内部的凝聚力和亲和力，甚至超越一族一姓的范围，对整个村庄乃至一地的日常生活、集体意识和文化精神产生重要影响。

宗谱以表谱形式记载以血缘关系为主体的家族子孙的世系繁衍传承和重要人物事迹，是家族生息、繁衍、婚姻、文化、族规、家约等的全息图，具有区分家族成员血缘关系亲疏远近的作用。宗谱是中国乡土社会特有的文化遗产，作为中华民族的三大文献（国史、地方志、宗谱）之一，是中国五千年文明史中最具有平民特色的文献，它不仅具有数典认祖的身份认同作用，还是研究一姓一地历史人文现象的重要史料。宗谱中，除了记录世系传承的表谱外，家训、族规也是重要内容，要求家族成员遵国法、重家法、孝父母、敬长辈、睦乡邻，以合礼教、正名分为行为规范，是维系家族团结稳定的重要规范。

2. 耕读传家与薪火相传

古代中国以农耕立家业，以读书求上进，耕读遂为传家之本，薪火相传而成传统，教育一直受到古代社会的重视。从府州县系统的官学，到民间自办的私学，比如学者主持的书院、乡绅捐办的义学、世家大族举办的家学、宗族以族产族田举办的族学、家族对族内贫穷子弟求学的资助，以致星罗棋布的无数私塾，等等，遍布乡村大地，构成古代教育的现世图景。以浙江为例，北宋两浙路所辖14州中，属今浙江境内的11个州已遍设州学，65个县也大多设有县学。元、明、清三代，府、州、县学普设，社学、义塾、私塾自城镇向乡村发展。山林僻静之处也出现了为数众多的书院，讲学之风极盛。著名学者如王充、吕祖谦、陈亮、叶适、王守仁、刘宗周、黄宗羲、朱舜水等人，都设席授学，广收弟子，传承文脉。

除了为读书人开设的教育机构外，还有很多针对社会大众开办的民间教育，特别重视圣贤学问对人的培养，重视知识在民间的传播、对民众的影响。比如朱熹，一生办过许多书院，其目的不在培养应对科举考试的学生，注重的是学问的培养，君子的培养，圣人的培养。比如王阳明，特别注重民间教育的普及，关注乡土社会里的教育实况，倡导学者士夫走向社会、开展民间教育。他们开设的一些讲坛、讲座、讲会，都对公众开放，平民百姓都可以来听。

3. 民间文艺与乡风民俗

经年运转有序的乡村生活之中，有丰富多彩、各异其趣的艺术生活相陪伴，色彩明艳的绘画、技艺精湛的工艺、声腔多样的戏曲、惩恶扬善的传说、诙谐幽默的故事、富于哲理的谚语，都是扎根于乡土之中、体现了高度民间智慧的结晶。在浙江，就有嘉兴灶头画、东阳木雕、乐清细纹刻纸、青田石雕、宁波朱金漆木雕、长兴百叶龙等手工艺，昆曲、越剧、绍剧、婺剧等戏剧，黄大仙、刘伯温、徐文长等故事，白蛇传、西施、济公、梁祝等传说，大禹祭典、缙云轩辕祭典、南孔祭典、洞头妈祖祭典等典仪。五色斑斓，五音婉转，构成乡村艺术生活的灿烂图景。

民俗是人们代代相沿、传承不辍的文化生活事象，是人们物质生活、精神生活、社会组织等各方面文化创造的组合。一方面，"十里不同风，百里不同俗"，各地都有自己的风俗习惯，体现独特的生活方式和习惯；另一方面，透过斑驳的现象，可以从中抽象出共同的民族文化心理和文化精神。例如作为中国人最重要的节日之一的春节，祭祀祖先是一个重要的习俗，各地都有自己独特的形式。

4. 方志纂修与文脉传承

地方志简称"方志"，是以一定地域为记述范围，全面、系统、客观地记述其各方面情况的资料性文献。历代以来，大到省志、府志，小到乡、镇、村志，都有纂修。绵延至今的地方志编纂传统，是乡土中国孕育出来的重要文化特色。

"方志"之"方"，即指地方。古代社会居住与交往中封闭自守的地域性限制，是产生"地方性"浓郁的地方志的根源，也是地方志的重要特征。所谓地方性，有两层含义：一是有特定的空间范围，方志无论记人、记事、记物，都不能脱离本乡本土，事事紧扣地方，据地以书，反映一方之情。二是有鲜明的地方色彩，方志按方而记，反映本地特色，如浙江的"丝绸之府""鱼米之乡"等特色，大都在志书中得到反映。

地方志的另一个主要特征是"连续性"，同样产生于长期封闭、稳定、保守的乡土社会的土壤。连续性主要表现在两方面：一方面是指志书相承纂修不断，一部方志在首次编成刊印后，间隔一段时间，一般就要进行续修。另一方面是指志书记述事物，要按时间顺序记清其起源、发展，做到记述不断线。比如南宋时期，杭州地区就纂修了乾道《临安志》、淳祐《临安志》、咸淳《临安志》等志书；宋元时期，宁波地域纂修有乾道《四明图经》、宝庆《四明志》、开庆《四明续志》、延祐《四明志》、至正《四明续志》、大德《昌国州图志》，这就是方志史上著名的"四明六志"。

具有地方性、连续性的修志传统，记录了乡土社会的发展历史，同时也以这种特有的文化形态，对传统的社会稳定和文化传承起到了重要的促进作用。

5. 同乡交游与乡土维系

同乡交游是中国人生活中的重要内容，究其根源，也在于宗法社会的文化传统。以地域、方言、家族为文化认同的同乡会，是这种交游的主要形式。同乡会是乡土观念在移民文化中的空间化、组织化的体现。人们在外乡、外省甚至国外，凭借地方性的乡土语言沟通思想、交流感情，彼此作同乡人的亲切认同，乡土的关系、情谊和观念，因此而在家乡以外的空间得以维系。"乡"的范围模糊，既可以推演至一个方言语系的范围，比如南方潮汕人与闽南人讲同一种方言，算作"半个老乡"；或者是一个地域或文化相近的集合，比如国外所有"江浙"人、"江浙沪"人的"大同乡"；也有家庭关系的延伸，比如参与到母亲、配偶的同乡会中。

同乡会在维系乡土关系上的作用，是多方面的。它不仅是乡土情谊的联谊，可以沟通感情，成为身处异乡的精神慰藉；同时也是利益的关联，通过同乡聚会，建立同乡交游网络，搭建人际关系平台，促进政、商、学等各个方面的交流与合作。这种从乡土社会里长出来的乡情，具有巨大的、无形的力量，形成内部团结，共同协作经营，共同培育后代，其作用往往可以超越主流社会，发挥巨大影响。温州华侨在世界各地的创业，在很大程度上，就依托于乡土的情谊、关系和观念。他们以各种名义的同乡会为纽带、为平台、为支柱，在世界范围内联手创出了属于温州人的一片广阔天地。

6. 乡绅阶层与乡里教化

乡绅阶层是中国乡村文明中的特殊阶层和重要力量，主要由科举及第未仕或落第士子，退休回乡、丁忧赋闲、居乡养病的官吏，地主大户、宗族元老等人组成。他们中间，不乏官、商、学的巨子，但从整体而言，则不在政统的核心之内、实权的位置之上。他们一般经济殷实、学识博洽、地位稳固，与皇权有着千丝万缕的瓜葛而又立足乡村，似官非官、似民非民，又胜于官和民。他们受皇权的默许，在"帝力于何有哉"、政权不易支配到的乡村社会里，成为官方与民间的桥梁、乡村民众的代言人，同时又担负着官府的期望、补充着地方行政的不足。因此而集道统、官威、民望于一身，成为乡村社会中官府之外的重要力量，在乡村社会组织运作中，发挥着重大的作用和影响。

从文化发展的角度来看，乡绅是乡村文化生活的基本力量和中流砥柱，是儒家文化在社会基层的最可靠的信仰者、传播者、传承者和担当者，担负着教化乡里的重责。他们在乡民价值观的培育、引导和弘扬，精神世界的涵育与固守等方面，远胜政府官吏，在本乡本土具有崇高的文化主导地位。

乡绅阶层的普遍存在，耕读传家的文化传统，怀乡重土的乡土情结，还使得乡村成为传统学术文化的发轫、孕育之地。中国古代学术流派多有以地方命名者，比如"蜀学""洛学""浙东学派""桐城派"等等，黄宗羲《宋元学案》《明儒学案》中的大部分学案，也都以地命名。许多学者亦多以家乡获称，如赵吴兴（元代画家赵孟頫，吴兴人）、钱雪川（元代画家钱选，湖州雪川人）、柳河东（唐代文学家柳宗元，河东人）、程伊川（北宋理学家程颐，洛阳伊川人）等等，都带有乡土色彩。

（三）传统乡村文明与当代乡村公共文化空间建设

我国古代乡村文明传统筑基于农耕文化，执守宗法名教，依凭伦理亲情，遵循经验习得，注重礼制教化。乡村文化生活作为其中的重要组成，一直深受重视，类型多元、形式多样、内涵丰富、成就斐然。乡民们于此中休养生息，获益受教，更新创造，形成了勤勉坚韧、吃苦耐劳、中庸平和、安分守己、重情讲义、敬畏自然等民族性格，维系了绵延不绝的中华文化传统。

岁月无尽，世间日新。回望传统，文明演进的轨迹历历在目，随时而变、与时俱进，乃为常理所在。

1. 回望传统，意在当下，站定重构新型乡村文明的立场

21世纪的当下，传统乡村文明已难全盘适应，新型乡村文明体系亟待重构。

（1）源自宗法社会的思想和行为需要肃清

几千年来的宗法专制社会、小农经济模式、封闭文化格局，造成了传统文化中的封建性糟粕，诸如愚忠、愚孝、保守、封闭、自私、功利、自卑、迷信、臣民意识、缺乏独立人格和公共意识，等等。

以独立人格的主体意识为例，宗法家长制的社会形态和文化传统，尊崇的是帝王和家长的权威，强调的是绝对服从，个人的尊严和权力被抹杀，对普通人而言，个体几乎是可以忽视的。著名学者梁漱溟曾提出过中国文化早熟论，认为中国文化导致个人被埋没，个人权利被抹杀，普通人没有站在自己的立场

说话的机会。

以法治意识为例，一方面，如前文所述，中国乡村是一个礼俗社会，以德治、礼治代替法治；另一方面，传统中国又是一个官本位的社会，一切资源都掌握在帝王、朝廷手里，"普天之下，莫非王土，率土之滨，莫非王臣"，官员是百姓的"父母官"，这种意识至今仍可见到。

以公共精神为例。传统社会"家国同构""忠孝同义"的特质，"鸡犬相闻，老死不相往来"的小农经济特点，使得中国历史上缺乏独立于家庭结构和国家政治结构之间的公共地带，民众相对缺乏公共生活意识，较少关心公共事务，公共精神欠缺。举例而言，比如松散的社会状态，孙中山就曾认为传统社会中具有"日出而作，日落而息"的自由，而且这种自由过多，以至形成中国社会"一盘散沙"的状态。比如小团体意识，地域性过强的乡土情谊，十分容易产生封闭性的地方观念和小圈子，排斥外姓、外乡人，萌生利益集团，形成山头主义、帮派组织、裙带之风，甚至因各自私利冲突而构怨、械斗，造成个人与国家、民族的陌生感、疏离感。

以公共秩序和礼仪为例。传统乡村的地域封闭性、熟人社会的生活方式、约定俗成的生活环境、注重经验习得的社会形态，都使得乡村社会相对缺乏适宜于公共场合的规则和秩序的氛围和训练。不良的行为习惯，既折射出现代文明礼仪的欠缺和个人素养的不足，也大有害于乡民群体的正面形象。

总之，传统乡村文明发展至今，许多方面已然发生巨大变化，但与制度、技术、生产生活方式等看得见的变化相比，思想意识、文化观念的转变，是一个漫长的过程；与城市相比，现代文明在广大农村地区的深入程度，也有很大的距离。总体上说，基于传统社会土壤而成的乡民们的思想观念，尚未发生彻底的转变。传统文化中的一些封建性的糟粕，至今仍然留存于乡民的观念、意识和行为之中。而总体上文化知识水平和素养较低，也是实际存在的事实。上述种种源自宗法社会的思想和行为，均有悖于现代公民所应具有的意识、精神和行为，有碍于社会主义新农村的建设，有碍于青年一代新型农民的成长，亟待正本清源，纠偏匡谬。

（2）近代以来被打破的乡村秩序和规则需要重建

1840年鸦片战争以来，国门洞开，西学东渐。欧风美雨之下，中国传统文化经历了三千年未有之变局，开始了近代转型，乡村文明概莫能外。其间，既有历史性的进步，也有毁灭性的打击，更多的则是新旧缠杂、中西掺合、曲折繁复的缓慢演进。

局势之变，对乡村文明的许多方面产生巨大影响，重要的变化有如社会变革造成的宗法制和族长的消亡，耕作技术改良促进的生产方式改变，物质丰富带来的生活方式的变化，外力进入带来的乡村社会形态和社会关系的改变，人口流动打破村庄封闭格局形成的多姓杂居，乡绅阶层的消失，城乡二元的耕读分离，邻里乡情的日渐淡薄，等等。所有这些，都不断地打破着、消解着乡村原有的秩序和规则。

这样一个剧烈变动的甚至处于消解过程中的乡村文明传统，如何利用自身优秀的、合理的、可生性的资源和要素，通过与现代观念和需求的结合，融会新知，出陈翻新，重建新规则、新秩序，既是时代之需，更是其自我更新发展的内在诉求。

（3）新环境下困惑迷茫的乡民需要引领

在新的时代环境里，农村、农民、农业不断经受着新观念、新事物的冲击碰撞。生活中城镇化、工业化的浪潮不断影响着、改变着乡村，而观念上的隔膜、规则上的生疏、情感上的疏远，也一直困扰着乡民。

一直以来，农村都是乡土中国的主体。即使在今天，三农问题也还是中国发展的核心。城镇化的意图和焦虑，更突显了它面临的困境和把握发展趋势的重要性。老传统、旧经验渐行渐远，如何释怀？当下生活纷繁多样，怎般应对？新的精神家园尚未形成，归向何处？乡村文明是现代化，还是城镇化？众多问号从历史走到今天，至今无解，很多的问号则还刚刚提出，有待实践回答。

置身于激变、多变之中的普通乡民，深感以往的思想观念、老旧的经验方法、固守的社会秩序、熟悉的行为准则，都处于不断的分崩离析之中。面对新的环境，困惑与迷茫在所难免。物质层面的变化容易适应，而精神层面的困境往往难以打破。游荡的灵魂需要安家，情感的寄寓需要引导，足可依凭、归属的新型精神世界，亟待建立。

（4）具有当代意识的合格公民需要培养

重构新型乡村文明体系，是一项巨大的系统工程。培养现代理念、公共精神和公德意识，是三个重要方面，旨在以先进文化提升乡民素质，使其逐渐成为具有当代意识的合格公民。

一是培养现代理念。通过公共文化活动逐渐消除乡民思想意识深处的封建性糟粕，树立主体、独立、法制、契约、竞争、创新、利他等现代理念。

二是培养公共精神。通过公共文化活动，使农民认识到社会性生活是个体公民不可避免的生活方式，积极体认个体与超越于个体自身以外的共同整体之间的内在联系，体认个人利益与公共利益之间的内在联系，正确认识"小我"与"大我"之间的辩证关系和个人、集体与国家之间的有机联系，立足本乡本土，放眼国家大局，主动进入公共领域，追求公共目标，维护和实现中华民族共同的利益、价值和秩序。

三是培养公德意识。

树立社会公德，遵循公共规则，遵守公共秩序，是现代文明的基本内涵和标志。通过公共文化活动，使农民受到社会公德、文明礼仪等方面的培训，帮助他们尽快适应新的时代和社会环境，跟上生活变化的节奏，以文明、自信的姿态融入当代社会。

2. 启智开蒙，博学审问，练就正确认识传统文化的能力

欲从传统文化中为乡村公共文化空间建设吸取优质资源，前提是从业人员必须对传统文化有准确的了解认识，拥有正确的判断能力和把握基本建设方向的决策水平，故此提出启智开蒙、博学审问两个基本要求。

启智开蒙，既可以是指幼小学童的读书识字，也可以是指思想界的启蒙运动；博学审问，既可以是指一个人的勤奋好学、善思善问，也可以是指专家学者的学术研究。此处所谓之启智开蒙、博学审问，特指文化从业人员对中国传统文化的基本认识、熟悉了解和学习思考、判断把握的能力。

文化究其本质而言，是潜藏于一个地域、一个群体生活方式之下的由知识、信仰、价值观等组成的共同观念系统，直接作用于人的心灵。就乡村公共

文化空间而言，需要扎根于本地文化传统的这个共同观念系统，将其构筑的基础与乡村和乡民的日常生活紧密相承，从历史性的乡土文脉里找到契合之缘和生长之机，凝聚起一个村庄的精气神，使乡民们足以在此寄托情感、获得精神支柱。就文化建设者而言，都有必要补上认识了解中国传统文化这一课，接受基本判断能力、选择能力和审美能力等方面的启智开蒙，以期构筑实际工作中的品质感和方向感。

3. 探珍索宝，取精用弘，发掘传统文化可资借鉴的资源

积数千年之功累生而成的文化传统，自是驳杂多样，包罗万象。而每一个时代，都会有自己的个性、特征和发展大业，借鉴传统，不是照搬，不能盲从，更不能返祖归宗。要站稳当下立场，抱定宗旨，明确时代职责，以弃其糟粕、取其精华、借古融今、创新发展为目的，深入文化传统深海，以识珠之慧眼探珍索宝，吸收借鉴优质资源。

（1）珍视乡土情谊

乡村生活中家庭之间、邻里乡亲之间的乡土情谊十分深厚、绵密，充溢于乡民们的日常生活和事业发展之中。这种深厚真挚的情感，是中华民族凝聚力的乡土底色。注意发现、选择和吸取具有浓郁乡土情谊色彩的事项、物象，可以更好地起到吸引人、感化人、聚拢人的作用。这样的选择，符合历史传统、民间习俗和民众的社会心理，也具有实际工作上的可操作性。

（2）借力民间习俗

乡间世代相传的民风民俗，起源于百姓日常生活的真切需要，是真正属于百姓的生活力量，是具有规范作用的民间生活规则。可以将文化活动与本地的民间习俗互动有机结合，根据活动性质、针对不同人群、安排不同时间，分类开展。例如礼仪型习俗，突出神圣庄严特征：比如满月、成年、结婚、祭祖、祝寿等与人生大事有关的活动。庆典型习俗，突出隆重热烈特征：如入学（高考）、春耕（迎春）、秋收（新米节）、开渔、采茶等活动。娱乐型习俗，突出自由欢快特征：如元宵灯会、端午裹粽、中秋赏月等。

（3）注重经验习得

经验习得具有文化意义上的强制性、规范性、实用性和长效性。当代乡

村的封闭生活形态已然改变，传统意义上的经验习得已不适合于乡村实际，形式和方式都需与时俱进。而这种与时俱进，将是一个长期的实践过程，需要不断尝试、探索，很难一蹴而就，需要耐心、毅力和坚持。因此，现阶段公共文化空间建设，一定要力避急功近利、急于求成、操之过急的做法。从"经验习得"的社会传统和当今村民文化素质的实际情况出发，在行动上不宜"短平快"和"硬着陆"，如此往往短期绩效易求却可能影响长期扎根生长；在方式上不宜过于直白地表达政治宣传、民众教育等工作目的，要采用贴近生活、贴近人心、贴近传统的方式，寓教于乐，顺势而为；在内容安排上要有根基、有出处、有说法，符合乡村的生活和传统、村民的需求和心愿。不但要能得到村民们的认可、认同，还需要村民的参与，尊重他们的选择。在此基础上，加以引领、辅导、帮助，融入现代观念、意识、精神、手段。

（4）发挥乡老作用

宗法家长制的消除，是社会的进步；乡绅阶层的消失，是社会的转型。然就中国而言，特别是在乡村，这种进步或是转型，并不代表乡老权威和经验智慧彻底退出历史舞台。在当今农村，以老年协会、退休教师为代表的乡老群体，人数不少，组织整齐，很多是原先的村干部，或是退休的中小学教师，还有回乡定居的教师、干部等。他们在村中仍然受到村民们的敬重和尊崇，在村庄的公共事务和文化活动中，具有举足轻重甚至决定性的作用。他们在村中的地位、曾经的阅历和经验、文化知识上的修养、热心公益的精神和相对闲暇的时间，都使他们可以成为本村文化建设的重要力量。同时，本籍在外的乡贤人士，也是一支可以借用的力量。

五、乡村新型文化形态的实践凝练与理论认知

浙江省开展农村文化礼堂建设以来，烁古熔今、推陈出新，取得了预期之中的建设成效，也收获了超预期的探索成果，积淀了可资发掘、提炼的丰富实践资源，具有重要的研究价值。系统梳理其建设历程和期间形成的礼堂文化，既是对文化礼堂工作自身的深化研究，更可以从此新型文化形态中提炼出具有本质意义和理论价值的乡村建设理念、路径和方法，为切实助推乡村振兴提供借鉴。

（一）从文化礼堂建设到礼堂文化提炼

一种文化形态的形成，离不开产生、积淀、凝聚、提炼的循序渐进过程。需要在日益深厚的实践探索和积淀中，逐渐凝聚成具有共性的内涵要素，形成区别于其他现象、其他事业的清晰边界、完整结构，通过学术研究、理论观照，整合提炼成具有核心价值、基本内涵、本质特征、独特功能的自洽体系。

礼堂文化的形成同样如此。经过五年来的实践和培育，礼堂文化与文化礼堂建设相伴随，基本形成了自具特色、自成一体的框架结构、内涵要素和独特功能，呈现出积淀十分厚实、发育相对充分的成熟型文化形态的特征。文化礼堂建设是具体工作实践的开展，礼堂文化研究则是对此实践的理论研究。从文化礼堂到礼堂文化，是从工作全面推进到思考不断深入的提升，从社会实践到理论研究的不断深化，从客观感性的个案式知识、经验到具有理性范式的文化形态的升华。

但是我们也要看到，礼堂文化的形成与提炼，是一个长期的、动态的过程，既需要及时研究，也要看到它丰富多变，难以定于一尊、一锤定音的过程

性、阶段性发展势态。

（二）礼堂文化的结构层次

结合文化层次理论，考察文化礼堂的实际情况，可以清楚地看到，礼堂文化基本形成了从物质文化、制度文化、行为文化、精神文化四个层次的框架结构。

1. 物质层次的文化

包括文化礼堂标识，礼堂建筑，以图片、文字、实物展览展示内容的长廊、牌、榜、展板，学习用品，观赏用品，展示物品（农具、家谱、陶瓷、生活用品），民俗民艺等。

2. 制度层次的文化

包括文化礼堂建设过程中形成的各种规章制度、运行机制、长效机制等。比如"精神家园""综合平台"的建设定位、"五有三型"的建设标准、各级领导小组等的组织保障、省委省政府办公厅《关于推进农村文化礼堂建设的意见》等文件政策。

3. 行为层次的文化

包括文化礼堂建设过程中的各种宣讲、学习、培训、文娱、礼仪、风俗、创作等活动。比如党的理论和形势政策、思想道德、科学知识、法律常识、健康生活等宣讲活动，"我们的村晚"等文娱活动，儿童开蒙、重阳敬老、成人仪式等礼仪活动。

4. 精神层次的文化

包括文化礼堂建设过程中凝练而成的价值导向、工作理念、目标宗旨、情感认同等等。精神层次的文化是礼堂文化的根本要义之所在，决定礼堂文化的核心价值、本质特征、独特功能。

（三）礼堂文化的核心要素和功能发挥

文化礼堂建设不断向村民的日常生活领域作全方位的推进深入，礼堂文化由此相应地包含了多种内涵要素，例如民俗、民艺、信仰、礼仪、规约、生态、乡贤等等。红色文化、乡土文化、礼仪文化、共同体文化、治理文化，是礼堂文化的核心要素，分别承载和发挥着不同的文化功能。

1. 红色文化

"红色文化"承载的是文化的"导向"功能，指的是通过价值引领为人们提供行动指南、行进方向和行为方式，体现的是文化的政治价值诉求，是礼堂文化的价值核心之所在。

此处的"红色文化"是一个比喻、概括的说法，与通常意义上以党史党建为内涵的"红色文化"有所不同。它包括党史党建内容，而更全面、更准确的定位则在于文化的政治属性。包括坚持主流价值引领，发挥农村文化礼堂对人的精神引领、抚慰和凝聚作用，培育共同价值观，建设精神家园，筑牢农民群众的精神支柱，从更高层面、更大范围丰富和充实农民群众的精神世界等方面。

2. 乡土文化

"乡土文化"承载的是文化的"传续"功能。它既是对传统乡村文脉的守护和绵延，也借此涵育今天村复兴的发展道路，是礼堂文化的重要根底之所在。

乡土文化是传统中国社会的根基，是村民割舍不断的精神维系，也是今天社会主义新农村建设重要而丰富的本源性文化资本。农村文化礼堂的"农村"定位，决定了梳理、传承和弘扬优秀乡村文脉，必然是贯穿于文化礼堂理念确立、内容建设到活动形式全方位、全链条的整体性工作。因而，乡土文化也必然是礼堂文化的基础性核心内涵，是我们不忘中华文化根本、坚守中华文化立场、增强中华文化自信的根基和力量源泉。目前文化礼堂中配建的各种展示馆，是各村特色乡土文化资源的集中展示空间和发展平台，主题集中，特色鲜明，展陈生动，颇可见深藏于乡间社会的传统之深厚。

3. 礼仪文化

"礼仪文化"承载的是文化的"涵化"功能。此处所言之礼仪文化，特指村庄集体举办的公共性、程序化的礼仪活动，旨在通过礼仪文化在人们社会生活，特别是精神生活中的涵育、教化作用，从礼仪活动这种共同的生活经验积累中，培育和持有共同的文化记忆和文化精神，形成某种被认可和被遵从的价值理念、文化认同。

"礼仪文化"的涵育、教化功能，传承自古代乡土中国的礼治传统。在古代中国，"礼"是社会成员共同认可和遵循的思想观念、社会意识和生活规则，"仪"是"礼"的具体表现形式，是依据"礼"的规定和内容，从宗族制度、贵贱等级关系中衍生、形成的一套系统完整程序。古代社会的"礼""仪"相合，构筑起以"仁"为思想核心，以"忠""孝"为道德本位，以"礼、义、廉、耻"等为纲常维系的价值体系，强调以融会在日常生活中的教化式礼治、礼法、礼俗，统摄人心、涵育情感、获得认同。故此《论语》有言称："非礼勿视，非礼勿听，非礼勿言，非礼勿动。"

当下正在发生和进行着的社会变革，既摧枯拉朽旧规范，又亟待重建新格局。礼仪活动是农村文化礼堂的重要组成部分，从对古代乡村社会和乡村文化传统的了解中去理解礼仪活动的精神实质，摈弃传统糟粕，深入认识和把握文化礼堂礼仪活动的本质内涵和价值追求，通过锲而不舍地参与、体验、浸润新春祈福、重阳敬老、启蒙、成人、结婚和村干部就职、新兵壮行等礼仪活动，使新时代中国特色社会主义的理念、精神、价值、规则、秩序，真正熔铸进农民群众的精神世界，成为新时代农村生活的价值理念、生活准则、习俗习惯。

4. 共同体文化

"共同体文化"承载的是文化的"整合"功能。它指的是文化协调群体成员行动的作用，旨在通过同一核心价值观念的约束和引导，有效协调多元文化，强化集群认同，减少摩擦冲突，弥合社会矛盾，构建和谐社会。

共同体是一个包含环境、经济、政治、社会、文化、传统等多种内涵的综合体，它包括人与自然环境相谐的家园认同感，个体的自我成就感，家庭亲友关系中的亲情归属感，国家政治制度、意识形态下的政治认同感，民族文化传统熏陶下的文化认同感，等等。从礼堂文化的研究角度看，则与文化礼堂"精神家园"的定位关系密切。

随着现代化进程，特别是城市化步伐的日益加速，乡村社会与城市一样，经历着原有利益结构分化重构、利益群体多元并存、各种体制和思想激烈碰撞的社会巨变。文化是以内聚力维持身份认同、化解社会矛盾、增强社会团结的思想基础和重要方法。要重建稳定而有活力的新农村，关键在于重建文明健康的农民公共文化生活，通过抚慰、引领等文化整合作用，构建社会价值认同机制，培育公共意识、公共理性和公共精神，形成新的生活共同体。

农村文化礼堂以"精神家园"为建设定位。建设精神家园，简单通俗地说，就是一个聚拢人心、构建共同价值观的工作。目前在文化礼堂蓬勃开展的"好家风"等活动，逐渐形成的象征性文化符号（如礼堂标识、社会主义核心价值观、村歌、五廊）、新型文化规约（如新家规家训、村规、民约）、系统性礼仪框架等，基本建构起一个村庄共同体的初步雏形，体现了共同体文化的逐步形成和在村民生活中的作用发挥。

5. 治理文化

"治理文化"承载的是文化的"建构"功能。文化具有社会治理的功能和作用，是社会治理体系的重要组成部分。它以文化的理念（比如以文化人、凝聚人心、价值认同）、资源（比如传承至今的优秀传统文化）、平台（比如公共文化服务体系、旨在转型升级调结构的文化产业）、方式（比如感化、习得的柔性调控）、路径（比如日用而不觉的浸润）等参与、介入社会治理，以此发挥治理功能，同时拓展文化自身的发展空间。

习近平总书记指出："一个国家选择什么样的治理体系，是由这个国家的历史传承、文化传统、经济社会发展水平决定的，是由这个国家的人民决定的。我国今天的国家治理体系，是在我国历史传承、文化传统、经济社会发展的基础上长期发展、渐进改进、内生性演化的结果。"在传统文脉积淀深厚的中国乡村，文化治理具有理念、资源、方式和路径上的历史基础和条件优势。例如契合于生态文明的乡村价值，低能耗、低成本的生活方式，道德教化、家族维持、民间调解的乡村秩序等文化治理内容和方式。

在当前的乡村社会治理中，文化治理具有迫切的现实需求。在宗族消亡、礼制消解、社会巨变的今天，表面上看，现代化进程使得传统社会迅速瓦解，传统文化治理方式也随之退出日常生活。但实际上，文化传统非常强大，深藏、沉潜于人们思想意识的深处、民间生活的深处。例如目前各种宗亲会活动、祠堂修建活动层出不穷，有的即具家族性、基层性的社会组织和管理职能。此种传统回归与复兴良莠混杂，是需要正视的社会文化现象。如何辨析、提炼传统中的积极、优秀因素，切实有效地运用到当代新型社会秩序和人际关系建设中，不仅是文化研究上的理论问题，更是社会治理上的实践命题。

文化礼堂实践表明，它不但以提供文化娱乐等公共文化服务、建设农民精神家园和农村精神文化地标为建设目标，同时还传承了乡村社会文化治理传统中的优秀元素、熔铸了乡村基层社会治理的创新实践，在"巩固基层执政基础""重建乡村公共生活空间""构建村庄生活共同体""建构村庄社会生活规则秩序""引领乡村传统创造性转化发展""恢复乡村生产活力、重建乡村生活体系"等方面，体现出显著的文化治理成效，突显了助力乡村基层社会治理的深层次功能，在建构具有中国特色、中国风格、中国气派的新时代乡村社会体系上，已然起到重要作用。

由此可见，礼堂文化中体现的建构型元素，与历史上的乡村建设相传承、与乡村建设的现实需要相契合，具有超越于一般宣传文化系统常规认识中的工作空间、实践价值和理论意义，蕴藏着巨大的潜在能量和广阔的运用空间。

文化礼堂建设既是农村文化、公共文化体系建设领域的创新实践，也因其顺应农民群众需求、切合农村发展实际、建设理念科学理性、组织领导协调有序、工作方式务实有效等等，而取得相关于、有利于乡村社会建设整体发展的许多积极成效。因此，礼堂文化的提炼研究，不但是文化礼堂自身可持续发展的需要，也为乡村文化建设、社会建设积累了可供观照的丰富案例和可行路径。进一步认识和把握红色文化、乡土文化、礼仪文化、共同体文化、治理文化等礼堂文化核心要素，重视发挥其所承载的文化导向、传承、涵化、整合和建构功能，继续秉持科学理性的建设理念和精、准、新、实的工作方式，尊重广大农民群众和基层乡村工作者的智慧、创意和努力，珍视乡村社会中如雨后春笋般涌现的新时代文明要素并加以悉心培植，是乡村振兴战略中不可或缺的工作内容。持之以恒，必有所成。

六、构建公众视野中的历史世界

　　历史是曾经鲜活的生命、已然过往的生活、陶炼积淀的业绩，是纷繁的思绪、驳杂的心境、丰富的情感。它们随时间的流逝，翻落进文明的深处，累生而成一个我们谓之为"传统"的世界。在那里，思想的绿树常青，智慧如繁花盛开，气象万千，人文璀璨，厚重而灿烂。

　　然而，对于这样一个已成往昔的世界，如果我们不回首，便不得见。因为它在我们匆匆前行的身影后面，绚烂之极，归于平淡；它在远离我们当下人生的时间彼岸，兀自静默，莫能与语。

　　回望历史，是一种人性的光辉，因为它是对先人的礼敬；是一种博大的胸怀，因为它是对文化的包容；是一种理性的力量，因为它是对规律的揭示；是一种勇敢的担当，因为我们探究来路的目的，是为了更加坚定地走向未来。

　　因此，我们愿意站在今天的浙江，做一个历史的眺望者，穿梭万年的时空，打量这块土地上连绵不绝、波澜壮阔的前尘往事；做一个历史的梳理者，秉持理性的烛火，将沉落于往昔世界的影像重投于时间的光影之墙；做一个历史的思考者，博学审问、慎思明辨，探寻其与当下社会的关联；更重要的是，做一个历史的传播者，让历史走出尘封的书海和学者的案头，走向社会大众，让来自历史的智慧，充实心灵的世界，照亮今天的生活。

（一）浙江大地承载着深厚的历史传统和光辉的文化精神

　　2006年，习近平同志在为《浙江文化研究工程成果文库》所作总序中指出："千百年来，浙江人民积淀和传承了一个底蕴深厚的文化传统。这种文化传统的独特性，正在于它令人惊叹的富于创造力的智慧和力量。"浙江历史的变迁和文化传统的形成，并非同一文化要素的简单累加和重复，而是在其精进图强的历史步伐中，通过开拓创新的创造活动得以实现，并因此而自然地生发出十分鲜明的勇于开新造大、敢为天下先的文化价值取向，成为浙江文化传统中最具地域特色的精义。如果我们深入地去探究，可以看到如下种种鲜明的文化特征：

1. 在浙江的文化精神中，充溢着捍卫主权、反抗侵略的爱国主题

"夫越乃报仇雪耻之乡，非藏污纳垢之所。"在浙江历史上，爱国主义是浙江文化的生命线，捍卫主权、反抗侵略、抵御外侮是浙江人民的优秀传统。在爱国主义价值观的哺育下，爱国英雄们有的在国族危难、大厦将倾之时，挺身而出，最终以身殉国；有的在重重困难之中，不放弃信念和理想，知其不可而为之。陆游"位卑未敢忘忧国"，于谦为了力挽狂澜于既倒，不惜葬送一己的仕途乃至性命。抗倭名将戚继光在浙江招募和训练"戚家军"，在台州九战九捷，平定倭患。近代浙江在反封建反侵略斗争中前赴后继，可歌可泣，鸦片战争中壮丽殉国的"定海三总兵"彪炳千秋。"鉴湖女侠"秋瑾"夜夜龙泉壁上鸣"的诗句，激励了无数中华儿女以天下兴亡为己任。嘉兴南湖上的红船，刘英、张秋人、俞秀松、宣中华等革命烈士的舍生取义，都彰显了在中国共产党领导中国人民开展的谋取民族独立、国家解放、人民幸福的革命斗争中，浙江儿女的光辉业绩。这些浙江先贤刚健有为、坚贞不屈的崇高气节，谱写了中华民族爱国主义正气歌中的华彩乐章。

2. 在浙江的文化精神中，蕴含着求真务实、经世致用的本质内核

求真务实是浙江文化的本质内核，贯穿于浙江历史发展的每一个时期，深刻影响着当代浙江人的行为模式和思维方式。求真务实蕴含着科学求真。越王剑、通济渠、捍海塘、秘色瓷、印刷术、钱江桥，毕昇、杨辉、李之藻、李善兰、茅以升，都是浙江科技史上的辉煌成就和著名科技人物，其中最为人所称道的，当推北宋沈括及其《梦溪笔谈》。英国学者李约瑟将沈括称为"中国整部科学史中最卓越的人物"，《梦溪笔谈》则是中国科学史的里程碑。求真务实蕴含着思想求真。东汉王充对当时散布虚妄迷信的谶纬之学、虚论惑众的经学之风的严厉批判和抨击，明代王阳明对理性自由和人性解放的要求，晚清章

太炎"学所以经世，固非空言著述"的主张，无一不是浙江文化精神中"追求真理""实事求是"本质内核的体现。

"经世致用"是中国传统知识分子以自身所掌握的思想、学术、知识，改造世界和认识世界的不懈努力和价值关怀。经世意识在浙江文化中有鲜明的体现，予人以深刻印象。以陈亮为代表的永康学派，反对朱陆空谈义理和心性，提出修实政、行实德、建实功，改革社会，变弱致强的主张。近代佛教大师太虚、印顺回溯佛法本源，积极推进佛教革新。这种一脉相承的独特的经世致用思想，正是浙江对中国文化的独特贡献。

3. 在浙江的文化精神中，聚合着义利双行、达观通变的商业伦理

义利文化观是中国思想史上的重大课题，也是浙江历史文化精神的一大特色。宋代以叶适为代表的永嘉事功学派倡导"义利双行"，用道德伦理引导对现实功利的追求，用现实功利检验主体对价值观、道德信仰理解的有效性，"义"与"利"由此成为辩证统一的有机体。在这种"义""利"文化观的熏陶下，浙江人的商业活动重视用"道义"规范经营生产行为，用经营生产造福社会，保持了悠久的"讲信修睦"的传统，哺育出许多誉满海内的老字号、老品牌。

"义利双行"的伦理观念，带来了浙江人达观通变的经济发展理念和市场行为。宋元以后在浙江兴盛起来的长途贩运，使得作为粮食、纺织品主要原产地的浙江，成为全国客商纷至沓来的货物集散地，增进了区域之间的经济交流，扩大了商品流通，促进了商人货币资本的大规模积累。明代中叶以后，雇佣大量工人的手工作坊与手工工厂在浙江普遍出现，促进了某些市镇自由劳动力市场的形成。这些现象虽不足以定论为资本主义的萌芽，但毫无疑问，它们都是对传统生产关系的变革，相对于我国长期处于封闭形态的传统自然经济而言，都是具有历史意义的重大突破。

4. 在浙江的文化精神中，闪烁着批判自觉、创新开拓的理性智慧

浙江是历史上盛产具有创新价值的思想大师之地，我们可以毫不夸张地说，在我国历史发生突破性进展的前夜，浙江文化的思想创新，都无数次地起到了"导夫先路"的先锋作用。陈亮、叶适的事功之学，王阳明的心学，黄宗義的政治学说，章学诚的"六经皆史"之论，龚自珍的变革启蒙思想，等等，都是浙江文化富于创新性的表现。被誉为中国三大思想家之一的黄宗羲，猛烈批判和否定整个封建君主专制制度，破天荒喊出了"为天下之大害者，君而已矣"的口号，提出了用"天下之法"代替君主"一家之法"的法律平等思想，"人各得自私自利""贵不在朝廷，贱不在草莽"的人权平等原则以及近似近代议会民主的政治理想，在明清之际的中国可谓空谷足音。其大无畏的批判精神和创造性的思想贡献，成为清末维新志士的思想法宝，也是现代革命者用以反对、批判封建专制制度的精神武器，启迪和影响了浙江的近代化进程。

作为新文学运动的奠基人和五四新文化运动的主将的鲁迅，敢于直面惨淡的人生，对吃人的封建礼教和制度作出猛烈的揭露和批判，进行不屈不挠的斗争；勇于以社会批评和文明批评为己任，以一生精力和独立人格进行了充满韧性的奋斗和努力，为浙江文化传统增添了不屈的风骨、独立的人格、批判的精神和自辟新路的理念与勇气，不仅为中国文化开新路，也为家乡人民留下了一份创新进取的宝贵思想财富。

5. 在浙江的文化精神中，熔铸着兼容并蓄、自强自立的个性品格

凭借濒临大海的得天独厚的条件，浙江文化在持续的中外文化交流中逐渐成熟起来，培养出了具有海洋文化基因的兼容并蓄的地域个性。我国古代早期对外交流以贸易为主，浙江生产的茶叶、丝绸、青瓷等物品成为文化向外输出的物质载体，从而带动了人与文化的交流，引导了外部世界对中国文化的认知，是浙江文化自我更新、自我丰富的重要途径。马可·波罗、利玛窦、卫匡国、马戛尔尼等西人纷纷来到浙江；天台山佛教文化、径山茶文化、温州华侨、留日学生群体等等，则都是浙江文化走出去的典型。

兼容并蓄并不意味着主体性的缺失，自强自立同样是浙江的品格。在自然资源稀缺的压力下，浙江人相信自强自立、竞争发展是自我完善的最优化途径，因而具有强烈的危机意识、竞争冲动和不等不靠、自我奋斗的拼搏精神，由此导致了对个人奋斗的崇拜和信仰，对个体独立、欲望与利益的肯定。发轫于南宋、鼎盛于清乾隆年间的"龙游商帮"，凭借不畏艰难、自强自立的精神，"多向天涯海角，远行商贾"，人称"无远弗届，遍地龙游"，为浙西南

的经济崛起做出了巨大贡献，至今广为传颂。这种"虽千万人吾往矣"的"拼劲"、一往无前的"冲劲"、无孔不入的"钻劲"，与中国传统文化的个体"义务"本位、儒家文化的"温良恭俭让"、老庄哲学的"夫唯不争，是以不去"等等主流思想，有着极大的区别，是对中国文化传统的一种很好的补充与丰富。

6. 在浙江的文化精神中，体现着澄怀观道、现实关切的审美情操

浙江是一块洋溢着文学才情、艺术灵性的土地，王羲之、骆宾王、陆游、赵孟頫、黄公望、王冕、罗贯中、徐渭、吴昌硕、黄宾虹、郁达夫、袁雪芬等等，都是在中国文学艺术上具有熠熠光彩的著名人物，在诗词、书法、绘画、小说、戏剧、建筑、工艺、文艺理论等各个领域，都有开一代创作新风的里程碑式作品涌现，百代标程，至今传颂。

中国的文学艺术传统讲究"文以载道"，综合地来看，这个"道"，既有美学思想层面的儒家讲求仁、爱、礼、义，"善美一体"的伦理德性之道，道家追求虚静简远的任顺自然之道，玄学任性率真的个性放逸之道；也有现实生活层面对时代潮流、社会变革、世道人心、国计民生的人文关切之道。浙江的文学艺术很好地体现了中国文艺独特之"道"的各个方面，王羲之等魏晋士人洒脱旷达的艺术境界，黄公望等文人画家的山水情怀，龚自珍《己亥杂诗》对制度的批判、国运的担忧、思想的启蒙，抗战文艺的蓬勃兴旺，兰溪诸葛八卦村、浦江郑氏义门、俞源太极星象村等古村落的建筑形制，都向我们展示了浙江文学艺术的深厚内涵。她既在哲学思辨的境界里升华，澄怀观道，精研细磨，为中国文学艺术传统提炼和奉献了众多具有中国特色美学范畴中的概念、范式、结构形式、表现手法；又在现实生活的沃土中扎根，关照现实，直面人生。

7. 在浙江的文化精神中，孕育着天人合一、人我共生的人文情怀

浙江文化既能够"登山则情满于山，观海则意溢于海"，与和风细雨的大自然和谐相处；同时也极善回应来自大自然的挑战，在变动的自然环境中成长。比如浙江漫长的海岸线及其于潮汐侵蚀之下的变化、破坏性热带风暴的侵袭，都是大自然向浙江人民发出的一次次挑战。对此，浙江人民同样以"天人

合一，万物一体"的整体关怀，通过各种努力与方式，追求人与自然的和谐。

为了降伏不羁的大自然，浙江人民修建了庞大、复杂的水利系统，孕育了发达的水利文化。如果说大禹疏导治水是追求与自然和谐的意识萌动与最初实践，那么西湖的开发则是浙江人民在发展中改造自然、在改造中保护自然的典范。西湖本是半封闭的潟湖，日久成患。经李泌、白居易、钱镠、苏轼、杨孟瑛、阮元等人的历代疏浚治理，呈现出旖旎秀丽的自然景观，以其精致和谐的人文风情，构筑成西湖景观人间天堂的特色。河姆渡原始艺术中精美神秘的"鸟日同体"纹饰，良渚文化中繁缛威严的神人兽面纹，都是热爱自然、赞美自然和融入自然的美好情愫。

8. 在浙江的文化精神中，彰显着知行合一、事上磨练的哲学思维

思想学术丰富深刻的浙江，必然地具有自己独特的哲学思维。明代伟大的思想家王阳明"知行合一"的哲学观点强调知即是行、行即是知，人不仅要对自己的行动负责，而且要为自己的思维活动负责，"勿以恶小而为之，勿以善小而不为"。而正确认知的最终确立，须得以付诸实践检验为终点，只有认知得到了实践的检验，认知的过程才算完成。同时，"致良知"还进一步关涉个体与社会两个层面。个体的"知"只有通过与社会事物的复杂的关系展开，体验情绪的冲击、思维的跳跃，通过实践检验其"致良知"的进展与效果，也即"事上磨练"，才是真"良知"。由此，方能从道德范畴的"修身"出发，逐步实现"齐家、治国、平天下"的社会理想。

"知行合一"是浙江文化在哲学层面上的思考，因此也是最高、最抽象、最具有概括力的思考，浙江文化其他几个方面的内涵都与"知行合一"这个核心命题存在着密切的逻辑联系。

（二）浙江人民具有鲜明的历史意识和高度的文化自觉

中国疆域辽阔，在长久的历史岁月和特定的地域范围里，形成了众多具有地域特色的文化小传统，以别具一格的文化样态、特征和成就，为包罗万象、气度恢宏的中华文明奉献着日新月异的源头活水。因此，从区域历史文化入手，梳理文化现象、提炼文化精神、反思文化弊端、传承文化基因，可以清晰

地把握到中华民族精神历史运动的脉搏。浙江文化具有丰富的表达形式，鲜明的思维层次、完整的逻辑结构，是具体而微的中国文化。我们梳理浙江的历史传统和文化精神，正是深入了解中国文化、研究中国文化、发展中国文化、创新中国文化的有效途径。

从1999年至今，关于浙江历史文化传统和精神的梳理提炼，一直贯穿于全省人民的文化生活中。

1999年，经过20余年的改革开放，浙江经济社会迅猛发展，总量和人均产值均列全国第四位。浙江并未满足于取得的发展成就，而是积极探索取得这种成就的深层原因，总结出"走遍千山万水，吃尽千辛万苦，说尽千言万语，想尽千方百计"的创业精神。2000年，时任中共浙江省委书记张德江同志提出"研究浙江现象，总结浙江经验，提炼浙江精神"的要求。省委认真总结经验，认为浙江快速发展的原因，就在于其悠久的历史和灿烂的文化及其与当今时代发展的有机结合，提炼出了"自强不息、坚韧不拔、勇于创新、讲求实效"的浙江精神。这是20世纪八九十年代浙江人民精神面貌的生动体现、浙江经济发展的真实写照和浙江经验的高度概括。

2005年，中共浙江省委高度重视总结提炼新时期的浙江精神。根据时任省委书记习近平同志关于"深入研究浙江现象、充实完善浙江经验、丰富发展浙江精神"的指示精神，经过"与时俱进的浙江精神"的调查研究，正式公布了新时期浙江精神内涵的具体表述："求真务实、诚信和谐、开放图强。"习近平同志发表了署名文章《与时俱进的浙江精神》，高度评价了改革开放以来浙江创造的宝贵精神财富，肯定了"自强不息、坚韧不拔、勇于创新、讲求实效"的浙江精神，同时着眼未来，立足发展，对"与时俱进的浙江精神"做了深刻阐述。"求真务实、诚信和谐、开放图强"的浙江精神，既是对历史的总结与传承，更是对现实发展的鞭策、对未来发展的引领，也是对浙江人民的智慧、活力和创造精神的鼓励和激发。

2011年10月，时任省委书记赵洪祝同志指出，浙江经济社会持续健康发展背后的"文化密码""文化基因"，就是与时俱进的浙江精神，因此，要大力弘扬和提升以"创业创新"为核心的"浙江精神"，为全面建设小康社会提供重要支撑。2012年2月，浙江省开展"我们的价值观"大讨论，提炼出"务实""守信""崇学""向善"四个核心词，确定为当代浙江人共同价值观的表述语，写进了省第十三次党代会的报告。这既是对"与时俱进的浙江精神"的继承和坚守，也在新形势和新挑战下赋予其全新含义，是为构建面向未来的共同价值观所作的前瞻性布局。

习近平同志指出："具有历史文化素养，最重要的是要具有历史意识和文化自觉，即想问题、作决策要有历史眼光，能够从以往的历史中汲取经验和智慧，自觉按照历史规律和历史发展的辩证法办事。"[1]浙江自1999年以来对浙江历史传统的分析反思、对浙江精神的探寻深化，既是浙江人民历史实践和理论智慧的结晶，更体现了浙江人民高度的历史意识和文化自觉。

（三）浙江学者勇于承担传播优秀历史文化传统的崇高职责

习近平同志《领导干部要读点历史》的讲话，既是对领导干部的要求，也向我们人文社会科学工作者，特别是历史学研究者提出了期望，指明了历史学服务社会、与现实生活相结合的方向。这就是，承担起传播优秀历史文化传统的崇高职责，让历史走向大众。

1. 构建公众视野中的历史世界，需要认识面向大众传播历史文化的重要意义

清代浙江籍著名学者龚自珍曾经说过："欲知大道，必先为史。灭人之国，必先去其史；隳人之枋，败人之纲纪，必先去其史；绝人之材，湮塞人之教，必先去其史；夷人之祖宗，必先去其史。"（《古史钩沉论》）简明深刻地陈清了历史具有终极意义的价值。

专家学者为普通读者撰写通俗读本，在西方学术界是一个传统。比如英国哲学家和社会学理论家杰瑞米·史坦葛仑博士主持的"小书大思想"丛书，包括《话说哲学》《哲学家的想法》《伟大的思想家A–Z》等系统普及读物；英国DK图书公司出版的"目击者文化指南"图书，由牛津大学、伦敦大学等学

---

[1] 习近平同志在中央党校2011年秋季学期开学典礼上的讲话：《领导干部要读点历史》，2011年09月01日新华网。

校的专家执笔，对哲学、艺术、音乐等进行大众化传播；英国皇家哲学研究所还开办有面向大众的期刊《思考》；等等。

近年来，逐渐兴起于美国的公共历史学，更是对史学大众化的学理探究和提升。在中国，历史知识的公共传播，一直得到提倡和实践。著名学者钱穆有"不知一国之史则不配作一国之国民"之论，当代学者黄仁宇则欲以历史书写树国民之历史性格。就浙江而言，"社科普及周""人文大讲堂"，都是影响面大、成效显著的行动。但总体来说，史学大众化尚未成为学者内在的自觉行为、尚未形成蓬勃的气象和畅达的工作格局。求专、求精、求高深的学术观念和学术评价体制，一定程度上制约了人文社会科学的大众化。

人文社会科学研究的根本目的，在于推进社会进步。因此，参与社会实践，是发展人文社会科学研究的活水源头；关注现实问题，是深化人文社会科学研究的重要途径。作为从事历史研究的学者，我们都有一种虔敬的"古典情怀"，大多究心于历史文化方面的研究，较少关注当代发展。通过对领导干部、社会大众、网络媒体和社会生活的访问座谈、沟通交流、查阅学习、观察思考，我们深切感受到了浙江大地上生气勃勃、创意无限的现实创造，她是社会不断向前发展的根本动力、文化传统生生不息的源头活水、人类美好生活愿望的实现途径；深切地感受到了社会、大众对精神文化生活十分迫切的需求和对丰富精神世界的渴望。由此深感面向时代、关注社会、推动进步，同样是学者的职责之所在。我们不但要做传统的学问，同样也要心怀敬意地为浙江的当代文化发展做一些实事，以此向生吾养吾的浙江大地和浙江人民，致以我们深深的敬意，落实我们无比的热爱，奉献我们绵薄的心力。

浙江优秀的历史文化传统丰厚精深、魅力无穷，她是我们深以为傲的文化资本，是我们取之不竭的文化宝库，是我们当代建设的文化资源，是我们屹立于世的文化底蕴。面向大众，从底蕴深厚、资源丰富、优势明显的浙江优秀历史文化传统里，搜珍集宝、拾贝掇英，汇聚奉献，正是我们作为人文社会科学工作者所义不容辞必须担当的社会责任。

2. 构建公众视野中的历史世界，需要做好古今文字的通达转换

随着历史的物移景迁，文化的变动发展，特别是五四新文化运动倡导白

话文以来，作为中国历史文化传统重要载体的文字表达体系，发生了全新的变化，成为我们今天继承、弘扬优秀传统文化最为直接的一大障碍。因此，在严谨、规范、准确的学术研究基础上，以清通简明、深入浅出、短小精悍、雅俗共赏的文字，梳理浙江历史传统、把握浙江历史发展脉络、揭示浙江历史发展规律、汇聚浙江历史知识和智慧，是让历史走向大众的首要工作。

历史知识的当代转换，需要选择提炼历史上有鲜明特色、有重大意义、有突出影响、有重要成就的人、事、物，需要用清新通达的现代汉语进行重新写作的方式，对或佶屈聱牙、或深奥艰涩、或典丽文雅的历史文献做现代文字的转换和传达。例如，我国第一部关于海港和海上交通的著作《临海水土异物志》中的久远记述，天台山高僧大德们深奥的佛教思想，充满哲学思辨的南宋朱熹与陈亮的"王霸义理"之辩，影响深远而文字玄奥的王阳明"心学"，等等，都需要浅显明达的表述，让文字不再成为阅读理解的障碍；也不能缺乏练达、清丽、蕴藉、深情、知性、洒脱、典雅等等多样化的优美文风，让人读来而起兴会之思、有共鸣之感。

3. 构建公众视野中的历史世界，需要做好陶炼融会的释读阐发

南朝齐梁时的绘画理论家谢赫曾云："师心独见，鄙于综采。"（《古画品录》）意思是说，独具匠心、不拘成法的才是好作品，综合杂凑他人之作的，则应受到鄙视。此言甚是。向社会大众展现浙江万年历史，切不可以成为历史资料的简单汇编、他人研究成果的综合罗列。需要在浩如烟海的文献资料中通过披沙拣金、择优选取，在汇聚、表现历史精华材质的基础上，对古代知识、传统理念、经验教训、智慧感悟、哲学思想，做陶炼思考、融会贯通，作出把握精神实质的历史释读。

4. 构建公众视野中的历史世界，需要做好独具新见的研究升华

在社会大众、尤其是领导干部的学历教育水平、文化知识修养、阅读鉴赏能力、精神文化需求都日趋提高的今天，陈旧的史料汇编、学术观点、故事叙述、心得体会、情感表达，都不足以引起社会大众的阅读兴趣，不足以达到弘扬优秀传统文化的目的，更不是历史文化专业研究者的工作职责和目标。因此，充分依托已有的研究基础、心得和成果，用新的视野打量历史、深化探

究，做出新的独立研究，是我们需要遵行的原则和方法。

5. 构建公众视野中的历史世界，需要做好融会时需的现实关联

如果没有与当下社会和生活恰切而紧密的关联，那么历史只是历史，永远走不出"传统"的范畴，而只在时间长河的彼岸，寂寞起舞，乘风而去，与我们渐行渐远。即使形可见，无奈神相离。为此，历史需要走进今天的社会和生活，与今人同声共气，心神交会。只有这样，历史才是有生命的、有意义的、有价值的。比如，"天下第一清廉"陆陇其"清操饮冰，爱民如子"的政治情操，革命者张秋人明知"我的头要砍在杭州了"而临危受命、慷慨赴难的大义凛然，众多施茶会、水龙会、育婴堂、舍村会、路会、义学等民间乡风美德中生发出的无处不在的善行义举，等等，都是崇高精神、高尚品格、优秀品质、道德情操的生动体现，是我们今天建设社会主义核心价值体系、实现精神富有的思想养料。

第五章　优质历史资源的价值认知与转化运用

　　在长期的历史发展中内化了丰富文化意蕴和人文精神的各种历史资源，是一个民族、一个地区的鲜明标识和文化创新发展的基本力量。传统文化资源积淀深厚，在目前已广为知晓的文化浪花之下，尚有广袤浩瀚的资源深海有待开发利用。全面系统调查排比本地传统文化资源积淀、分布、传承、现状等基本情况，逐项分析历史资源的基本特征、潜在价值和转化路径，是接续传统、创新发展必不可缺的工作。

一、以特色优势传统文化资源推动文化产业发展

　　文化产业作为内容产业，具有原创自主知识产权的"创意内容"终究是其最为本质的发展基础。而我国深厚的优秀传统文化资源，就是"创意内容"的重要活水源泉。本文所称之"传统文化资源"，主要是指可作为文化产业发展资本的自然资源、物产资源、优秀历史文化资源。其中自然资源和物产资源主要是指犹如山水、景观、生态、茶叶、丝绸、青瓷、竹木、蚕桑等品质优良、影响广泛、在长期的历史存在和发展演变中内化了丰富文化内涵和人文精神的各种资源。优秀传统文化资源的特色优势，是一个民族、一个地区的文化在历

史发展中形成的独特个性、鲜明标识和内在动力。因此，执特色优势传统文化资源之牛耳推动文化产业发展，是文化发展自身规律的本质性要求，是文化创新发展的基本力量。

（一）传统文化资源开发利用中存在的问题

文化产业发展至今，成绩巨大。但就传统文化资源的开发利用而言，尚存在认识不足、重视不够、判断不准、特色不明、优势未显等问题。从浙江文化产业对传统资源的利用来看，同样存在类似情况。

1. 认识浅表以致闲置浪费

对传统文化资源的认知水平停留于众所周知的一般性文化常识，缺乏对本地特色优势的深入了解，在有限几部名著的翻拍、几个历史名人的争抢中看不见、不了解、找不准本地具有核心竞争力的资源要素之所在，致使优质资源闲置荒弃，"抱着金饭碗要饭"。

我国传统文化资源丰厚，可供深入挖掘的空间巨大。以文学作品为例，中国的文化艺术宝库藏珍纳宝，除了人们耳熟能详的四大名著《红楼梦》《西游记》《水浒传》《三国演义》之外，还有许多饱含先贤思想智慧的佳作，有的尚不为今人所知，有的未被正确对待，有的遭到轻视忽视。如果我们走进我国现实主义文学源头的《诗经》与浪漫主义文学源头的《楚辞》之中，前者广阔丰富的生活场景和后者奇幻绚丽的辽阔天地，必将会使我们领略到文学艺术经典之作的无穷魅力。

以浙江佛教为例，隋唐智颛在天台创立天台宗，吴越两宋成为全国佛教中心，南宋品评江南禅院"五山十刹"，绝大多数在今浙江省境内。元明清浙江禅宗、天台宗活跃，近代太虚、谛闲、弘一等弘法浙江，影响及于海内外。目前，除了宗教活动、旅游观光的一般性浅表利用外，似未见有以之为题材作深度开发的文化产品。在当前民间大众宗教活动渐成风气的现实环境里，特别是针对利用传统宗教资源进行封建迷信的活动，我们可以开发利用天台山、普陀山、灵隐寺、国清寺和太虚、弘一等一代高僧大德的佛法哲理、人生智慧、思想境界，深入辨析挖掘、提炼有益元素加以开发利用，用自主原创、健康优秀的作品对大众进行正面引导，破除迷信，提升境界。

2. 粗放经营以致难成品牌

对本地传统文化资源中的特色优势未作细致分析、精心规划、打造品牌，项目与产品缺乏核心竞争要素，往往浅尝辄止、粗制滥造，"拣到碗里就是菜"。

近年来，逐渐形成一系列以节庆和民间艺术之乡为载体的文化品牌。其中不乏内涵丰厚、影响力大、社会经济效益好的成功范例，如"中国嘉兴端午民俗文化节"，立足稻作文明孕育的"嘉兴粽子"的高知名度，以传统节日端午为载体，融入民俗文化资源，在文化内涵和经济社会效益上都取得佳绩。但是，也有一些节庆活动，简单借用当地物产，冠以"××文化节"之名，应景而作，曲终人散，为办节而办节。浙江具有数不胜数、品质优良的名人资源，但是除了学术研究、名人传记、静态的名人故居等传统样式外，至今少见精心创作、传播广泛、影响深远的影视剧目，难见精心运作、经营成功的名人文化项目或产品。

3. 零散分割以致势单力薄

对本地传统文化资源的内在关联缺乏必要的把握，"只见树木，不见森林"。行政管理与运行机制条块分割，产业管理者、设计者和经营者比较缺乏资源整合发展的意识和能力。资源分散，封闭经营，未能构建基于本地文化资源内生性融合基础之上的产业发展平台，整体竞争力薄弱、可持续发展不足。

浙江不乏品质优良、竞争优势明显的传统文化资源，但目前大都以市、县、园区或企业各自分散经营的方式存在，创作生产、品牌构建、宣传推介、市场营销等方面都存在势单力薄的"低、小、散、乱"现象。十分需要加强资源整合，打通地域、行业、企业间各自封闭发展的局面，着力构建科学、贯通、有效的产业链，统筹发展。

4. 盲目照搬以致低效重复

"凤凰，在沈从文的书里，在黄永玉的画里，在谭盾的琴里，在罗洗河的棋里，在宋祖英的歌里"，这句被誉为"无法被复制的""史上最有文化内涵"的湖南凤凰古城宣传语，集萃了自身文化资源的特色优势，成功地将这座

"中国最美丽的小城"助推为"中国十大最浪漫城市"之首，生动地体现了特色优势文化资源的巨大力量。

如果忽视本地传统文化资源中的特色优势和实际地情，一味盲目跟风、生硬照搬外地做法和经验，终难免邯郸学步、"南橘北枳"的结局。比如遍地开花的"创意产业园区"，千篇一律的屏幕选秀和"印象"系列，翻来覆去爆炒情节雷同的热门古装剧集、跟风千篇一律的言情题材等等。产业布局差异性不够，在目标设定、功能定位、路径选择、项目开发等方面严重趋同，既造成一些地方因模仿因袭陷入发展困境，又使本地的特色优势闲置，失却核心竞争力，造成大量财力、人力浪费。

以浙江而言，从目前情况来看，尚有大量特色传统文化资源尚未被认识，特色资源的开发利用空间非常广阔，十分需要伯乐相马，点石成金。浙江历史上名作如云，王羲之的书法《兰亭序》，谢灵运的山水诗，"南宋四家"的山水画，洪昇的戏曲《长生殿》，徐志摩、戴望舒的新体诗，等等，都是浙江的珍宝和财富，足可转换成优秀的当代文化产品。完全不必盯着《西游记》等名著不放，任意翻拍、肆意"新说"；不必盯着几个名人的故里你争我抢，强为之说。

（二）以优秀传统文化资源的整合开发推动文化产业优质发展

鉴于传统文化资源开发利用中存在的这些问题，迫切需要提出新的思路，建立工作机制，切实有效地做准、做精、做深、做透优秀传统文化资源的整合、开发，推动文化产业优质发展。

1. 潜入传统文化资源的深海，摸清家底，编制规划，把握核心，有序发展

浙江传统文化资源积淀深厚，在目前已广为知晓的文化浪花之下，尚有广袤浩瀚的文化资源深海有待开发利用，许多极具价值的文化资源还不为人知，尘封在历史的库藏里，比如在浙江的山水、海洋、稻作、工艺等文明中，在吴越国和南宋建都浙江的历史间，尤其在近代以来浙江人民经历的刻骨铭心的磨难、党领导下感天动地的奋斗和彪炳史册的伟业里，都有许多浙江特有的文化资源可供深入开发利用。例如现今的龙泉青瓷，在现行工艺品生产加工销售的范围之外，尚有更深层次的资源价值空间可供开发：从工艺界向艺术界的拓展、从工艺品向艺术品的升华、从青瓷产品生产向青瓷文化综合营造的延伸，从一种资源、一个地域的单一经营向多种资源、多地合作的融合。在"海上陶瓷之路"对外文化交流、弘扬中华文化的历史辉煌里，发掘今日出版、影视、动漫、演艺、会展、设计等文化产业的创意源泉和创作素材。

各地都需全面系统调查非比本地传统文化资源的内容、分布、传承、现状等基本情况；逐项分析这些资源的基本特征、潜在价值、发展前景，编制保护开发规划；从丰富多彩的各类资源中，发掘出最为鲜明的特色优势或地域特质，作为开发利用的核心资源。

2. 做精做透传统文化资源的特色优势，打造"国字号"文化产业基地，龙头引领，优质发展

在全局了然的基础上，进一步精准定位，紧紧把握传统文化资源中的特色优势，做精做透，尽快形成支柱产业。支柱性文化产业具有大规模文化生产能力和较强的市场扩展能力，对文化产业发展壮大有着举足轻重的影响。在合理整合文化资源前提下的综合高效开发利用，是支柱性产业发展的重要基础。

在浙江丰富多样的传统文化资源中，山水、书画、茶叶、丝绸、蚕桑、青瓷、佛教、人物等，是具有特色优势和核心竞争力的重要文化资源。西湖申遗成功，成为提升浙江文化资源品质和国际知名度的画龙点睛之笔，必将极大地促进"西湖"文化品牌的国际化程度和综合效应，也为浙江整合文化资源、提升品质和影响力带来极佳机遇。这些特色优势文化资源均可与浙江的地缘区位、科技条件、民间资本、信息网络和市场需求等因素相结合，熔铸于新闻出版、广播影视、文化艺术服务、文化旅游、广告会展和动漫游戏等浙江优先发展的产业门类中，大手笔、高起点、高品质打造"国字号"文化产业基地，龙头引领，做精做透，做大做强，形成支柱产业优势，打造自主文化品牌，实现在较短时间内的跨越性优质发展。

例如浙江的茶文化，产业发展的先天性、基础性特色优势资源非常充分：以杭州西湖梅家坞为代表的著名茶产地；以"西湖龙井"等为代表的著名茶品牌；中国农科院茶研所、中国国际茶文化研究会、中国茶叶博物馆等位于杭州的国家级茶研展示机构；"茶为国饮，杭为茶都"的茶文化地位；依托浙江大学、浙江农林大学的茶叶、茶文化教学研究机构；地位重要、影响深广的陆羽、吴觉农等茶文化名人；历史悠久、积淀深厚的茶文诗书画歌舞；遍布全省各地、深入民间民心的茶市、茶馆、茶店、茶礼、茶俗；以径山、径山寺、径山茶、天台山、国清寺、"茶百戏"，天目山、昭明禅寺、天目山茶，顾渚山、吉祥寺、紫笋茶等为代表的茶禅一体的对外文化交流；茶与养生保健、茶山与生态旅游、茶具与青瓷紫砂的联动依存；等等。浙江完全有条件在杭州打造一个"国字号"的"中国茶文化产业基地"，在茶文化领域整合各种文化资源，扶持大企业，运作大项目，形成支柱，构建品牌。

3. 以核心传统文化资源及其创意为产业高端，打造文化资源产业链，在产业链的每个环节中带动一批中小企业，链式嵌入，集群发展

在项目立项、企业布局、园区建设中，有计划地按照产业链理论整体规划，合理布局，完善创新体系，形成内在关联，强化专业化配套协作。集资源、产业、科技、人才为一体，一、二、三产业相融合，文化与产业相协调地做好做成产业链的每个环节，带动一批中小企业"众星捧月"，共筑品牌，形成若干个在国内外具有重要影响力的现代文化产业集群。

以前述茶文化为例，我们可在做精做透核心资源、形成支柱企业的基础上，建设产业园区，搭建大平台，构建产业链，在产业链的每个环节嵌入一批中小企业，集群发展。并在发展中不断与其他资源、行业、业态融合共进，形成新的支柱、新的平台、新的产业链，构筑新的产业集群，由此发展贯通全产业的完整产业链和强大产业集群，真正做大做强。

4. 结合城市化进程中的社会经济发展，政府主导，统筹协调，项目带动，整体发展

城市化的迅猛发展，为文化产业发展带来良好机遇。将传统文化资源保护、开发、利用与本地城市化进程中的经济社会发展相统筹，科学整合各种文化资源要素，融入各地城市化进程的发展项目中，既是文化产业发展的机遇，更是保护历史文化传统、充实城市内涵、彰显城市特色的有效举措。例如景宁县整合畲族文化、山水田园资源打造"全国畲族文化基地"，将发展文化产业与城市建设相结合。

在城市化进程加快发展的社会环境里，各地都有属于自己的历史文化资源需要保护，同时也可供利用。在处理保护与开发利用的关系时，既要避免过度的、破坏性的开发，也要注意机械的、静止的保护为当代发展带来的不利影响。与当代经济社会发展相融合、相适应的"活态化"的保护和科学合理的开发利用，应是可取之法。

5. 重视发挥市场作用，打破行政条块分割，有机整合，创意引领，区域联动，集聚发展

要改变条块分割管理下文化资源"低、小、散、乱"的经营现状，建立基于市场选择的整合机制十分必要。建议运用有效市场手段和组织方式，打破各自为政、封闭经营的现状，整合一个区域内的不同文化资源或不同区域内的相同文化资源，提炼特色，彰显优势，实现文化资源的整体价值。

（1）联动式整合。以位于宁波、台州的三门湾地区为例。历史发展形成以三门湾为中心，包括现今宁海、三门、象山诸县的文化圈，同缘同脉，共同演进，在物产、习俗、民艺等方面具有极大的共生性。就此类文化资源而言，三县联合共建，注重区域联动，是为上策。

（2）融会式整合。以丽水市为例。丽水文化资源大致可分为自然山水、生态环境并以此为基础发展而来的书画、摄影、旅游等资源；工艺独特的青瓷、宝剑、木玩制作等资源；以畲族文化为代表的民俗文化资源。这种广泛、丰富而又相对零散的资源存在和产业运作方式，均需适时适度打破分割封闭现状，建立聚沙成塔式的模式融合发展。可积极引进外部资金、项目和人才，有效整合本地特色优势文化资源，以龙头作用引领山水、生态、民俗文化资源在旅游养生平台上融合发展。

（3）核心式整合。以湖州市为例。画史有云：一部绘画史，半部在湖州。可将湖笔、丝绸、安吉竹海、南浔古镇等特色文化资源，通过文化创意的点金之笔，整合"嫁接"到以"书画"为创意原点和核心的创作、生产、展示、交易、鉴赏、出版、影视拍摄、特色文化旅游这条产业链的各个环节，构筑具有高度关联性的产业集群。同时，发挥交通优势，拉长产业链，依托上海发展金融、网络、多媒体等支持产业，依托杭州发展动漫、游戏、娱乐等支持产业。

（4）接轨式整合。与大城市相比，县一级的中小城市节奏慢、生活轻松，既可以成为文化产品和文化服务的创造者，也可以成为文化产业精加工和深加工的基地。不同中小城市相同文化资源在同一文化平台上或文化产业链中的有效整合和集聚，更可以产生"积少成多""集腋成裘"效应。因此，县级层面在坚持立足本县文化产业发展的同时，可根据本地资源禀赋的特点，主动接轨省、市上级部门的发展思路，主动融入大项目、大平台打造的产业链中的相关环节，找准位置，用好资源，协同共进。

6. 重视乡村传统文化资源的保护开发，丰富内涵，拓展空间，城乡联动，持续发展

城市文化产业发展取得显著成效，为向乡村辐射奠定了良好基础。文化产业需要借新资源以丰富内涵、新载体以拓展空间。乡村记忆、乡情体验已经成为当代人回归田园、舒缓压力的重要寄托和渠道；与山水、景观相连的广大乡村，也成为旅游、生态、观光、养生、休闲、体验、寻根、创作以至影视拍摄的重要场所和载体。所有这些，都为文化产业的可持续发展提供了新的资源和动力。

民俗是发展文化产业的重要资源，也是浙江最丰富、最有特色的文化资源之一。随着城市生活的愈益现代化、全球化，乡村成为保护、传承、体验和发展民俗文化的主阵地，也因此成为民俗资源的主源地。

单品突破。形态独立完整、内涵深厚丰富、知名度高、影响力大、市场条件好的民俗文化资源，可通过市场化运作率先突破发展，如东阳木雕、长兴百叶龙等。此可谓"一枝独大"式。

聚合发展。弱小单薄、传播局限大、影响力小的民俗文化资源，可通过有机组合集聚发展。或多地资源联合，如分散各地尚难独立形成产业格局的剪纸、刺绣、小戏、小曲、小工艺等；或相近资源融合，如古戏台与戏曲、中医药与养生；或中心资源引领，如以嘉兴粽子为中心发展杭嘉湖端午民俗文化产

业。此可谓"绿叶成荫"式。

借用平台。民俗文化资源需要农耕文化和旅游项目承载，通过民俗与旅游、民俗与农业生产、民俗与农耕文化结合而成参与、体验式的新业态，以此实现资源效应。此可谓"借船出海"式。

（3）名人资源的利用

浙江历史上名人辈出，乡村是他们出生、生活和成长的摇篮，传承至今的不仅有数量众多的名人文化资源，如名人故里、名人故居、名人事迹、名人游踪、名人影响，更有名人及其后人对家乡的桑梓之情。依托名人资源发展文化产业，具有广阔的前景。

7. 发挥政府、科研、企业联合优势，建设传统文化资源库，促进资源转换，科学发展

发展文化产业，文史、文化类专业研究人员的力量不可忽视。建议充分发挥专家力量，运用数字技术和网络渠道等高新技术，建立全面、权威、实用、开放、全省联网的综合性传统文化资源库。在各地资源调查基础上，按照传统文化资源的性质、种类、分布，逐地逐类梳理、建档、纂辑，为社会提供服务。比如基础性的目录清单，学理性的分析报告，指导性的规划方案，实用性的开发指南，高端性的创意策划，等等。在运作方式上，可采取政府相关部门、高校科研院所和企业联合形式，兼顾公益性服务与市场化运作，努力推进资源优势向产业优势的转化。数年前，全国文化信息资源建设管理中心和中国艺术研究院合作，联合清华大学等单位精心制作了文化精品资源库，推出古琴、昆曲、国画、园林、舞蹈、电影、古建艺术等分库。各级分支中心和基层服务点利用这些资源，结合国家重大节庆假日、民间民俗活动，积极策划各类活动服务基层群众。其运作方式和成功经验，可供学习借鉴。

二、乡村优秀传统文化资源的提炼和运用

近年来，如何从乡村传统文化原生自发的良莠并存状态中，提炼优秀元素、推进乡村现代文明建设，各级党委政府和宣传文化部门积极探索，做了大量富有成效的工作。随着优秀传统文化传承弘扬工作的深入推进、乡村振兴战略的实施，特别是各类综合型、专题型文化项目的开展，乡村传统文化资源的提炼运用适逢新机遇新空间。

（一）乡村优秀传统文化资源提炼运用的新机遇新空间

1. 从总体布局看，优秀传统文化的传承弘扬工作，正在开启强化顶层设计、注重精神品质的新阶段

经过近年来探索、铺路、布局、奠基等宣介推广，已经形成传承弘扬优秀传统文化的广泛共识，取得了理念深入人心、影响遍布社会、工作持续开展、内容丰富多彩、热点亮点纷呈等显著成效。同时，也不可否认地存在一些不足，例如在一定程度上，存在传承弘扬工作相对集中于器物、技艺、表演等表层传统文化，对深层次精神文化了解认识不足；执守传统泥古不化，不求甚解，为传承而传承；对传统资源缺乏全面认知开掘不深等问题，这在乡村表现得尤为突出。同时，不少社会营利机构泥沙俱下式的传播，打着弘扬传统文化旗号以封建迷信、庸俗恶俗内容牟利，也造成不良社会影响。因此，梳理整合前阶段工作实绩，从引领精神、涵养智慧、分类深化、创新文化等高度强化顶层设计，着意于古老传统的创造性转化创新性发展，是迫切需要且正在开启的优秀传统文化传承弘扬工作新阶段。目前需要做的工作，是将中华文化精神、传统文化的现代性要素、弘扬转化的当代适应性以及各种优质历史资源的深度

开掘，作为传承弘扬的核心要义，既以之为思想方法上的纲要，又融入具体工作的方方面面。

2. 从乡村发展看，乡村振兴战略为优秀乡村传统文化带来复兴空间

《中共中央、国务院关于实施乡村振兴战略的意见》提出"产业兴旺、生态宜居、乡风文明、治理有效、生活富裕"总要求，要求"坚持乡村全面振兴"。产业、生态、乡风、治理、生活，无一不与乡村文化传统紧密相承，为优秀元素带来巨大复兴空间。至今于乡村中较为常见的古村古建等物质文化、饮食节庆等民俗文化、手工娱乐等民艺文化、契约文书等规约文化、祠堂族谱等宗族文化、礼佛诵经等宗教文化、仁爱孝义等观念文化、伦理教化等治理文化、自我维系等乡贤文化，这些传统文化，广泛涉及乡村社会众多领域，深藏于村民思想意识的深处，沉潜在乡村治理的基底，活在村庄的精神文化领域，在一定程度上以内生于乡村机体的原生机制和自发方式维系乡村社会运转。同时，以乡村现代化为目标的乡村振兴战略，也对乡村传统文化资源的现代化提出新要求，正可以此为契机，以主流价值观、现代文明、时代需求引领乡村传统文化革故出陈、融会新知、提升品质、与时俱进。

3. 从建设实务看，各种大项目大平台建设带来众多契机

以浙江省为例，诗画大花园、全域旅游示范省、大运河（浙江段）文化带等建设项目的推进，带动了文化建设向乡村地带的延伸和深入、乡村文化对项目内涵的充实和反哺。在此宏大格局中，大项目比如起点高、格局大的浙江省大花园建设行动计划，其国家公园+美丽乡村、城市、河湖、田园、园区、海岛的空间形态、"一户一处景、一村一幅画、一镇一天地、一城一风光"的全域大美格局，浙东唐诗之路、钱塘江唐诗之路、瓯江山水诗之路、大运河（浙江段）文化带的线路设计，让诗路不仅兴盛在纸笔间、更兴旺在实景中的前程愿景，无一不与乡村文化连筋带骨、声气相通，为许多原本散落隐逸乡野无人识的乡村传统文化的"惊艳亮相"，提供了难得的平台和载体。而村庄则如粒粒明珠，可为此美丽诗篇加注浓情韵脚；乡村传统文化则如生花妙笔，可为此巨幅画卷传写人文意趣。

4. 从资源禀赋看，乡村传统文化具有可供深度开掘的资源储藏

古代中国乡土社会的农耕文明基底孕育了传统文化，乡村是传统文化的原生地，沉积着大量融会于日常生活的传统文化元素，传统的思想观念、生活方式、社会治理、风物人情均与乡村深切关联。故此，不仅民间文化，即使是学术思想、诗词书画曲赋等精英文化，也与乡村根脉相通，不乏广泛深切的乡村生活底蕴。乡村故此而成中国文化富矿，拥有深度挖掘、充分激活优秀传统文化资源并使之扎实落地的广阔田野。例如，笔者在调研中获悉，浙江桐庐合村乡开展通过访谈村中老人抢救记录本村传统文化资源的活动，收获颇丰。所属合村村文化员与八十高龄的返乡舞蹈教师游志军一起，从村中老人处收集到《采茶》《插秧》《挑水》《哭嫁》等五首濒临消失的山歌，其中蕴含有丰富的村庄传统生活信息，颇具价值。

（二）提炼运用乡村优秀传统文化资源的角度和方法

1. 注重在乡村元素中提炼村庄精神

乡村振兴战略提出的20字总要求，旨在建设完整的现代乡村社会体系，以达全面振兴之目标。故其前提在于打破"村落终结"的现代化、城市化魔咒，构建新时代村庄共同体，以为振兴之本。村庄共同体的构建，是一个包括物理空间、生产、生活、交往、组织、治理、民俗等层次丰富、结构精微的活态体系的建设。其间，村庄精神是至为关键的支撑。笔者从调研中见到，培育提炼村庄精神，已非政府或学界的主观意愿或宣教口号，在一些村庄已经得以践行，社会效益明显，引领经济发展。例如浙江金华花园村提炼了"求实、创新、求强、共富"花园精神，绍兴祝温村提炼了"人和、心齐、风正、气顺"的村精神。提炼村庄精神，可以更好地适应村庄从原来的血缘亲缘向当前的地缘业缘聚合方式转型的时代需求，在已有村规民约、家规家训的基础上，以更高层次的村庄精神凝聚人心、强化认同、引领方向，增强村庄共同体的黏合度，夯实乡村振兴基体。

古代农业社会长期涵养的仁义礼智信廉孝德等优秀传统文化元素，是培育当代村庄精神的重要历史资源。同时也应认识到，现当代史中的优秀元

素，也是重要建设资源，它们更为充分地体现现代文明精神。习近平同志在谈到领导干部学习历史时，就指出"要注重学习鸦片战争以来我国近现代历史和中共党史"。

浙江省具有丰富的此类资源。舟山蚂蚁岛村民于1958年9月建起全国第一个人民公社，以其自力更生、互帮互助、艰苦创业精神，成为全国农村艰苦创业的典范和渔业战线的一面旗帜。300多名妇女搓草绳换钱打造大渔船、用双手筑起"三八海塘"的事迹，展示了新时代女性独立自强无私无畏的精神气质。2005年6月13日，时任浙江省委书记习近平指出："蚂蚁岛曾有光荣的艰苦创业史，现在又与时俱进，渔区呈现新气象。老一辈创造的'艰苦创业、敢啃骨头、勇争一流'的蚂蚁岛精神，不但没有过时，还要继续发扬光大。"蚂蚁岛精神引领村民创业创新，2017年人均年收入达到23800元，极具时代价值和中国风骨，正是今天回归初心、牢记使命、坚定理念意志、激励勇气干劲的宝贵资源。

2. 做好与大项目的资源对接

前述浙江省诗画大花园等大项目建设带来乡村文化发展契机，建议抓住良机，细化落实各种资源的有效对接。

一是省市文化主管部门制定诸如"诗画大花园建设中的乡村文化元素提炼融合"等专项规划，梳理分解村庄作为项目活化载体的具体任务，深度开掘资源禀赋、精心谋划项目对接，突出并强化城乡文化交流融合，以此创建鲜活绵密、打通雅俗、会通城乡、接古续今的文化形态，呈现真正具有中国特色与风格的当代文化新风貌。

二是在具备条件的地区，由乡镇政府和文化站牵头，发挥村干部和乡贤作用，结合文化礼堂建设，深度挖掘和保护本村传统文化资源，为大项目的实施增加在地的鲜活度和生命力。以本土化、个性化、生活化、原真性的乡村文化元素为大花园、全域旅游等建设丰富充实其所经由沿线和落地之处项目的内容要素，为游客的深度参与体验在漂流、滑雪等自然之趣、感官刺激之外提供来自乡村文化魅力的吸引力，为大项目与村民日常生活、村庄振兴机制的联系打通内在理路。

3. 深化传统文化资源的研究

重视发挥长期研究浙江传统文化的学者作用，一方面借鉴、转换、活化已有研究成果；另一方面建立鼓励现实问题研究的相关科研、激励机制，有效推进继续开展相关研究和转化工作，深度开掘乡村传统文化"矿藏"，例如浙东唐诗之路、钱塘江唐诗之路中的乡村文化元素等，提供准确丰富的资源。

4. 建立专题性优秀乡村传统文化资源库

以宣传部、文旅厅等宣传文化主管部门为首，依托科研单位，充分运用数字技术和网络渠道，按照乡村文化资源的性质、种类、区域分布，建立权威、实用、开放的专题文化资源库，提供诸如基础性资源目录清单、学理性资源分析报告、指导性资源规划方案、实用资源开发指南、高端资源创意策划等，兼顾公益性服务与市场化运作，建立乡村传统文化资源的社会化运行机制。

5. 提升农村现有传统文化资源和活动的品质

目前农村地区的文化活动，相对集中于传统文化特别是民间民俗文化资源和类型，具有深厚的乡土性、鲜活的草根性、较高的传承性，体现了传承弘扬优秀传统文化的基层努力和创意。但是，一些农村地区的传统文化活动，也有可提升空间。

在活动资源上，存在内容取舍粗放、思想提炼不够、艺术加工不足、技术含量不高、同质化现象突出、缺少精品等问题，特别是整体气质缺乏现代性，艺术品质有待提升。在一些地方，有些自发性的、与民间信仰关联度较高的活动，与宗教活动关系密切，封建迷信、宗法意识也有出现。

在活动形式上，大多以集体活动为主，腰鼓、舞龙、排舞等娱乐活动较为多见。这些活动形式贴近农民生活，具有较高的自发性、亲身体验感和参与感，并具产生民间民俗文化创新的可能。但也因此在一定程度上出现形式比较单一、高度关联民间岁时节庆而致平时活动较少、女性参与度高于男性、中老年人参与度高于青年人的现象，日常性、普遍性不够，难以满足村民，特别是年轻人日益多样化多层次的精神文化需求。

传承弘扬优秀传统文化当以取其精华、弃其糟粕和创造性转化、创新性发展为原则，以融入、涵育、推进现代文明和新文化建设为目的，因此必须以主流价值观和现代文明为引领，立足优秀传统文化资源，提炼优秀元素、树立文明新风。在各级文化部门相关乡村传统文化工作的原则和实务中，需要强化以现代意识引领其推陈出新、提升思想性和精神品质的目标意识；注重借鉴多种现代艺术形式，培育提高村民文化鉴赏力，提升其自办自创传统文化活动的艺术含量，不断推进乡村文化的艺术品质。例如，在目前风行乡村的排舞、广场舞活动中，通过培训、县乡舞蹈比赛等途径和机会，在有条件的乡村有意识地推进其向民族舞等舞蹈艺术发展。丽水的"乡村春晚"活动，紧密结合重要岁时节庆、依托本地民间民俗文化、结合旅游活动融入时尚文化元素，在引导村民融入现代文明、提升文化活动内在品质、促进乡村经济发展等多个层面取得多重效应，值得借鉴。

6. 提升乡村文化从业人员的能力水平

乡村优秀传统文化资源提炼是一项具有较高专业性、需要较深历史文化素养的工作，从业人员特别是各级宣传文化干部的个人修养和判断力、鉴赏力至关重要。日常工作中以"百年欢歌"形容历经磨难的近代中国，视修撰族谱、宗亲联谊为农村文化复兴，对本地传统文化资源缺乏深度认识了解等现象的出现，在一定程度上反映了文化从业人员的水平能力亟待提高。

在各级党校的干部培训中，需要以灵活形式开列优秀中华传统文化、浙江特色传统文化、乡村历史文化等系统教学内容，特别是在培训时间较长的培训班中适当增添此类课程。

各级宣传文化主管部门在本部门、文化企业、文艺团体、各类主流传媒特别是乡镇村的文化干部和从业人员中，也应结合乡村传统文化元素提炼的实际需求和鲜活实例，开展文化传承理论、方法的专业学习、经验交流、案例研讨、现场实践等培训活动，切实提高从业人员的理论素养和工作能力。

三、宋韵文化的认识维度、精神实质和现实价值

"宋韵"是中国文化传统中的标识性符号，更以其令人瞩目的文化业绩而被誉为古典文明的历史高峰。2021年，浙江省实施"宋韵文化传世工程"，宋韵文化由此成为以整体形态融入省域层面文化建设的系统性资源。无论是从绵密深厚的古韵中探赜钩深，还是在当代画卷的描摹上开新致远，解读宋韵文化概念内涵、阐释宋韵文化基本形态、揭示宋韵文化精神实质、提炼宋韵文化的当代价值，获取有关宋韵文化的整体认知，都是不可或缺的前提。

（一）宋韵文化的概念内涵

关于宋韵文化的内涵和概念界定，目前研究或言辞中，有的取"韵"字之"意味""风味""趣味"之偏于物质感受之义，诸如焚香、斗茶、插花之类，从生活美学层面玩赏品味宋人生活之精致；有的取"韵"字之"情韵""气韵""神韵"之偏于艺术感受之义，诸如诗词、书画、琴棋之类，从艺术审美层面感叹体会宋人艺文之风雅。

生活与艺术是宋韵文化不可或缺的组成部分，宋人的生活美学和艺术风雅，也赋予宋韵文化独特气质。但若只在此层面上理解宋韵文化，则不免流于表面，未及本质，与"宋韵文化传世工程"的目标取向不相符合。

我们理解的宋韵文化，特指两宋文化中优秀的文明元素、内在精神和传延至今的文化价值，体现在两宋社会生活的众多方面。例如日常生活领域的物趣之韵，生产技术领域的匠心之韵，社会运行领域的秩序之韵，发现发明领域的智识之韵，学术思想领域的思辨之韵，文学艺术领域的审美之韵，等等，呈现为精良裕如的经济生产、独步时代的科技高峰、开放包容的社会风貌、奥义纷

呈的学术流派、理性内敛的文学精神、清简雅正的艺术审美、深沉壮阔的家国情怀、探幽索微的人生哲思等多种形态。它既是中华文明进程中来自一个时代的整体节律，也是古典传统超迈俊逸风神的具象显现，根深脉远、形态繁复、结构复杂，地理网络庞大、历史逻辑井然，沛然生长，蔚然成风，以其具有文化创造价值和历史进步意义的文明成就，汇聚成两宋文化精华之所在，凝聚为一个时代的独特气质和风尚，淬炼出灼灼光华，闪烁于中国古代文明的历史星空。

（二）宋韵文化的认识维度

作为中华文明演进中的重要历史时期，两宋研究成果丰硕，基础深厚。宋韵文化研究不同于传统史学研究，它既要重视史料的梳理、史实的分析，更需要穿透历史现象、把握时代本质、从整体维度彰显其意义和价值。同时，基于为新时代文化浙江建设提供历史资源的现实应用目的，准确解读、清晰表达是有效转化和传播的前提。因此，秉持实事求是、理性客观的认识态度，取用全面的和整体的认识视角，运用理性的和比较的认识方法，谋求历史逻辑、理论逻辑和现实逻辑的统一，达至深入浅出、简明可读的效果，是我们开展宋韵文化研究的原则。

1. 秉持实事求是、理性客观的认识态度

两宋文化包罗万象，良莠相间，十分庞杂，不能像对待一般性质简单、价值明晰的单一资源那样加以简单处理。认识理解宋韵文化，需要秉持实事求是、理性客观的认识态度，细致追寻被时间遮蔽的历史本相，揭示表象之下内在而隐秘的深层关联，抓住其中的关键要素和基本精神，找到其形成、维系和演进的根本动力，才能以高屋建瓴、纲举目张之势，透过现象看本质，准确把握一个时代的历史底盘，提升宋韵文化的基调和品质。

例如，宋代朝廷"崇文抑武""与士大夫治天下"，文人因之享有极高的政治和生活待遇，两宋因之成为文人们"最好的时代"，是目前较为常见的说法。然而历史事实却是，两宋确实有北宋仁宗时期的"嘉祐之治"，涌现出苏轼、苏辙、曾巩、程颢、张载等文化名人。南宋孝宗时期相对宽松的政治文

化生态，产生朱熹、陆九渊、吕祖谦、陈亮、叶适等学术名家群体。然而也不乏乌台诗案、元祐党案、元祐学禁、庆元党禁等严酷文禁，蔡京、秦桧、韩侂胄、史弥远、贾似道等权相专权朝政，以至士气低落，"其士大夫，则口虽竞而心疲，心虽愤而气苶；不肖者耽一日之娱嬉，贤者惜生平之进止；苟求无过，即自矜君子之徒，谈及封疆，且视为前生之梦"[1]。

再如，有文章以宋吴自牧《梦粱录》卷十九"烧香点茶，挂画插花，四般闲事，不宜累家"的记载为据，将香、茶、画、花视为宋人生活中的风雅之韵。通观两宋香事，在焚香雅事之外，还有其他种种现象。就其不利因素而言，例如香料流通过程不产生价值，朝廷通过对香料实行博买、禁榷，抬高国内香料价格，坐收其利，实际上是对国民财富的变相掠夺；朝廷发行香药钞，用以购买粮食和草料，如果老百姓不接受，就强行"抑配"；以香料的奢靡消费刺激经济，但是过度奢侈破坏了经济的健康发展；宋朝使用出口丝绸、瓷器等赚得的财富大量购买作为奢侈品的香料，在某种程度上虚耗了国力。因此，唯有全面了解，客观分析，理性评价，方能得香事之全貌，见社会之实情。

尤其需要注意的是，南宋建都杭州，杭州以至浙江人的地域情结可以理解，传承弘扬的责任必须担当，区域性研究值得重视。然而，正因如此，我们更要提高站位，开放胸襟，放眼遍及杭州、浙江、江南、全国范围的两宋地域范围，全面梳理两宋时代处境、社会现象和历史地位，构筑系统全面的宋韵文化研究基础。

2. 采用全面的、整体的认识视角

在宋韵文化研究中，应坚持全面梳理、全方位观照历史资源的原则，将两宋所在的10—13世纪社会置于中华文明演进的历史过程中，加以整体认识。

（1）以全地域的视角"跳出杭州、浙江看宋韵文化"

宋韵文化须以包括两宋的"宋时代"为其基本载体。两宋不同区域的地方发展，各地之间的交流、渗透、牵制，地方力量与中央政权的互动，形成发展合力，推动社会发展，塑造时代特征。

---

[1]　[明]王夫之：《宋论·孝宗》，中华书局2019年版，第211页。

例如，南宋建都杭州，立足浙江，辐射江南，统治整个南方地区，既是政权的南迁，也是中原文化的南移，带动南北文化融会整合。再如，两宋海外贸易发达，由宋初而至南宋，贸易地区不断扩展。浙江的杭州、明州（今宁波市）、澉浦（今海盐县）外，福州、泉州、广州、华亭（今上海松江县）、青龙镇（今上海青浦县）、江阴等地，都是重要的开放港口。对此若不作全面梳理、整体研究，其时的海外贸易、中外交流以及由此带来的开放包容、海洋文明要素等宋韵文化重要特质，必然难以得到准确揭示。

（2）以全领域的视角"跳出文学艺术看宋韵文化"

在目前已经开展的一些有关宋韵文化的研究中，因局限于对"韵"字的狭义理解，不乏以琴棋书画诗词茶等艺术活动作为宋韵文化之"韵"，赋予其风雅特性，加以推崇传承。

文学艺术活动是宋韵文化的重要组成部分，艺术之雅也确实是宋韵文化的灵性所在，但不是宋韵文化的全部。片面突出或一味沉湎于此，不仅不利于全面深刻把握宋韵文化、传承精神实质，还有可能产生狭隘化、肤浅化、碎片化、娱乐化地理解宋韵文化的现象。

即便就艺论艺，文学艺术也不是脱离社会的独立存在。在其以情节、故事、线条、色彩等艺术手段和形式呈现的表象之下，蕴含有深切的时代关怀、深刻的社会思考和深沉的思想结晶。即使是被视为最具"风雅"特色的南宋诗词书画，也饱含江山社稷、家国一统、文明延续等严肃主题，更因南宋的时代风云而愈显沉重。例如诗词中从李清照的"生当作人杰，死亦为鬼雄。至今思项羽，不肯过江东"，到陆游的"死去元知万事空，但悲不见九州同"、辛弃疾的"夜半狂歌悲风起，听铮铮阵马檐间铁，南共北，正分裂"，直至宋末文天祥被俘时的"山河破碎风飘絮，身世浮沉雨打萍""人生自古谁无死，留取丹心照汗青"。与此相同，强烈的爱国主义精神和维护国家统一的意志，在南宋绘画中也有充分体现。李唐画成《晋文公复国》《胡笳十八拍》《采薇》等图，借重耳、蔡文姬、伯夷、叔齐等历史人物，昭示复国、气节等主题。刘松年《中兴四将图》描绘韩世忠、岳飞等形象，表彰他们"自王公大人下至牛童马走妾妇稗官之口无不称道其武勇忠义君子"之功德。画家郑思肖于南宋末年画墨兰图，花叶萧疏而无根土，以寓南宋失去国土根基，并写下"纵使圣明过尧舜，毕竟不是真父母。千语万语只一语，还我大宋旧疆土"以示不屈。在在如是，不胜枚举，万般思虑集于国恨家仇，悲愤沉郁，壮怀激烈，表达了画家们对家国时局的关切之情。小情小调的吟咏难以取代深重严肃的历史喟叹，只将风花雪月视为宋韵文化的片面认知，不仅予人"不知亡国恨"之感，也是对客观历史的轻慢不敬。

两宋文学艺术不仅有文人的闲情雅趣，更有广阔的生活世界和人生万象，是社会生活的真实反映。以南宋绘画为例，许多画家都创作过耕织图、牧牛图、货郎图、卖浆图、沽酒图、婴戏图，反映民间百姓生活，实现了艺术的社会功能。

宋韵文化是有宋一代经济社会发展成果的精华集萃。历史展开的过程、时代景象的形成，无不存在于错综复杂的关系之中。宋韵文化中的每一种文化现象，都孕育产生于两宋经济社会这个母体，互相之间都有千丝万缕的内在联系。因此，研究宋韵文化，必须深入南宋经济、政治、社会、思想、教育、科技、文学、艺术等各个领域，深入官方文化、精英文化、大众文化等不同层面，方能窥得全貌，揭示出表现后面的深刻本质。

（3）以铸牢中华民族共同体意识的视角"跳出两宋统治地域看宋韵文化"

宋韵文化不仅产生于两宋皇朝统治地域，也密切相关于两宋所在的10—13世纪的中国。

从唐朝灭亡至元朝建立（10—13世纪），中国历史的主线有三条：一是北部、东北地区的游牧、渔猎民族势力崛起，辽金政权是游牧渔猎文明与农耕文明的交融，在很大程度上也是唐代以来边疆社会历史的延续和转型。二是两宋皇朝的建立。三是西北部党项（西夏）势力崛起，并整合吐蕃、回鹘等政治力量。西夏是西域与中原之间的经济文化枢纽，作为中华文明的一部分，由于特殊的地理位置，其自身也融合了吐蕃、西域、中亚的文明元素。[1]"宋以后中

---

[1]　[美]贾志扬：《宋代与东亚的多国体系及贸易世界》，《北京大学学报（哲学社会科学版）》2009年第2期。

国的历史，汉族在中国文化的传承和创造占主导地位，少数民族政权则在疆土和疆界形成过程中（包括推动中原与边疆的一体化进程）占主导地位。"[1]

这是一个十分重要却易被忽视的角度。"多民族是我国的一大特色，也是我国发展的一大有利因素。在我国五千多年文明发展史上，曾经有许多民族登上过历史舞台。这些民族经过诞育、分化、交融，最终形成了今天的五十六个民族。各民族共同开发了祖国的锦绣河山、广袤疆域，共同创造了悠久的中国历史、灿烂的中华文化。"[2]纵观中国历史各个时期，对"一个中华"的认同始终一脉相承。具体到两宋时期，宋辽夏金虽有政权与军事上的对抗，但民族间的交往历时长久、融合程度深厚，均秉持华夏一体的文化认同意识。唐末至宋，"如果说中国的分裂时期一直持续到1276年，那么政治上的四分五裂状况无论如何在很多方面，还是被一种共同的中国文明所笼罩。中国的政治分裂中固有的地方主义在某种程度上被其他因素所平衡，这些因素趋于将'藩'国包容进一个中国人的更大的文化共同体中去"。[3]宋辽夏金共同实现了北部边疆与中原地区的一体化整合，丰富和深化了多元一体格局的内涵，为元明清时期统一多民族国家的最终成熟奠定了基础，也将理念、制度、文教、礼仪、典籍等中华文明的影响力更为广阔和深入地传播至东亚等邻近地区。

宋韵文化内涵、特征和时代特色的形成，离不开甚至完全产生于当时的时代背景，产生于两宋与辽金西夏等少数民族政权的频繁联系，产生于由此形成的历史困境和为应对困境而被激发的新思路新空间新努力。如果把10—13世纪两宋时期的中国历史范围严格限定在两宋地域，势必难以完整呈现多民族共生的中国历史进程和中华文明全貌，也就难以做到在整个中国历史演进过程中全面理解宋代特点、准确提炼宋韵文化的丰富内涵。因此，要铸牢中华民族共同体意识，立足中华民族多元一体格局，开展宋韵文化研究。

宋史研究成果丰硕，众多专家对宋代文化也有概括评述。对此同样需要充

---

[1] 李华瑞：《走出"唐宋变革论"》，《历史评论》2021年第3期。

[2] 习近平：《在中央民族工作会议上的讲话》，2014年9月28日，见中共中央文献研究室编《习近平关于社会主义政治建设论述摘编》，中央文献出版社2017年版，149页。

[3] [德]傅海波、[英]崔瑞德编，史卫民等译：《剑桥中国辽西夏金元史》，中国社会科学出版社2020年版，第21页。

分考量专家论述的言谈语境、论述背景、具体所指，避免孤立割裂地以一词一句为论述依据的做法。著名宋史专家邓广铭先生认为："宋代的文化，在中国封建社会历史时期之内，截止明清之际的西学东渐的时期为止，可以说，它是已经达到了登峰造极的高度的。"[1]这是一个客观的论断，可以为我们认识宋韵文化带来认识视角上的启迪。

3. 运用理性的、比较的认识方法

在一定区域范围内对一个时代的文化传统开展系统研究，有利于在一个相对稳定的框架内全方位地、有序地展开系统化的研究活动。然而，时间和地理空间的界限，也很容易带来重自我而忽视他者的视野局限，产生囿于时空制约的"自我中心主义"。罔顾历史过程的断代思维、忽视整体观照的区域研究、缺乏共性价值追求的碎片式雕琢，都有可能在学术视野的开阔性、学理研究的深刻性和人文价值的普遍性上有所缺憾。

因此，需要站位高远、襟怀宏阔，将宋韵文化研究置于中华文化整体格局中，置于与其他历史时期、其他区域的比较中，以心怀中华乃至世界文明大局、立足本我特质、比较他者异同、探求普遍意义为基础，研究其自在本性、与他者的差异性、与中华文明的关联性，并于此综合形态之中，探索其价值所在。

（1）以长时段的纵向比较"跳出两宋时期看宋韵文化"

研究宋韵文化，一方面要以两宋为基本范围，另一方面，还要重视将两宋置于与古代中国各个历史时期的比较中，以长时段的历史眼光阐释评价其特色和成就，在与不同时期的比较中，研探宋韵文化的历史来路、文化传承、基本特征、历史影响，准确提炼其中具有历史进步意义的优秀元素。

总体上看，宋韵文化是对前代文化的传承和发展，体现的是中华文明演进中的阶段性历史高峰。因此，要通过历史比较充分彰显宋韵文化的历史地位及其影响，也要避免以点带面地将宋时某一时期的繁荣视为两宋全貌、以偏概全地将北宋（或南宋）成就推延移植于南宋（或北宋），尤其不以孤立割裂视野

---

[1]　邓广铭：《北宋文化史述论序引》，见陈植锷著《北宋文化史述论》，中华书局2019年版，第1页。

妄言特色，谨慎使用"最高""不可超越"等言词。

例如，深受赞誉的精工、典丽、雅致的宋代花鸟画，就传承自五代成就斐然的工笔重彩花鸟画传统。宋画虽有其高超艺术成就，但其后元画的文人气韵、清画以笔墨程式的集大成而成就画学理论规范以及中外艺术交流带来的画艺新风，都各有特色而具历史成就。

（2）以同时期不同区域的横向比较"跳出中国看宋韵文化"

要将两宋置于10—13世纪东亚以至世界不同文化圈内，就其文明要素作区域性的横向比较，辨析其区域特质、民族特色、文化特征以及对外传播，揭示宋韵文化的国际影响力和在彼时世界文明格局中的地位。

例如，南宋以法常、若芬等为代表，以杭州西湖周边寺庙为创作中心的水墨简笔花鸟画，笔墨简淡、禅意深切，有"禅画"之称。法常和当时日本派来中国学习佛法的圣一国师是同门，圣一回国时带去法常作品《观音图》《猿》《鹤》，至今仍珍藏在东京大德寺，被称为"国宝"。法常被评为"日本画道的大恩人"，其画风对日本产生重大影响。

再如，从11世纪中期起，自从以青瓷为主的精致宋瓷大量输入后，波斯陶器的绚丽色彩和珍异花纹被单色，特别是青瓷色彩所代替，器形也设计成中国式样的碗、盘、瓶、罐。瓷器的倾销和仿制，在当地社会中引发了中国热。13世纪时，埃及和非洲沿海各地常用中国瓷器作为礼品，在富豪们的客厅的壁龛中，常常镶嵌着中国瓷盘、碟、碗等，成为最时髦和华贵的装饰图案。在"海上丝绸之路"向东西方世界伸展的历史进程中，青瓷自始至终以主角的形象出现，在世界贸易和文化交流舞台上大显身手，功绩非凡。

4. 坚持立足浙江、服务当下、推动发展的实践原则

我们提倡在认识研究宋韵文化中"跳出两宋""跳出浙江"，是为更全面、更系统、更立体地研究宋韵文化的内涵特征、历史地位、精神标识；更科学、更准确、更深刻地提炼其中蕴涵的跨越时空、超越国度、富有永恒魅力、具有当代价值的文化基因、文化精神，坚持创造性转化创新性发展原则，为新时代文化浙江建设提供切实可用的历史文化资源，有效对接当代浙江经济社会发展的需求。

因此，认识研究宋韵文化，尤其需要带着"跳出去"之后获得的高远站位、广阔视野、深刻认识和丰富成果，更加坚定地立足浙江，清晰认识浙江在宋韵文化创造中的积极贡献、历史地位，准确提炼宋韵文化中的浙江元素、浙江特色，积极探索传承弘扬宋韵文化与推进发展现实文化的有机统一，做足特色、放大优势，使宋韵文化真正成为新时代文化浙江建设的金名片，成为中国气派和浙江辨识度的重要文化标识。

（三）宋韵文化的精神实质

从当代传承的现实诉求出发，研究提炼宋韵文化的精神实质，当是首要之举。在前述种种纷繁多元的斑斓韵致中，体现宋代文化内在品质和时代特质的精神谱系，是构成宋韵文化最为本质的神韵所在。

1. 基于华夏认同的民族精神

中华民族具有"民族和睦、四海一家"的民族精神。数千年来，国家统一是中国历史的主流大势，是中华民族共同利益的根本保证，也是各族人民的共同愿望。今天来看，在辽、宋、夏、金多政权分庭抗礼时期，诸政权都未脱离华夏认同这一政治和文化前提，均自居华夏正统地位。诸政权之间的"战"与"和"，都是在华夏一统、华夏正统的语境中展开的内聚性运动。作为中国历史上最后一个多政权长期并立的历史时段，辽、宋、夏、金时期也是中华民族多元一体格局发展的重要阶段，其中蕴含的"大一统"趋势进一步增强，为统一多民族国家走向进一步成熟奠定了文化、政治、社会和民族基础，最终迎来了元明清三代的统一局面。[1]

2. 基于家国情怀的爱国精神

爱国主义精神是凝聚中华民族反抗外来侵略的伟大旗帜。爱国主义作为一种内心信念，始终激励人们把祖国的兴亡与自身联结在一起，每当发生对祖国的侵害行为时，他们就会表现出坚强卫国的精神，表达出激昂深沉的爱国情怀。历史地看，面对外来武力威胁，不同于宋徽宗、宋高宗等帝王丧权辱国的

---

[1]　高福顺：《辽宋夏金时期内聚性不断增强》，《历史评论》2021年第3期。

政策和行为，政府官僚体制的腐败，军事体制的僵化，社会和民众体现出维护统一的强烈的爱国主义精神。

两宋时期，爱国主义还大量地表现为忧国忧民、关切内政的责任意识。以南宋时期为例，不仅面临外部军事压力，朝廷内部权相专政，积弊深重。自理宗始，帝王或智能低下，或昏庸无能。"有关13世纪中国南方之安定繁荣的印象只不过是幻想。在此幻想背后的，却是国库之连年悲剧性的空虚，农村之贫困和不满，以及统治阶层内部的党争。"[1]以王安石、范仲淹、陆游、辛弃疾、文天祥等为代表的士大夫，不断提出改革内务弊政、惩治贪官污吏，奖励农桑实业、治理地方混乱等匡时救世主张，其爱国精神中包含着理性批判的维度，不仅是对帝王、皇朝的尽忠，更是对社会民众和国家利益的捍卫。

两宋爱国志士的爱国精神，体现了中华儿女应有的传统美德和崇高品质。既是对国家的关怀与忠诚，对人民生存境况的体恤与同情，也展示了为道义、为理想而大义担当、勇于奉献、敢于牺牲的个人品质和凛然气节。不同的历史时代和文化背景下所产生的爱国主义，具有不同的内涵。我们要以历史唯物主义态度，将南宋的爱国精神放到历史发展的过程中，依据当时的具体条件进行分析评价，尊重历史，不苛求古人，既要看到这些人物、情感、思想和行为的某些历史局限性，更要充分肯定他们崇高的利他境界和个人品质。

3. 基于海外贸易的开放精神

两宋时期，经济重心持续南移，海上丝绸之路成为对外交流主要通道，规模化海上贸易繁荣，孕育了具有引领社会发展方向的开放精神。

对外而言，宋代登上了世界经济舞台并在其中扮演了重要角色。在13世纪的欧亚世界远距离贸易体系中，"最主要的发动机就是宋代中国，因为中国既是陶瓷等大宗热销商品的出口者，也是东南亚和南亚生产的燃香、香料的主要消费者。"[2]在贸易格局上，两宋融入世界贸易体系，与日本、朝鲜之间进入

---

[1] [法]谢和耐著，刘东译：《蒙元入侵前夜的中国日常生活》，北京大学出版社2020年版，第7页。

[2] [美]贾志扬：《宋代与东亚的多国体系及贸易世界》，《北京大学学报（哲学社会科学版）》2009年第2期。

自由贸易时代，东北亚第一次被深度整合到国际贸易网络之中。"900到1300年这段时间标志着的东南亚第一个伟大商业时代，是一项由宋代'商业革命'引起的发展。"[1]

对内而言，随着海外贸易的持续发展，在面向外部世界不断拓展的同时，内部世界也随之发生相应变革，开放精神蔚然成风。在经济发展上，拓展出外向型开放经济，形成国内市场与海外市场紧密相连的开放性市场，两宋开始由内陆型国家向海陆型国家转变。在社会结构上，商人阶层和手工业群体开始壮大，城市人口明显增长，城市空间和市民阶层兴起，平民化、世俗化元素大量涌现。在文化生活上，思想观念进一步开放，身份背景相对淡化，"人"的价值得到关注，市民文化繁盛。

因此，两宋通过海外贸易获得经济利益的历史，也是开放精神的形成与产生巨大历史推进作用的过程。

4. 基于多元包容的创造精神

两宋文化成就的取得，与其经济社会发展以及总体上相对宽松包容的文化政策关系密切。相比其他历史时期，宋代帝王总体上善待文人。始于宋太祖的文治取向，"偃武修文"政策，与财富增长、书籍传播、教育普及、科举受到民间重视一起，为士大夫阶层的发展及其文化创造提供了条件。

这种现象的形成，并非完全出于帝王恩赐，而与几个方面的原因相关。一是唐末五代以来，门阀士族遭到毁灭性打击，旧式的以血缘为纽带的宗族组织随之崩溃。二是宋皇朝深恐唐末五代以来骄兵悍将颠覆政权的覆辙重演，故压制武备而积极争取士人阶层的支持和合作。三是北宋王朝自建立以来，面临如何消除各地割据势力、抵御北方强敌侵袭、禁制朝内结党营私等重重内忧外患，实无余力对文化事业实行专制主义。因此，对思想、学术、文学、艺术领域的各个流派，一概采取"全然由客观环境关系而被动施行的在文化上的宽松

---

[1] [美]贾志扬：《宋代与东亚的多国体系及贸易世界》，《北京大学学报（哲学社会科学版）》2009年第2期。

政策"[1]。

然而，从客观可见的社会发展、创造效果来看，这种多元包容的政策环境和社会氛围，对当时社会的思想解放起到很好的保护、促进作用，为创造精神及其作用发挥，提供了丰厚的时代沃土。

5. 基于探索求真的科学精神

科学精神及其科技成就，是文明进步的重要推动力。纵观世界各大文明演进历程，特别在其关键节点，先进的科技生产力都是耀眼的文明之光。阿拉伯人在632年开启向外征服，陆续攻占叙利亚、波斯、印度，至14世纪在马来半岛扎下根基。阿拉伯帝国得以扩张的一个关键因素，在于他们发明了星盘、象限仪、三角形船帆，用于天文导航、横渡大洋。在欧洲文艺复兴的发生原因和取得的成就中，都同时指向"科技"因素。意大利于1300年发明凸面玻璃镜，极大地影响了个人的自我认同，成为新个人主义兴起的重要因素；时钟的精确度和有效性帮助人们完善计划、提高生产力；1440年前后的活字印刷机，将知识传播给人民大众；15世纪末，欧洲水手依靠磁罗盘寻找未知的远方大陆，探询关于世界地理的知识。科技的进步和知识的传播，为欧洲文明走向世界、塑造世界现代文明格局，起到至关重要的作用。[2]

与此具有可比性的是，今天备受推崇的两宋文明高峰的出现，与其科技发展关系密切。宋代文化下沉、教育普及，形成钻研探索的知识社会氛围和求知求真的科学精神，科技成就斐然。火药、指南针、印刷术三大发明具有世界影响，天文、历法、数学等基础科学成就显著，农业科技、冶金技术、丝瓷工艺、航海技术、医学等应用技术推动社会发展；两宋时期军事对抗激烈，武器制造精益求精。

6. 基于社会关切的人文精神

两宋时期，农业和商品经济的发展、世族的消解、抑制武备和右文政策的

---

[1] 邓广铭：《北宋文化史述论稿序引》，见陈植锷著《北宋文化史述论》，中华书局2019年版，第6页。

[2] [西]胡里奥·克雷斯波·麦克伦南著，黄锦桂译：《欧洲文明如何塑造现代世界》，中信出版集团有限公司2020年版，第4—12页。

实施、科举制度的完善，催生庞大士人群体，其经济与社会地位提升，自我意识觉醒。他们秉持儒家修齐治平理念，不避权威，学必求新，宋学得以繁荣，价值观念发生深刻变化，"蔚为具有鲜明时代特征的怀疑精神和独立创造精神"[1]。同时，宋代面临的内忧外患，也使得士人群体深怀关心国家命运与前途、先天下之忧而忧的忧患意识。凡此种种，使得士人群体成为推动社会发展的重要力量。

宋学及其代表人物不同于前辈学者的一个重要方面，在于注重思想世俗化、生活化，并求儒学易于适应社会、参与社会改造。例如，在南宋孝宗朝时相对宽松的政治文化生态下，程朱理学、心学、浙东事功学派并起，以朱熹、陆心源和浙东学派叶适、陈亮等为群体的宋学，迎来新的发展时期。他们既不囿于狭隘的学术专业、也不陷入日常衙门事务，而是立志"为生民立命""为万世开太平"，抱持关心国家治理、社会福利、道德教化、民众教育、基层秩序等的广泛兴趣，希望通过教化传播儒家学说，并积极投身于此。通过编修宗谱、制定家礼、乡约、族规等方式，将儒家的思想与规则传播到民间社会，形塑民间交往与宗族生活的规则。

"宋儒对家庭、宗族秩序的观念和原则，对后世家族秩序的建立产生了深远的影响，如沿用数百年的《文公家礼》就由朱熹亲手编定，又如《吕氏乡约》则由张载的学生吕大钧所编。江西金溪陆九渊家族每天清晨都有子弟唱歌，提醒族人'劳我以生天理定''营太甚违天命'等儒家的伦理观念。这些渗透着儒学原则的制度性规定，日渐成为民众的生活规范与常识，这正是儒学世俗化和社会化的重要表现。"[2]

宋代士人群体的努力及其取得的成就，使得儒家思想切实渗透进社会民众的日常生活之中，成为构建基层社会秩序和日常生活规范的重要思想资源。同时，他们下沉乡村，致力于疏离于国家政权的乡村社会秩序重建，地方自治力量得以成长，也有效加强了基层社会的凝聚力与稳定性。这就是后人所谓的宋儒精神，或宋代士人群体的政治文化，以其社会关切、人文关怀，成为宋韵文

---

[1]　陈植锷：《北宋文化史述论》，中华书局2019年版，第63页。

[2]　包伟民、吴铮强：《宋代简史》，浙江人民出版社2020年版，第271页。

化的重要精神特质。

（四）宋韵文化的现实应用价值

研究、转化、传播宋韵文化的目的，在于以更高远的历史站位、更长实的观察视野、更深刻的理性求索、更宏阔的思想格局、更开放的文化气度，全面认识、准确把握宋韵文化的特质、精神、价值和资源，为新时代文化浙江建设提供来自历史的视角、启迪和资源。

1. 强化华夏文化认同，维护民族团结和国家统一，弘扬爱国主义精神

2015年9月30日，习近平总书记在会见基层民族团结优秀代表时指出："我国是统一的多民族国家。各民族多元一体，是老祖宗留给我们的一笔重要财富，也是我们国家的重要优势。我国各族人民共同缔造了中华人民共和国，都为中华民族形成和发展作出了卓越贡献。"[1]我们今天传承宋韵文化，就是要继承先人留给我们的中华民族多元一体的丰厚遗产和巨大优势，弘扬中华民族维护统一、反对分裂的优良传统，铸牢中华民族共同体意识，坚决维护国家统一和社会和谐稳定，坚决反对任何破坏统一和团结的分裂活动，共同创造祖国完全统一、民族伟大复兴的光荣伟业。

2. 培育多元包容、开放进取的文化心态和世界眼光

两宋时期，承汉唐世界主义精神，以发展经济的理性认知支持对外交流的自发畅通，依托海外贸易建构对外开放网络，融入外部世界，吸取其他文明优秀元素，推进国家、民族、社会、文明发展，取得中华文化繁荣进取格局。我们今天建设社会主义现代化强国，谋取中华民族伟大复兴，必须坚持以改革开放为核心的时代精神，全面把握世界百年未有之大变局和中华民族伟大复兴战略全局两个大局。在面对外部世界时，以多元包容的文化心态面向世界，以泱泱中华的民族自信坚守文化传统，培育世界眼光和格局。面对日益扩大的国际交流、不断深化的文化交汇、愈益激烈的意识形态交锋，要开阔胸襟，坚定自信，提高适应应对能力，吸取各种文明优秀元素，加快建立人类命运共同体。

---

[1] 习近平：《在会见基层民族团结优秀代表时的讲话》，2015年9月30日，见中共中央文献研究室编《习近平关于社会主义政治建设论述摘编》，中央文献出版社2017年版，第166页。

在繁荣发展社会主义文化时，面对日益多元的利益格局、观念形态、价值诉求，要坚持弘扬社会主义核心价值观，继承弘扬优秀传统文化，吸收当代社会文化创造中的积极元素，倡导深度思考，激发思想碰撞，以丰盈充沛的文化创造，建设社会主义文化强国，在中华文明发展史上，留下我们这个时代的浓墨重彩。

3. 尊重专业知识，树立攀登科学高峰的信心和勇气

以火药、指南针、印刷术为代表的科技创新，是推动宋代社会发展的重要力量，也是两宋时期令人瞩目和骄傲的文明成果。科学技术是第一生产力，科技实力决定世界政治经济力量对比的变化，科技创新是提高社会生产力和综合国力的战略支撑，决定国家和民族的前途命运。实现中华民族伟大复兴，必须实施创新驱动发展战略，坚持走中国特色自主创新道路。当今世界，科技发展迅猛，国际竞争激烈，风险挑战加剧，我国还有很多"卡脖子技术"有待攻克。我们既要发挥浙江在互联网、数字化、人工智能等科技创新上的优势，也要加强国内外合作交流，在努力掌握关键技术、取得世界一流科技成果、科技成果服务于共同富裕上争创佳绩。

4. 激励人文学者参与社会建设，推动思想文化创新

回溯两宋历史，宋代儒学或称宋学，对两宋的思想塑造、社会发展和两宋文明，都做出奠基、引领的重要贡献。美国学者狄百瑞在评论宋代儒学时，认为它"鄙弃古老形式的儒学——即鄙弃那类其主要性质乃是语言学的和历史学的经典研究；鄙弃百科全书式的博学，即兼容并收而缺乏任何评价的标准；鄙弃没有传达任何道德目的和信息的文章"，是"坚实的""真实的"或"实用的"学问（实学）。[1]宋代学者注重学术的社会功能和学者的社会关切，积极参加社会改造，并结合社会实践创新学术文化，成为宋韵文化中具有积极意义的重要方面。

文化工作在推进以人为核心的现代化中具有重要作用。目前政府主导推进农村文化礼堂、城市未来社区等建设，民间社会自发形成国学热潮、公益活

---

[1]　[美]狄百瑞著，何兆武、何冰译：《东亚文明：五个阶段的对话》，江苏人民出版社2012年版，第43页。

动、慈善事业、公共艺术活动，在丰富公众精神、构建生活规则、塑造公共秩序、再造文化空间取得良好成效，都是相关于现代化国家建设的文化活动，也是专家学者获取学术文化创新的广阔空间。深入民间社会，参与生活实践，与时代同行，发时代先声，为时代解困，从经济、政治、社会、生态、科技、市场等方面全方位构建思想体系，塑造价值理念，是学者必须承担的社会建设和文化创造责任，也是构建中国特色哲学社会科学的必然路径。

5. 激发随遇创生、与时俱进的意识和作为

两宋时期特殊的时代境遇，带来巨大的发展困境，也激发出异于常态的创造力。例如，世族消解和对武备力量的防范和压制，催生了对士人阶层的重视；内外交困的局势，催生了宽松的文化政策；吸取唐代州县体制财政动员能力不足之教训，催生了设置转运司等路一级官僚组织的制度创新；北方少数民族政权的陆路围困，催生了南方海路交通、海上贸易和西南地区的开发；耕作、水利、丝绸、陶瓷、造船、航海等农业、手工业技术的进一步研制开发以及工商文明的快速生长，使得江南生产力得到大解放，完成了经济重心的南移。由此可见，客观环境不是发展的决定性因素，任何时局与形势，都有其两面甚至多面性。看似不利的制约条件中，孕育有推动发展的新元素、新条件、新机制和新空间。站稳历史方位，立足客观条件，抓住发展机遇，发挥危中见机、穷则思变的主观能动性，审时度势，因势利导，乘势而上，正是中华民族不屈不挠、拼搏奋进的民族性格、民族精神和创造能力的体现。

6. 强化新时代文化浙江工程的传统底蕴和建设品质

在宋韵文化的形成过程中，浙江贡献突出，也获益匪浅。浙江的山水清丽、民性灵慧、物产丰富、经济富裕、人文璀璨，为宋韵文化输送了民生、社会、思想、科技、文学、艺术等发展的丰富养料。南宋建都杭州，为浙江带来古代历史上的特殊时期。皇帝驻跸，皇城建立，皇亲国戚遍布境域，皇家礼仪深入民心。就是西湖，也"自六蜚驻跸，日益繁艳"，再也不是一方空灵宁静的自然山水。在这样一个"皇"字的笼罩之下，生活与风尚，便自不同凡响，政治的内涵和历史的况味都变得深刻而又意味深长，文学艺术和审美趣味得到相应发展，生活品质得以提升。虽然这个时期的浙江成就在很大程度上是全国

性的，但它们毕竟产生于浙江的土地，我们可以从中看到浙江所起的作用和得到的惠泽。公平地说，浙江是受益的一方。直到今天，在浙江的生活中仍然可以感受到南宋王朝的遗风流韵。

由此愈加可见，浙江与宋韵文化关系紧密，不仅是宋韵文化形成过程中的积极参与者、重要贡献者，更是宋韵文化的集大成区域。宋韵文化中的浙江元素，是浙江人民清晰可寻的创造业绩，真切可见的历史奉献，亲切可依的情感寄托，鲜明可辨的文化标识，丰沛可用的文化资源。因此，完全有基础、有条件、有责任、有能力实施"宋韵文化传世工程"，通过有效构建宋韵文化挖掘、保护、提升、研究、传承工作体系，创造性转化创新性发展宋韵文化，为新时代文化浙江建设注入历史智慧和人文韵味。

我们深切期待，无论是宋韵文化，还是各类以优秀传统文化为资源的当代文化建设，都能以更高远的历史站位、更长程的观察视野、更宏阔的思想格局、更深刻的理性求索、更开放的文化气度，全面、客观、准确提炼历史资源的特质、精神和价值，让历经时间涵泳的文化之韵，融会当今文化创造活力，获取永恒的民族文化生命。

四、在生活实处获取宋韵文化的实践价值

优秀传统文化资源的当代传承、传播和价值实现，关键在于落到日常生活的实处，获得来自实践的价值赋能，在时代发展中获得传之久远的生命活力。就宋韵文化而言，同样如此。

（一）在实践需求中拓展研究空间

宋韵文化研究是"宋韵文化传世工程"的重要内容，也是保护、传承、转化宋韵文化的前提和基础。作为中华文明演进过程中的重要历史时期，两宋研究成果丰硕，为宋韵文化研究奠定了专业、权威的扎实基础。而宋韵文化传世工程的实施，也为宋代历史文化研究拓展出广阔领域，学界和专家学者于此间大有用武之地。

首先，宋韵文化研究不同于传统史学研究，它既要重视史料的梳理、史实的分析，更需要穿透历史现象、把握时代本质，进而从整体维度彰显其意义和价值。同时，基于为新时代文化建设提供历史资源的现实应用目的，准确解读、清晰表达是有效转化和传播的前提。因此，有关宋韵文化的研究，需要秉持实事求是、理性客观的认识态度，采用全面、整体的认识视角，运用理性、比较的认识方法，谋求历史逻辑、理论逻辑和现实逻辑的统一，达至深入浅出、简明可读的效果。这样的工作，对专业科研具有深切的期待和需求，也对研究范式的转换和拓展提出新要求。

其次，浙江省"宋韵文化传世工程"的全面铺开、深入推进，为宋代历史文化研究挖掘出许多新史料，也使以往未受重视的地方史料得以集中彰显。例如，位于浙江黄岩东城的柏树巷，旧称新罗坊，五代以来，新罗商人居住于

此，从黄岩进口纸笔、药材、茶叶、佛经及各类书籍；黄岩沙埠窑青瓷的烧造高峰贯穿东汉至北宋，遗留下埠头堂等窑址群；灵石寺塔出土北宋各种质地佛像、供养人像及供养品等文物500余件，展现宋代建筑、绘画、戏曲、工艺美术等领域的成就；温黄平原织造的精美丝织品等，多以官河运抵永宁江、灵江沿岸各港口出海。由此可见黄岩在两宋时期海外贸易频繁，是海上丝绸之路的重要结点之一，是研究宋代海上丝绸之路、海外贸易和海洋文化的重要资源。

第三，就组织方式而言，整合全省11个市的宋韵文化资源，开展联动式的比较研究十分必要。杭州、绍兴等地的南宋都市生活，温州、台州一线的对外交往和海洋文化，各具特色，体现了南宋文化的多元格局和多重面向。突破目前各地各自为政的项目规划和研究布局，以跨区域的科研力量整合、跨学科的研究方法集聚、集成式的科研组织方式，开展"双城记""多城记"等联动式比较研究，可以突破在既有历史文献框架内就思想论思想、就学术论学术的观念和方法局限，将思想学术还原至其产生发展的社会生活中；可以通过不同在地个案的意义归纳，深化宋代历史文化研究；也可以为"宋韵文化传世工程"构筑整体性的两宋时空格局。

（二）在精准定位中把握核心价值

历史之河泥沙俱下，文化传承的首要之务，在于辨别良莠，弃其糟粕，取其精华。实施宋韵文化传世工程，同样需要精准定位核心价值取向，弘扬具有历史进步意义和当代价值的文明成果、文化精神。

宋韵文化绝不等于两宋文化。两宋皇朝生于忧患，长于忧患。两宋文化包罗万象，良莠相间。从全面系统地认识理解一个时代、提炼其助推当代社会发展有利元素的角度看，我们理解的宋韵文化，特指两宋文化中蕴含的优秀的文明元素、内在精神和传延至今的文化价值。因此，在宋韵文化传承中，需要秉持精准、精细和精心的理念和方法，确保价值、资源和落地等各个环节的传承，都能保有精良的品质。

宋韵文化具有基于华夏认同的民族精神、基于家国情怀的爱国精神、基于海外贸易的开放精神、基于多元包容的创造精神、基于探索求真的科学精神、基于社会关切的人文精神等六种精神特质，强化华夏文化认同、维护民族团结和国家统一、弘扬爱国主义精神，培育多元包容、开放进取的文化心态和世界眼光等六种当代价值。随着工作的深化推进，更加需要坚持弘扬优秀传统文化的原则，进一步认识发掘宋韵文化的价值内核和精神品格，为传承、转化奠定可靠基础。

（三）在历史传承中塑造文化标识

文化标识来源于深厚的文化积淀和历史形塑，非一朝一夕可以形成。从品牌塑造、高水平推进和打造文化金名片的角度凝练具有可辨识度的宋韵文化标识，就不能细大不捐、人云亦云，不加选择地捡到碗里就是菜。而是需要深入历史资源深海，充分熟悉家底库存，细致甄别，去芜存精，撷取经典元素，解码文化基因，创意活化运用。

两宋时期文化发达，历史记载和各种遗存深厚丰盈。在绘画艺术领域，于《千里江山图》《清明上河图》等已为人熟知的作品之外，长卷小幅、青绿水墨、山水花鸟颇有可观，大可不必步人后尘、拾人牙慧的"只此青绿"。在历史人物题材中，不仅有陆游、岳飞、李清照、宋高宗等高知名度名人，也还有南宋宁宗皇后杨氏等许多关联南宋时局、影响历史进程的"有故事"的人物。

举例而言，浙江作为江南水乡，"水"不仅是自然环境要素，更是地域特征和文化意象，有关水的艺术表现层出不穷，但至今未见文化意蕴深厚、民族风格浓郁、地域特色鲜明、取得普遍共识、具有艺术影响力的经典形象。宋代绘画中有大量对水的艺术描绘，其中尤为突出的是马远的《水图》卷。全画十二段，每段描写一种水态，除第一段外均有"云舒浪卷""长江万顷""湖光潋滟"等图名。所绘水势，动静急缓，各逞其态，图像经典。若将此图的古典意象与科技手段、现代艺术语汇相结合，作时尚化表现，其民族特色、艺术风格、文化意象之纯粹浓郁，完全不逊于已经成为日本文化标识之一的葛饰北斋的《神奈川冲浪里》浮世绘名作。若以此作为宋韵文化的一个标识，不仅意象鲜明，而且适用范围广泛。

（四）在追求极致中创造当代精品

极致，是很多人对宋代文明成就的评价，也是文化创造应该追求的境界。"取法乎上，得乎其中"，宋韵文化的当代转化，需要传承追求极致的创造精神，鼓励创新探索，激发创意灵感，以夐夐独造的新时代高品质精品成果，对接、弘扬宋韵文化的内在神韵、外在神采。

宋代文献记载宋人能在茶汤上幻化"纤巧如画"的山水花鸟，被视为奇巧技艺。据报载，上海设计师韩喆明以此为思路，通过研究实践，六年间在茶汤上勾勒近200幅古画，创出"茶山水"的时代新篇。网友称赞其为"独属于中国人的雅致""谁说古人的绝技秘而不传，这里就有"。韩喆明表示，希望通过分享和传播，把这样的雅趣传达给更多人。

宋代文明的极致之"雅"，为人津津乐道，被视为宋韵文化的重要成就。宋韵之"雅"，不是外在标签，而是内在品格。对此"雅韵"的传承和表现，需要对宋韵以至中华文明有积淀感悟和内在修为，需要以潜心深研、融会贯通、神来之笔创作独出机杼的文化精品，从而避免在令人眼花缭乱的所谓雅文化元素的草率滥用和堆砌拼凑中，掉入一知半解、附庸风雅的俗套。

5. 在区域联动中彰显文明成就

沉浸式体验是获取感性认知和理性感悟的有效渠道。整合浙江省内各地宋韵遗存，结合文旅总体布局、线路设计、产业开发，以系统、融合、联动等方式将目前或孤居一隅、或区域隔阂的遗迹织成宋韵文化网络，是可以尝试的转化传播路径。一方面，可以以水路、陆路、山路等自然形态，茶路、丝路、瓷路等物质形态，诗路、画路、戏路、学路等文化形态，串珠成链，形成专题性的文旅线路；另一方面，可以在杭州凤凰山遗迹，衢州南孔古城，临海台州府城墙，建德梅城严州府治，绍兴、温州、平阳、龙泉等的贡门、鼓山、东山、会文、留槎等书院，台州、临安、上林湖、龙泉等的沙埠、天目、越窑等窑址以及黄岩的五洞桥、赵伯澐墓出土服饰等已有或可挖掘开发的宋代遗存中，选优设点，以点串线，以线织网，结合运用VR、球幕剧场、5D等数字化智能化科技手段，探索数字场景复原、网上虚拟展览、名人AI复原、历史故事演绎、生活场景重构等方式，构建包括皇宫、陵寝、府治、城墙、民居、书院、海关、窑址、桥梁、纺织、青瓷、服饰、饮食等日常生活全要素和文化活动全形态的宋代社会体验空间，立体呈现南宋社会形态和生活景象，将宋代文明成就彰显于社会大众面前。

五、吴越国文化的历史贡献与当代价值

实施新时代文化浙江工程，努力建设新时代文化高地，需要以新资源、新领域、新品牌、新成效谋取发展新空间。深入挖掘吴越国文化资源、建设吴越国文化品牌，不仅是传承弘扬优秀传统文化的深化举措，也可为文化建设开拓新空间。

（一）吴越国的历史贡献

吴越国（907—978）经历武肃王钱镠至忠懿王钱弘俶三代五王，形成包括临安（安国衣锦军）、杭州、越州、湖州、温州、台州、明州、处州、衢州、婺州、睦州、秀州、苏州、福州一军十三州版图。立国期间，恪守"保境安民"基本国策，国家安宁、社会稳定、物阜民富、科技进步、文化昌盛，成为稳固的地方政权。

1. 以民为本，力保一方民生安宁

吴越国在战火频仍的五代十国，休兵息民，广罗人才，致力于发展生产，改善民生，为百姓带来和平安宁生活环境，深受后世称颂。如苏轼认为："吴越地方千里，带甲十万，铸山煮海，象犀珠玉之富，甲于天下，然终不失臣节，贡献相望于道。是以其民至于老死不识兵革，四时嬉游，歌鼓之声相闻，至于今不废，其有德于斯民甚厚。"当代学者谭其骧认为："唐末五代是一个干戈扰攘、四方鼎沸的时代，独两浙在钱氏保据之下，晏然无事者垂九十年。"

2. 发展经济，打下江南繁荣基础

吴越国勤农劝业，募民开荒，免征田税。重视商贸，蚕桑、丝织、茶叶、

瓷、盐等业皆可观。拓展以丝绸、茶叶、瓷器为核心的海运之路，东及新罗、日本，北至契丹，南达海南、大食。据史书记载，钱弘佐当政时，"航海所入，岁贡百万"。经济由此繁荣，与江南其他地区一起成为全国中心。

3. 建设杭州，构筑城市基本格局

钱镠修筑海塘抵御海潮解决城市水患；浚西湖凿水井解决市民饮用水；以夹城、罗城、子城三扩杭州，形成南到钱塘江北、北迄武林门、西濒西湖、东至菜市河的"腰鼓城"，奠定"三面湖山一面城"基本格局。

4. 善事中国，维护中华一统大局

钱镠施行"善事中国"治国方略，嘱咐子孙"子孙善事中国，勿以易姓废事大之礼""凡中国之君，虽易异姓，宜善事之""要度德量力而识时务，如遇真主，宜速归附"，为其后钱王所遵循。吴越国始终向中原朝廷恪尽臣礼，进贡金银、丝绸、茶叶、瓷器等物品，每年纳贡数量以百万计。宋太平兴国三年（978），钱俶上表入宋，舍别归总，将所部13州、1军、86县、550680户、115016名士卒悉数献给宋朝，尊赵氏为帝。百姓因此免遭战争之苦，吴越之地得以保持稳定发展，谱就和平统一的历史华章。

5. 崇文重教，留下珍贵文化资源

吴越国制瓷业、丝织业发达，所产瓷器精美，出土的越窑青瓷褐彩云纹熏炉、油灯、盖罂位列一级文物。宗教文化得到高度发展，杭州现存灵隐寺、净慈寺、高丽寺、法喜寺、六和塔、保俶塔、雷峰塔、白塔，烟霞洞石窟佛像、玉皇山慈云岭石雕佛像、飞来峰石窟佛像和各种经幢、经卷。所辖各州塔寺林立、梵音不绝，堪称"东南佛国"。临安钱氏陵墓出土五幅天文图，康陵出土的石刻天文图完整准确，是目前我国发现的最早的写实石刻星象图，代表吴越国在天文学方面的突出成就。绘画、金银玉器制作等都达到极高水准。

（二）吴越国文化中的优秀元素和当代价值

吴越国文化蕴含多种优秀元素，择其要者，简述如下。

1. "以人为本"的治国理政思想

吴越国不轻启战端、保境安民、发展经济、改善民生、纳土归宋的作为，

"民为贵，社稷次之，免动干戈，即所以爱民也""十四州百姓，系吴越之根本"等理念，都是以民为本思想的体现，具有现实借鉴价值。

2. 尊崇维护中华一统的家国情怀和担当作为

民族团结、国家统一是民心所向、大义所在。吴越钱氏不以个人与家族为重，纳土归宋换取百姓安居乐业，是符合中华民族整体利益的义举善行，为反分裂、促统一树立典范，具有超越历史的重大意义。

3. 浙江精神的基因熔铸和历史实践

吴越国以其务实作为和历史贡献彰显了浙江农耕文明、海洋文明兼具的文化特质，是浙江精神的生动历史实践，为今天深化发展以浙江精神为底色的创新文化，提供了鲜活深厚的文化资源。

4. 全方位道德养成的价值理念

钱氏家族才俊辈出，至今繁盛不减，享有"千年名门望族，两浙第一世家"盛誉，历来受到民众尊崇，具有巨大社会感召力。民间社会将其成因归结为钱氏家族积德行善、护佑生灵，《钱氏家训》立德修身、忠厚传家，因而福泽绵延、惠及子孙。这也是钱氏家族、《钱氏家训》成为百姓日常生活中道德教化可信可行范本的根本原因。社会主义核心价值观从国家、社会、个人三个层面倡导价值目标、价值取向、价值准则；《钱氏家训》则分为个人、家庭、社会、国家四篇。《钱氏家训》中的优秀元素既与社会主义核心价值观有承续契合之处，更可以其"家庭篇"为今天的家庭建设提供中华优秀传统价值理念，在丰富充实社会主义核心价值观内容体系上发挥积极作用。

5. 形塑江南历史文化

"满堂花醉三千客，一剑霜寒十四州"既是对钱王的赞颂，也是其历史版图的形象展现。吴越国所辖包括浙江全境和苏州等江南地区，在江南文化的形成、内涵、气质、特征等方面均有着力和贡献，为长三角一体化发展提供了来自历史实践的合理性和必要性。

（三）建设吴越国文化品牌有待解决的问题

1. 对吴越国文化重要性和当代价值的认识有待提升

一方面，浙江的历史文化积淀深厚，资源丰富；另一方面，目前许多潜藏于历史深处的优质资源尚未进入当代传承弘扬视野。吴越国是浙江历史发展上的重要时期，其文化蕴含多种具有当代价值的优秀元素。但目前受到的重视关注远远不够，未能充分发挥其作用。

2. 学术研究有待更加开放视野，提升质量

系统、深入、高品质的学术研究和成果是文化建设的基础和支撑。受吴越国历史文献较少、研究关注者较少、既有研究领域狭窄、研究理念陈旧、研究力量参差不齐等因素制约，目前研究总体相对薄弱，高质量成果较为少见。以南宋文化和吴越国文化研究的比较为例检索第一、二期省文化研究工程立项项目和已出成果，南宋文化研究方面，第一期单设有"南宋史研究"专题，出版43部专著；其他专著2部；"浙江历史名人研究"专题收12人；"文献集成"专题收16人。第二期立有南宋考古等3项项目。吴越国文化研究方面，第一期仅出版3部专著，"浙江历史名人研究"专题仅收1人。第二期仅立吴越国考古1项项目。

深入推进吴越国文化研究的一个重要方面，在于突破局限于以文字文献资料为研究内容的传统认知，充分认识考古、图像、建筑、景观、民间传说等都是且有些还是吴越国文化特有资料。例如临安康陵等出土的大量金银玉瓷器，展示了传统历史文献记载之外的审美文化；西湖周边的寺塔建筑，是重要的实物文化资料；古代绘画、佛教经卷、佛教造像和石窟艺术等是珍贵的视觉文化资料。要打通历史、考古、艺术、建筑等学科壁垒，提高组织化程度，加强顶层设计，以跨学科的系统性、专业性研究，开辟新的研究领域。

3. 品牌建设有待建立统筹联动机制

吴越国文化品牌建设涉及政府、学界和社会各层面。临安区历来重视吴越国文化，但限于客观条件，在条件、平台和资源整合上均受较大制约。有待于各级层面打通社科、文旅、文联、传媒等部门壁垒，加强统筹规划，整合

推进。

（四）加强吴越国文化品牌建设的对策建议

1. 提高认识水平，列入近期文化建设范围

进一步提高省和杭州市宣传、文旅、社科、文艺、教育等部门对吴越国文化的认识和重视，将吴越国文化纳入近期文化发展、优秀传统文化传承、文旅融合、长三角一体化等相关发展规划、行动计划和实施工程中，发挥各方优势，系统有序联动推进。

2. 把握政策口径，准确严谨发挥资源效应

吴越国文化中蕴含的保境安民、纳土归宋等具有高度政治意蕴的元素，分布世界各地的钱氏家族高端人才，既是珍贵的文化资源和力量，更是有关国家统一、治国理政、文化走出去和统战工作等方面的重大主题，需要以严肃严谨的态度和举措把握政策、口径，加以统筹协调，准确运用，有效发挥吴越国文化在促进民族团结、祖国统一、执政为民和钱氏家族人才服务经济社会建设等方面的价值和作用。

3. 重视规划组织，开展系统性专业性学术研究

强化吴越国文化研究的组织化程度，重视科研规划和顶层设计，从资政育人、文旅融合等"现实问题研究"，历史文献、考古资料等"历史文献整理"，城建、家族、艺术等"专题研究"，吴越国通史等"综合研究"，通俗读物等"普及宣传"五方面统筹规划，择优争取列入国家和省级项目立项，提升研究层次和成果品质。

4. 均衡发展布局，建设助推城西科教、旅游、城建等一体化发展的西部文化中心

杭州城市规模日渐扩展，文化发展也需随之均衡布局。临安撤市设区融入杭城，一方面极大拓展城西范围，另一方面也凸显挖掘城西优质文化资源、跟进大型文化基础设施、建设具有强大品牌效应和整体带动力的标识性文化中心的迫切性。同时，城西科技大走廊的建设，吸引大量高素质科技人才涌入，需要加快建设以人才为核心的创新创业生态，打造年轻人宜居宜业宜创美好家

园，文化建设应是有机组成部分，包括培育以"科学精神，家国情怀"为核心的文化理念，强化家园感、融入感的文化生活内容和共同体氛围，高质量的文化生活设施和环境，融入科创集群、城市功能、生活体系、生态系统一体化布局的人文空间，子女文教娱乐活动内容建设等方面。

吴越国文化以临安为根，临安区博物馆是展陈吴越国文化的重要平台，位于临安的吴越文化考古遗址公园已于2019年动工，项目总投资达到34亿元，以建设国家级考古遗址公园为目标的钱镠墓区块一期工程即将开园。这些都为建设以吴越国文化品牌为核心的标识性文化中心打下基础。建议充分整合已有项目，提炼吴越国文化精神和核心理念，结合文旅项目转化运用其中优秀元素，布局建设作为重大文化基础设施和文化标识的西部（特指未来科技城至临安区域）文化中心，为城西科教、旅游、城建等一体化发展提供文化支撑。

5. 搭建合作平台，助推融入长三角一体化发展

吴越国的历史版图和作为，使之在资源、理念、情感、路径上，均具助推长三角一体化发展的历史基础和现实功能。可在城建、宗教等历史资源利用、区域联动式项目开展、钱氏后裔力量发挥等方面，领衔搭建平台，推进区域合作。

6. 发挥文物价值，开发高品质文创产品

目前出土的众多吴越国文物品质优良，是其文化的精粹代表，具有产业化价值。例如质地细腻、造型精致、制作精美的金银玉器饰品，吸引著名物质文化研究专家扬之水特来临安亲自参与布展。可以通过创意加工，制作具有浙江特色、时尚风格和审美价值的文创产品，在千篇一律、粗俗劣质的旅游纪念品市场中，走出典雅精致的高品质发展之路。

六、茶文化的跨界融合特征与核心理念

茶文化悠久深厚的积淀及其形成的历史传统，是中国文化传统的重要组成部分，并因其载体独特、内涵丰富、体现中国人的价值观念和文化精神、在传播过程中为促进不同文化间的交流做出巨大贡献等原因，成为中国文化的经典符号和独特表征，而为世人所瞩目。它既是优秀中国传统文化的瑰宝，也是推进当代文化发展的优质资源；既可以贡献于物质富裕的经济建设，更能在精神富有的当代追求中，为实现人的全面发展和社会和谐稳定发挥重要作用。

茶文化的跨界融合特征，是其本质特征的重要方面，也是它从传统资源有效地转化为当代文化建设资本的基础性条件和重要途径。揭示、重视和有效运用茶文化的跨界融合特征，具有促进茶文化实现当代创新发展、服务当代社会文化需求的重要价值。本文试就此作粗浅分析论述，以就教于方家贤者。

（一）对目前茶文化概念"泛化"现象的分析

论述茶文化的当代发展，首先需要界定茶文化的概念和内涵，为进一步的分析研究深入构筑扎实基础。

1. "茶文化"概念界定和使用中存在"泛化"现象

什么是茶文化？从理论研究和学科建设的层面考察，相关高校和研究机构的专家学者对此多有论述和建构，已有丰富的研究成果。

现代学术意义上的中国茶文化研究，肇始于20世纪80年代后的新时期，其间最重要的研究成果，是学科意识的自觉和学术层面的深入，逐步形成了围绕着茶研究的三个子学科——茶学（属自然科学）、茶业学（亦称茶业经营学或茶叶商品学）和茶文化学（属人文社会科学），并在茶文化学术普及方面做出了重要贡献。庄晚芳《中国茶文化的发展与传播》，余悦《中国茶文化学论纲》（当时署笔名彭勃），刘勤晋主编的高等学校茶文化教材《茶文化学》等论著论文，都对茶文化概念的界定和茶文化学科体系的建设，提出了自己的见解，做出了积极的贡献。[1]

然而，如果我们从严谨规范的学术体系架构来要求，特别是从目前茶文化的实际发展现状来分析，明显可以看出，"茶文化"概念在学界的界定尚未取得一致共识，"茶文化"概念在实践领域的使用也比较混杂模糊，总体上呈现出认识活泛、内涵宽泛、使用广泛、目标浮泛的"泛化"现象。

所谓认识活泛，是指因为缺乏内在的学理剖析、共同的理性认知、坚实的理论支撑和明确的文字表述，造成主观感受和思想认识上的不一致、不清晰、不深刻，人们说到"茶文化"，存在或者随时随景，随心而为；或者因人因事，因需而论的现象。

所谓内容宽泛，实际上源于认识的模糊不清，是指在内容界定上，未能清楚严格地区分余悦先生划分的茶学〔属自然科学〕、茶业学（亦称茶业经营学或茶叶商品学）和茶文化学（属人文社会科学）的不同概念，存在大而统之、统而论之、只要与茶有关一概纳入"茶文化"范围的现象。

所谓使用广泛，是指在实际运用上，不论茶事项的性质、大小、巨细、虚实、内外，皆以"文化"论之，比如茶叶的种植、生产、茶园建设，茶叶的制作、销售、市场建设、贸易博览，茶叶技术的革新发展，等等。

所谓目标浮泛，是指在"茶文化"的研究和建设中，或是目标指向不明，根基不实；或是短期行为胜于长远眼光，缺乏总体规划和实施细则；或是多领域、多方向出击，缺乏主攻方向和核心竞争力的凝练。

2. 产生"茶文化"概念和使用"泛化"现象的原因

如果我们对这种"泛化"现象进行详细分析，不难发现它的出现，是由多方面原因造成的。

一是"文化"与"文化研究"概念本身具有的宽泛、开放和综合的不确

---

[1] 余悦：《中国茶文化研究的当代历程和未来走向》，《江西社会科学》2005年7期。

定性。

什么是"文化"？什么是"文化研究"？仅就"文化"的概念而言，长期以来，哲学、人类学、民族学、社会学、历史学等领域的专家学者，都不断地进行着界定"文化"概念的努力，然而，至今仍是智者见智、仁者见仁，未能取得一致共识。据有关学者初步统计，有关"文化"概念的不同定义，达200多种，其概念、范畴、理论、方法都处于不断认识、探索、建构、发展的动态变化之中，"文化学"的学科体系尚不明确、学科地位也尚未真正确立。"文化"及其研究在知识体系和学科体系上的不确定、不成熟，必然会给从属于文化领域的"茶文化"概念界定和深入研究带来困惑和困难。

二是茶文化自身理论研究和学科建设具有局限性。

至今为止，有关茶文化的史料整理、理论研究、实践总结等学术成果大量涌现，茶文化学学科构建的重要性已经受到高度重视并形成相应的研究成果，一些高校开办了茶文化专业，都是令人欣喜的成就。然而，无需讳言的是，目前的茶文化研究也存在不少问题，比如历史的追寻多，现实的关注少；概述的通论多，深入的阐述少；空泛的谈论多，精辟的创见少；事项的研究多，理论的建构少；内容的传承多，方法的创新少；局部的进展多，整体的推进少；业内的研讨多，跨界的交流少；等等。所有这些，都表明茶文化理论研究和学科建设存在不足，尚不足以成为支撑茶文化整体研究的理论基础，不足以成为引领茶文化整体发展的理论先导。

三是迅猛发展的茶文化实践远远领先于茶文化理论的研究。

一方面，茶文化理论研究和学科建设水平有待深化提高；另一方面，在当今的茶文化领域，实践的迅猛推进既大步而又跟跄地超速于理论研究的进程，也越来越多地受制于理论研究的滞后。理论是行动的指南，滞后于实践发展的理论则更有可能成为行动的阻碍。因此，思想观念和理论认识上的合理性创新发展，十分突出地摆在我们面前，成为必须面对的急迫任务。我们迫切需要通过开展茶文化理论研究，来复兴、引导、推动、深化茶文化发展，从而达到振兴茶产业的根本目的。

四是茶文化所具有的"跨界融合"特征所致。关于这一点，笔者将在下文详细论述。

3. "茶文化"概念和使用"泛化"现象之我见

笔者认为，对"茶文化"概念界定和使用中出现的"泛化"现象，可以从两个方面去加以认识。

一方面，应该清醒地认识到，这种"泛化"现象确实给茶文化发展带来不利影响。由于存在"茶文化"界定不清晰、认识不到位、方向不确定、目标不准确等问题，在一定程度上出现茶文化工作者关注范围太广、涉及领域太多、战线拉得太长、开展项目太杂，不能集中力量和优势办大事，一定程度上产生"低、小、散、弱"、重复建设、同质化竞争等状况，发展速度、发展品质、发展效果都有可能受到制约。尤其是极不利于打造具有鲜明特色和独特优势的"茶文化核心竞争力"，在与茶界内其他行业部门、茶界外其他文化行业部门的竞争中，难以扬长避短、脱颖而出、居于领先地位和不败之地。

另一方面，也必须更为清醒地认识到，这样一种"泛化"现象的内在成因中，蕴涵着茶文化不同于其他一些静态文化、纯理性文化、纯精神文化的不同之处。而这种不同，也正是它能够持续不断创新发展的内在优势所在。

与哲学、历史、文学等人文社会科学，国画、油画、雕塑等传统经典艺术不同，茶文化具有与其物质文化形态紧密相连的极强的实践性和时代性。

茶文化的实践性包括如下内容：它来自于物化形态的茶叶，并以之为唯一性基础；它与社会大众的品茗行为紧密相连，并以之为活动载体；它需要通过冲泡、茶艺等技术、技艺的辅助，在生活实践中实现其内在精神价值。

正是这种极强的实践性，使得茶文化与现实社会、现实生活、现实人生密切关联，从而获得同样强烈的时代性。在当今这样一个文化、科技、资本、信息、网络交融共进的高新科技世界、知识经济时代、信息网络社会里，漫溢于社会和生活各个层面的茶文化，必然地会与文化创意、文化科技、文化金融、文化经济、文化产业等等最为鲜明的时代元素、时代风尚紧密相关，它们遭遇碰撞、交会融合，呈现出调适、互动、包容、分化、裂变、扬弃、更新等等多元态势，正可谓"苟日新，日日新，又日新"。

对这样一种与实践、与时代紧密相连、动态发展着的文化，我们绝对不可以简单地、刻板地以单一的学科范式将其局限于学术研究领域，并因此枯竭了它来自本体本质特征和社会实践的强大生命力和创造力。

（二）关于茶文化跨界融合特征的分析论证

关于茶文化的特征，许多专家学者都做过深入探讨，提出许多见解。比如，有的学者认为，茶文化在整体上具有"综合性、民族性、地方性、传承性、还有社会性、集体性、类型性及播布性"[1]、茶文化具有"创造主体的多元性、历史传承的悠久性、表现形式的民族性、体系构建的完整性"[2]、茶文化具有"历史性、民族性、地区性、国际性"[3]等等，此处不作一一列举。

以上这些茶文化特性或特征的提炼，角度、方法、目的、结果均有不同。但提法虽异，却都各有道理。笔者在此不拟作分析评论，只从前述茶文化之"泛化"现象中，根据自己的粗浅认识和分析，提出前人尚未论及的茶文化"跨界融合"特征，并将其视为茶文化的本质特征之一。

此处所谓之融合，是指茶文化在理论与实践层面所具有的与相关学科、不同文化形式以及一些具体事项、行业、产业等高度融合的内在属性，具体来说，可以细分为以下两个方面的认识角度：

一是从本质上来看，茶文化是多种文化、艺术、产业等交相融合的一种文化形态的呈现。比如，茶文化中，有自然科学与人文社会科学的融合、各种社会阶层文化的融合、多种传统艺术形式的融合等等。

二是从途径上来看，茶文化的融合特征通过具体途径得以实现。或是与某一领域的直接融合，比如与歌舞艺术的融合；或是作为平台或载体，促进其他文化艺术形式的融合，比如以茶文化为表现题材或消费需求，书法、绘画、诗词、篆刻融为一体。

下面，对茶文化的融合特征，作一些具体论述。

---

[1] 彭勃：《中国茶文化学论纲》，见《茶文化论》，文化艺术出版社1991年版。

[2] 龚永新、张耀武：《中国茶文化的特征举要》，《广东茶业》2010年第Z1期。

[3] 《我国茶文化定义与特性及社会作用》，转引自http://tea.fjsen.com/view/2011-11-03/show16286_3.html，中国茶网。

1. 茶文化是自然科学与人文社会科学的融合

茶树的起源至少已有六七万年的历史，茶被人类发现和利用，大约有四五千年的历史。中国是世界上最早发现茶树、利用茶叶和栽培茶树的国家，被称为"茶的故乡"。茶文化的产生，基于茶的物质形态之上，没有茶的种植、采摘、加工、贸易和消费，就没有茶文化的出现和发展。茶自身属于自然科学和技术发展的范畴，是茶文化的物质载体，是"皮"；茶文化属于人文社会科学范畴，是茶在文化领域的发展，是"毛"。"皮之不存，毛将焉附？"因此，茶文化是自然科学与人文社会科学的融合。

2. 茶文化是人文科学和社会科学的融合

从学科区分角度来说，人文社会科学分为人文科学和社会科学两大类。人文科学以人类的精神世界及其沉淀的精神文化为研究对象，主要研究人的观念、精神、情感和价值，即人的主观精神世界及其所积淀下来的精神文化，常用意义分析和解释学的方法研究微观领域的精神文化现象，包括文学、历史学、哲学、美学、宗教学、伦理学、文化学、艺术学等学科；社会科学以客观的人类社会为研究对象，侧重于运用实证方法研究宏观社会现象，主要有经济学、社会学、政治学、法学、教育学等。茶文化包含的范围极其广泛，在它的实践发展中，一方面广泛地涉足于美学、宗教学、伦理学、文化学、艺术学等人文世界，另一方面也与经济学、社会学、教育学、文化产业等社会科学产生联系，体现出包容两者的高度融合性。

3. 茶文化是社会各阶层文化创造的融合

一直以来，茶文化都不只是精英文化的专宠，也不只是大众文化的喜好，它充分地体现了社会不同阶层文化创造之间的融合。历史上的帝王将相、达官贵人、文人学士、高僧大德、大众百姓，当今社会从国家领导人到普通百姓，无不与茶文化有密切的接触和多方面的贡献。

茶文化颇受帝王、文人等重视。宋徽宗赵佶十分喜爱茶叶，常和群臣"斗茶"，他曾撰有《大观茶论》，其中写有"茶之为物，……冲淡闲洁，韵高致静"之句，可谓是对茶道精神的深刻体会和提炼。清乾隆皇帝曾写有众多咏茶诗篇，是中国历代皇帝中写作茶诗最多的一位，他多次巡游江南，册封御茶，推动了名茶的发展。唐代茶圣陆羽著《茶经》，融儒家思想、佛道境界、歌、舞、琴、棋、书、画、月、泉、水、器等于茶道之中，对推动茶文化发展起到重要作用。东晋、南朝时，玄学盛行，江南士人好清谈之风，他们流连于青山秀水之间，以茶为伴，品茗畅谈，追寻玄远之境，抒发奇思妙想，在日常的茶饮中注入了精神的寄托和阐发。茶文化与佛、道两教，均有深切的渊源。在佛家看来，茶是禅定入静的必备之物。禅门认为茶有三德：坐禅时通夜不眠、满腹时帮助消化、茶且不发。因此饮茶是禅门修道的最好辅助。在道家看来，茶可助炼"内丹"，具有升清降浊、轻身换骨之功，是修成长生不老之体的好办法。禅门之中，不乏与茶有关的公案和活动，比如赵州和尚的"吃茶去"、至今已办六届的世界禅茶大会、赵州柏林禅寺净慧法师的生活禅等等，极大地丰富了茶文化的深刻内涵。

茶文化与人间生活紧密相关，普通百姓、人民群众是茶文化最基本和最中坚的创造者，不论是与茶有关的乡风民俗，还是表现思想情感的茶歌茶舞，大多出自民间社会的创造。以陕西西安为例，此地早在唐代时就出现了专卖茶水的茶肆。唐人封演在《封氏见闻记》中即记曰：京城长安开有多家"茗铺"售卖茶水。这种现象至今如是，茶馆遍布城乡，品茶之外，还有挂画、插花、说书、唱戏等活动，成为市民们进行社会活动的重要场所。茶客们在此提神醒脑、消闲遣兴、交流信息、收听新闻、洽谈生意、调解纠纷。人们以茶馆为平台、以饮茶为媒介，发展出茶礼、茶俗、茶曲艺、茶歌舞等等茶文化事项。

4. 茶文化是我国经典传统艺术形式的融合

中国传统艺术形式丰富多样，成就光辉灿烂。其中，诗词、书法、绘画、戏曲、青瓷、园林等等，都是具有鲜明中国特色、取得了世界性影响的独特创造，它们都是茶文化的重要组成部分。我们且以诗文、书画为例，看一看他们之间的会通与融合。

以诗文论，唐代诗人卢仝有七碗茶歌："一碗喉吻润，二碗破孤闷。三碗搜枯肠，惟有文字五千卷。四碗发轻汗，平生不平事，尽向毛孔散。五碗肌骨清，六碗通仙灵。七碗吃不得也，唯觉两腋习习清风生。"（《走笔谢孟谏议寄新茶》）至今仍是推崇茶叶的最好文字。北宋苏轼有"活水还须活水烹，自临钓石汲深清；大瓢贮月归春瓮，小杓分江入夜瓶"的诗句（《汲江煎茶》），写尽诗人在月明之夜亲自用大瓢汲取活江水烹茶的情趣。清代著名小品文作家张潮有《中冷泉记》，极写茶人对泡茶之泉水的讲究。

以书法论，著名茶帖有唐怀素《苦笋帖》、宋苏轼《啜茶帖》、宋蔡襄《精茶帖》、宋米芾《苕溪帖》、清金农《玉川子嗜茶帖》等。

以绘画论，著名茶画有唐周昉的《调琴啜茗图》、元赵孟頫的《斗茶图》、元倪瓒的《龙门茶屋图》、元钱选的《卢仝烹茶图》、明丁云鹏的《玉川烹茶图》、明文徵明的《惠山茶会图》等等，可谓多至不可胜数。

这些中国传统艺术的经典之作，以茶文化为题材，各种形式宛如金风玉露的相逢，际会融合，赋予了茶文化以文心、诗性、画意、才情、意趣、风骨、神韵，将它升华到了一个品质非凡的审美境界。同时，这些艺术形式也凭借着茶文化的承载，生发出各自蓬勃的生机，产生出众多脍炙人口的佳作。正因为有了如此和谐的交相辉映，我们今天方才拥有了这样一个具有中国独特文化内涵的、华美多姿的茶文化传统。

5. 茶文化是相关文化产业的融合

在中国，茶叶是一个重要产业："我国是茶文化的发祥地，茶是中国的根，全世界茶的根在中国。""2008年以后，我国茶园面积和茶叶总产量居世界第一位。目前全球茶叶产量330万到350万吨，中国占130多万吨。"[1]同样，我们若从茶文化的角度来看，它也与产业经济密切相关，这就是目前如火如荼兴旺发展的文化产业。

历史上的茶文化不乏市场运作、产业经营，形成了不同文化艺术形式在市场环境里互为依托、支撑发展的局面。茶文化跨界融合的特征天然地符合于文化产业所具有的开放融合特征，具有产业化运作的先天基础。我国"十二五"时期重点发展的演艺、娱乐、文化旅游、工艺美术、动漫、游戏、网络文化、数字文化服务这些文化产业门类，都与茶文化有可相对接之处。只要我们积极

---

[1] 引自《文化支撑茶业生命力：打造中国茶产业的世界品牌》，中国国际茶文化研究会会长、浙江省茶文化研究会会长、浙江省政协原主席周国富在宁波召开的全省茶文化研究会（11+1）会长联谊会上的讲话，见2011年12月12日《浙江老年报》。

开展理论探索和实践运作，一定能在茶文化的平台上，在"打破文化产业门类的边界，促进不同文化行业之间的联姻融合，整合各种资源，延伸文化产业链"方面，走出富有实效的创新发展之路。

6. 茶文化是世界范围内不同文化融合的桥梁和载体

在漫长的历史演进中，中国茶文化随着我国对外交流的步伐，走出中国、走向世界，传递着中国的形象和理念，也与世界人民的生活需求和文化精神相融合。

历史上，著名的如杭州的径山寺，被称为日本茶道的发源地。早在南宋时期，日本南浦昭明禅师到径山寺学佛取经，学成后将径山寺种茶技术、制茶技术、茶宴礼仪和台式茶具一起带回日本，并在此基础上形成和发展了日本"茶道"；日僧圆尔辨圆修行回国后，开创了多处名寺，并依据带回的《禅苑清规》制定了《东福寺清规》，其中包括严格的茶礼；日僧荣西在深研了陆羽《茶经》后，写作了日本历史上第一部饮茶专著《吃茶养生记》，茶道逐渐在日本上流社会风靡，并最终普及日本全国。

在当今，2003年11月，在法国茶文化协会和法国里昂市政府共同举办的"中国茶文化节"期间，茶艺表演在市政厅举行，300多位政府官员和文化名人到场观看中国茶艺表演。可以毫不夸张地说，中国茶文化既是各国茶文化的摇篮，也是世界文化交流的纽带和桥梁。

综上所述，茶文化具有极其鲜明的跨界融合的特征，具备包容万物的胸怀，能够海纳百川，获取不断前行的能量和动力。它从历史的深处走到今天，走得如此宽广，几乎可以称得上是横及百科、渗透社会；走得如此高远，它以哲学、宗教和艺术为凭借，直接进入人们的精神世界、深入人心；走得如此自然，它与哲学、艺术、宗教、民俗、歌舞、书画、诗词等等文化形态如影相随、互为你我、相互阐发、共生共进。无论是历史上，还是现实中，很难看到有哪一种物质形态的产品，或者是一种文化事项——即使是在古代世界里沟通了东西方文化交流的丝绸，即使是"海上陶瓷之路"的主角龙泉青瓷或是在历史上代表了中国"china"的所有瓷器——能够像茶文化这样如此致广大而又尽精微地包容、和谐了自然、社会与人，并从中升华出具有中国特色的

"清""静""美""敬""廉""俭""和"的茶道精神。

（三）从茶文化"泛化"现象、跨界融合特征中分析其概念内涵和发展优势

1. 关于茶文化概念、内涵的简要界定

目前关于茶文化概念的定义，主要有"研究茶在被应用过程中所产生的文化和社会现象"[1]和统揽物质文化与精神文化两者研究两种观点[2]，分别代表了茶文化概念界定中狭义与广义的两个范围、两种认识。陈文华从一般的"文化"概念入手，梳理出了茶文化内涵所应包括的物态文化（人们从事茶叶生产的活动方式和产品的总和）、制度文化（人们在从事茶叶生产和消费过程中所形成的社会行为规范）、行为文化（人们在茶叶生产和消费过程中的约定俗成的行为模式）、心态文化（人们在应用茶叶的过程中所孕育出来的价值观念、审美情趣、思维方式等主观因素）四个层次。他认为，茶文化学应该结合"物质文明"，同时将研究重点放在过去比较薄弱的第三、第四两个层次，也就是狭义的茶文化。[3]

笔者吸取以往各家所论，结合前文所论之茶文化跨界融合特征，将茶文化的概念和内涵具体展开为以下几个部分：

一是茶文化的核心部分，即指由茶而生的哲学、伦理、宗教层面的思维方式、审美情趣、价值观念如茶道精神等内容。

二是茶文化的主体部分，即指由茶而生的社会生活层面的民风、习俗、礼节、茶艺、文学、艺术、工艺如茶歌舞等内容。

三是茶文化的相关部分，即指茶文化在市场经济层面的运作、活动、业态如茶文化园区、茶文化节会、茶文化博览展示、茶文化旅游等内容。

四是茶文化的理论部分，即指专家学者对茶文化现象的理论研究和在此基

---

[1]　王玲：《中国茶文化》。

[2]　陈照年：《茶文化的概念、内容及其传播》，《茶叶科学技术》2000年第02期。

[3]　陈文华：《茶文化的概念》，见雅茗居茶文化网，http://www.168tea.com/html/294-6/6544.htm，2010-03-03。

础上进行的学科建设活动。

综上所述，笔者认为在茶文化的概念定义和内涵界定上，一方面，应该明确地把精神文化方面的内容作为茶文化概念和内涵的主要部分，这是茶文化的主体；另一方面，也要充分考虑其跨界融合的本质特征，将市场与产业运作方面的相关内容也一并考虑在内，避免过于机械地将其局限于精神文化或文化学科范畴之内的认识和做法，综合把握，统筹发展。

2. 茶文化跨界融合特征带来的契合于时代需求的发展优势

茶文化跨界融合的特征，必然地为它带来开放性、包容性、普适性和创新性，这既是茶文化在历史时空里持续璀璨绽放的缘由，也是它在新时代里足以与时俱进、不断蓬勃发展的内在动力。特别是就目前而言，茶文化十分契合于当下建设社会主义文化强国的时代需求。与一些形式过于精细、范围过于窄小、具有较大时代局限、难以真正适合时需的传统文化资源或非物质文化遗产相比，茶文化是助推当代文化建设的十分难得的优质资源，应该以国家的文化发展目标为导向，充分认识、挖掘和发挥自身具有的跨界融合的优势，抓住历史机遇，走出发展新路。

在社会主义核心价值体系构建和社会主义核心价值观的凝练中，茶文化"清""静""美""敬""廉""俭""和"的茶道精神，与之既有深刻的内在联系，又能体现独特的中国内涵和品格。目前在这方面的工作尚需进一步深入广泛开展，具有深入探讨和提升的价值空间。

在公共文化服务体系的建设中，茶文化以茶馆、茶俗、茶艺等为载体而产生的深厚的民间基础、广泛的社会认可度和参与度、遍及城乡的网络型实体分布等等，都是提供公共文化服务的有效空间，尤其能够以其亲民、便民的民间姿态而为广大民众所接受。我们可以通过与政府和有关部门的合作，有意识地整合组织、广泛布局、合理运用，让茶客们在品茗消费的同时，享受免费的公共文化服务，获得多重精神文化享受。

在文化产业的发展中，茶文化更是拥有跨界融合的巨大资源和施展空间。我们可以将茶山、茶园、茶场、茶叶加工生产等等，以观光农业、生态农业的方式与旅游、休闲活动相融合，增加文化旅游和休闲产业的文化内涵；通过网络和数字服务的手段，传播以茶文化为内容的文化产品，实现科技传播渠道与内容传播的融合；将茶道、茶艺与旅游、体育、会展、商贸等行业相融合，提升融合各方的文化附加值；等等。

在文化精品生产和文化"走出去"的工作中，我们可以以博大深邃的茶文化理念和茶道精神作为启迪，丰富文化产品的创意源泉；可以凭借深厚的茶文化历史资源为表现内容和题材，创作成影视作品、演艺剧目、动漫、网络游戏等作品；可以通过茶文化产品把具有中国气派、民族风格和时代特色的优秀文化产品传播给社会大众、尤其是青年一代；可以凭借已有的茶文化对外交流渠道，推进中华文化走出去的步伐；可以积极主动地与政府和主管文化的领导部门沟通联合，在国家级、省级的大型文化走出去项目中，发挥茶文化的作用。

3. 从跨界融合特征中谋求茶文化的当代发展途径

茶文化在当代具有巨大的发展空间、广阔的前景，可以对我国文化建设产生重要和深远的影响。本文限于篇幅，仅以文化产业发展为例。具有跨界融合特征的茶文化，与经济文化一体化发展的文化产业之间，关联紧密。文化产业的风起云涌，为茶文化发展带来历史机遇；茶文化丰富独特的内涵和广泛的社会基础，可以为推进具有中国特色的文化产业发展提供资源。

（1）开展茶文化资源的基础性系统调查整理

茶文化的历史传统博大精深、现实创造丰富多样，从目前的情况来看，对它的认识还不够深入、全面，比较普遍地存在认识浅表、片面的现象。在具体运用中，尚有众多精深的、核心的、优质的资源有待认识和开发。开展茶文化资源的基础性系统调查清理，有助于我们精准定位、整体规划，科学布局，把握开发利用的主动权。在这方面，我们需要做的工作，一是全面系统地调查、挖掘、掌握茶文化资源的种类、内容、分布、传承、现状等基本情况；二是对茶文化资源的基本状况、特色优势、经济价值、保护措施、开发途径、工作任务、预期目标作出准确描述、正确判断、合理评估，加大茶文化资源的整合力度、加快特色优势资源要素的集聚利用。

（2）将茶文化资源的开发利用融入本地社会经济发展中

茶文化可谓遍布全国各地，与当地自然环境、社会经济、风土人情密切相关。将茶文化资源的开发利用与本地社会经济发展相协调，主动融合，统筹发展，是做大做强茶文化的有效途径。其他领域文化资源开发工作可为茶文化界所借鉴，如浙江云和县将山水、木制玩具、童话、民俗等资源与"小县大城"的社会经济发展战略相结合，决策了"山水童话休闲城"的发展目标。茶文化资源丰富发达的地区，完全可以借鉴成功案例和经验，主动接轨地方政府的经济社会发展规划，融入本地的统筹发展之中。

（3）做深、做精、做透特色优势资源，创建茶文化品牌

与我国的很多产业和市场发展情况相似，茶文化发展中也存在"低""小""散""弱"现象，迫切需要做深、做精、做透特色优势茶文化资源，创建具有自主知识产权的茶文化品牌，建设"国字号"茶文化产业基地，构筑大平台、建设大企业、运作大项目，形成大产业，促进支柱性龙头企业、知名文化品牌建设。同时，以茶文化的核心资源及其创意为产业高端，打造茶文化资源产业链，在产业链的每个环节中带动一批中小企业，有序组合，集聚发展。

（4）借助高新科技拓展新兴活动领域和产业业态

当今时代，高新科技的发展可谓突飞猛进、瞬息万变，对人们的思想观念、生产方式、生活方式都产生了深刻影响。茶文化和茶文化产业的发展自不例外，迫切需要通过文化与科技的融合，提高文化产品和服务的科技含量，不断拓展新兴的活动领域和产业业态。一方面，我们需要借助科技的力量促进传统领域的茶文化产业——歌舞、书画、影视、出版等——的科技含量的提高；另一方面，尤其需要促进茶文化在动漫、游戏、网络文化、数字文化服务等新兴文化业态的发展，比如网络音乐、网络动漫、网络艺术品、网络演出等的在线和移动生产销售，积极参与网络文化内容产品的生产和经营。

第六章　文化治理功能与城乡传统重塑

　　文化为群体生活和社会进步提供环境、规范与方式，具有引领、传承、涵化、整合、创新等治理功能。在文化传统的当代发展中，无论是乡村传统的革故鼎新，还是城市传统的丰富塑造，文化治理功能都可以起到塑造价值观、提振精神、凝聚共识、强化认同、整合社会、规范秩序、调节心理、教化行为等重要作用。

一、文化治理功能的五个认识维度

　　2019年10月31日，中国共产党第十九届中央委员会第四次全体会议审议通过了《中共中央关于坚持和完善中国特色社会主义制度、推进国家治理体系和治理能力现代化若干重大问题的决定》，深刻阐释了坚持和完善中国特色社会主义制度、推进国家治理体系和治理能力现代化的重大意义和总体要求，并对坚持和完善党的领导制度体系等13个方面的制度作出战略部署。其中，充分认识和高度重视文化在国家治理中的重要地位和作用，明确提出"发展社会主义先进文化、广泛凝聚人民精神力量，是国家治理体系和治理能力现代化的深厚支撑"。文化与治理之间的密切关系，既具有内在理路一致的逻辑关联，也在实践领域得到充分体现，并由此决定其在推进国家治理体系和治理能力现代化中的作用发挥。

文化之于国家治理体系和治理能力现代化的深厚支撑作用，与文化的性质和其功能关系密切。从国家治理的总体要求和体系架构来看，不论是坚持和完善支撑中国特色社会主义制度的根本制度、基本制度、重要制度的治理目标，构建系统完备、科学规范、运行有效的制度体系的治理内涵；还是系统治理、依法治理、综合治理、源头治理的治理路径，法治、德治、自治"三治合一"的治理方式，其治理主体均相关于由党委、政府、人民群众组成的各种人群，而其本质无不涉及如何处理和调适人与社会、人与自然、人与人、人与自我内心的关系问题。因此，作为为群体生活提供规范、方式与环境，通过传承为社会进步发挥基础作用的文化，便在此中起到塑造价值观、提振精神、凝聚共识、强化认同、整合社会、规范秩序、调节心理、教化行为等重要作用。文化以其内生于自身体系结构的引领、传承、涵化、整合、创新等五个维度上的治理功能，而在国家治理体系中发挥支撑引领的重要作用。

（一）"引领"功能：以浙江精神为例

引领功能主要是指文化所具有的引领、推动社会发展的力量。文化通过塑造价值观，为人们提供行动指南、行进方向和行为方式。包括坚持主流价值引领，培育社会主义核心价值观，建设精神家园，筑牢农民群众的精神支柱，从更高层面、更大范围丰富和充实人民群众的精神世界等方面。

文化是社会发展的重要推动力，精神则是文化的核心能量。人类社会的每一个进步，都是在某种精神的激励下取得的成果。习近平同志在浙江工作期间，十分重视文化和精神的引领作用，亲自主持提炼出"求真务实，诚信和谐，开放图强"的浙江精神，引领浙江从自发发展向自觉发展的历史性转变，具体的举措，就是"八八战略"的总纲领、总方略。

2005年，浙江经济继续保持高速增长、走在前列的发展态势。全省生产总值达13340亿元，人均生产总值28160元，超过3400美元（高于全国人均1700多美元近一倍）；财政总收入跃过2000亿门槛，达2115亿元。形成了以公有制为主体、多种所有制经济共同发展、相得益彰的格局，浙江的国有经济总量增长了40多倍，国有企业的发展走在了全国的前列；民营经济在全省生产总值中占71.3%，个私经济工业总产值等四项指标连续七年居全国第一，创造了经济持续高速发展的奇迹。据瑞士洛桑国际管理学院2005年全球竞争力报告，浙江省在被评价的国家和地区中，名列第20位，被评为效力提升最快的地区之一。

习近平在《干在实处，走在前列》一文中指出："近年来，我们虽然在经济社会发展上取得了长足的进步，但也面临着'先天的不足'和'成长的烦恼'，一些老问题未从根本上解决，一些新问题又不同程度地比全国先期遇到。比如经济发展中高投入、高消耗、高排放、低效益的粗放型格局尚未根本改变，人多地少，资源紧缺，能源、土地、水等资源要素和环境承载力的制约不断加大，社会公正、社会治安和社会矛盾问题、公共安全和安全生产问题、市场经济秩序问题等都亟待解决。我们要充分意识到，先发地区必然遇到先发问题，某些方面走在前列并不意味着所有问题都能迎刃而解。"[1]

如何破解"逼仄的生存空间""先天的不足"和"成长的烦恼"形成的压力？

一方面，中共浙江省委提出经济增长方式转型的战略主题，它被形象地表达为"二次创业""腾笼换鸟""凤凰涅槃""浴火重生"，从20世纪末以来陆续形成了诸如转变经济增长方式、建设文化大省、建设平安浙江、改善城乡差别、加快社会主义新农村建设的一系列统筹全面发展思路。这些思路在2003年7月中共浙江省委十一届四中全会通过的"发挥八大优势、推进八项举措"、推动浙江经济社会全面发展的"八八战略"中得到了纲领性的体现。因此，"八八战略"可谓是浙江率先确定全面科学发展观、从自发发展转向自觉发展的里程碑式文献。

另一方面，中共浙江省委开展了"与时俱进的浙江精神"研究。习近平同志十分重视此项研究，强调指出："浙江精神的调研应从浙江的历史传承、社会精神文明、文化综合实力的作用等诸角度进行。"2006年，习近平同志发

---

[1] 习近平：《干在实处 走在前列——推进浙江新发展的思考与实践》，中共中央党校出版社2006年版，第45页。

表署名文章《与时俱进的浙江精神》，肯定了"自强不息、坚韧不拔、勇于创新、讲求实效"的浙江精神，对"求真务实、诚信和谐、开放图强"的"与时俱进的浙江精神"做了新的深刻阐述。

"与时俱进的浙江精神"的讨论和提炼，代表了浙江社会主义市场经济走向成熟时期所提出的"规范"主题，它主要表明了两个方面的发展指向：一是以自发集体性创业为特征的浙江市场经济需要向一种可持续性的、"秩序良好"的市场经济升级，这一升级尤其以经济增长方式的转变为其主要特征。二是需要实现发展观的升级，即从片面追求GDP增长的发展观转变为追求"经济、政治、文化和社会"全面协调发展的科学发展观。与时俱进的浙江精神的提炼，是对浙江发展方向的引领。

（二）"传承"功能：以宗族文化为例

文化的传承功能既体现在对传统文脉的守护和绵延，也体现在对今天发展道路的涵育，是文化建设的重要根柢。优秀文化传统是中国社会的根基和中国文化的基本核心内涵，是我们割舍不断的精神维系，是我们不忘中华文化根本、坚守中华文化立场、增强中华文化自信的根基和力量源泉，也是今天文化建设重要而丰富的文化资本。

就文化传承而言，目前较为常见的有古村古建等物质文化、饮食节庆等民俗文化、手工娱乐等民艺文化、契约文书等规约文化、祠堂族谱等宗族文化、礼佛诵经等宗教文化、仁爱孝义等观念文化、伦理教化等治理文化、自我维系等乡贤文化等等形态。其中，以修建宗祠、编纂宗谱、开展宗亲联谊活动等为内容的传统宗族文化，在基层社会得到不同程度的传承，不少地方甚至成为较为普遍和主要的文化活动形式。顺应目前民间社会传承宗族文化的积极性，提炼其中具有合理价值的元素，融汇到文化建设和基层社会治理中，是一项重要工作。

面对民间社会宗族文化的复兴景象，学界、政界的态度有不同观点，有的认为宗族势力复活对村民自治产生消极影响，在村委会选举、村务民主监督、干部素质提升等反面产生负面作用，影响农村社会改革、发展与稳定，是需要遏制的破坏性势力；有的则认为宗族文化中存在合理性因素，可以通过提炼转化而在现代社会中发挥作用。

宗族文化在当代社会生活中的重新出现，体现了文化传统的强大生命力，是文化传承功能的生动体现。需要历史地、客观地、多维度地对宗族文化现状作出理性的分析判断，提炼其中的合理元素，在当代基层治理中发挥有效作用。

（三）"涵化"功能：以礼仪活动为例

涵化功能主要是指通过文化的涵育和教化方式，提高人的素质、社会文明水准、建构社会生活秩序等。目前在浙江农村广泛开展的礼仪活动，是文化涵化功能的具体体现。

礼仪活动是农村文化礼堂内容建设上的重要方面，目前较多开展的有春节迎新、儿童开蒙、重阳敬老、国庆成年等礼仪。礼仪活动并非只是单纯的活动仪式，而是具有丰富的内涵。礼仪之中有教化、有规则、有秩序、有理念、有精神，礼仪规程、仪式活动则是对它们的传达、参与、体验。长期的浸润、反复的印象，可以使这些教化、规则、秩序、理念、精神成为习俗，成为习惯，成为日常生活的自然状态，潜移默化地影响精神世界，有效地净化和升华心灵。通过锲而不舍的参与、体验、浸润新春祈福、重阳敬老、启蒙、成人、结婚和村干部就职、新兵壮行等礼仪活动，使新时代中国特色社会主义的理念、精神、价值、规则、秩序，真正熔铸进农民群众的精神世界，成为新时代农村生活的价值理念、生活准则、习俗习惯。

礼仪活动得到基层民众的积极响应，各地结合本地民俗和实际需求，积极探索，创设了立春迎春礼、冬至感恩礼、村干部集体就职礼、新兵入伍壮行礼等活动。台州市路桥区创设了"乡村十礼"，分为"人生五礼"和"社区五礼"，现在绍兴、嘉兴也都已经形成了"乡村十礼"，逐渐构建一套完整的公共礼仪体系，将主流价值观，社会公德、职业道德、家庭美德、个人品德、责任意识、规则意识、集体意识、主人翁意识等等现代文明意识、良风美俗熔铸到岁时习俗、人生礼仪的每一个重要环节之中，在与日常生活的紧密结合中建立起新的乡村社会生活的秩序和规则。

（四）"整合"功能：以农村文化礼堂建设为例

整合功能主要是指文化协调群体成员行动的作用，旨在通过同一核心价值观念的约束和引导，有效协调多元文化，强化集群认同，减少摩擦冲突，弥合社会矛盾，构建和谐社会。

随着现代化进程，特别是城市化步伐的日益加速，中国社会经历着原有利益结构分化重构、利益群体多元并存、各种体制和思想激烈碰撞的社会巨变。文化是以内聚力维持身份认同、化解社会矛盾、增强社会团结的思想基础和重要方法。要重建稳定而有活力的新的社会秩序，关键在于重建文明健康的公共文化生活，通过抚慰、引领等文化整合作用，构建社会价值认同机制，培育公共意识、公共理性和公共精神，形成新的生活共同体。

文化的这种整合功能，在目前的浙江农村，体现得比较充分。在文化礼堂蓬勃开展的"好家风"等活动，逐渐形成的象征性文化符号（如礼堂标识、社会主义核心价值观、村歌、五廊）、新型文化规约（如新家规家训、村规、民约）、系统性礼仪框架、村民家庭档案等，基本建构起一个村庄共同体的初步雏形，以乡村历史中德治、礼治、教化等熟人社会治理方式中的积极因素为资源，助力乡村治理，在今天重视依法治国、建设法治社会的同时，发挥了以德治国的文化治理的独特功能和作用，丰富了乡村自治的层次和内涵。

（五）"创新"功能：以文化创意产业为例

创新功能既是指文化自身的创新发展，更是指文化推动社会创新的功能。

前者如文化创意产业的蓬勃兴起。创意产业是文化产业发展的高端形态，它的最大特点是以创意为先导、以高科技为支撑、以全球化为背景，是文化产业转型升级的目标形态，比如工业设计、艺术创作、动漫研发、网络视频等形态。

后者如文化创意产业与相关行业、日常生活相结合，即将文化创意与城市建设、村镇改造、民众生活等相结合，以文化创意的力量提升发展质量、美化人民生活，比如创意乡村、创意集镇、特色小镇，就是运用文化创意的理念和手法，保护历史文化、推动现代化发展。这是一种具有巨大发展空间的新的发展趋势，即以文化产业的发展方式，推动传统文化、传统产业和城市建设等各个方面的融合发展，提升生活品质，实现经济、社会、文化的一体化发展。

上述种种功能，汇聚在一起，就是文化的治理功能。它以文化的理念（比如文化调适、凝聚人心、价值认同）、资源（比如传承至今的优秀传统文化）、平台（比如公共文化服务体系、旨在转型升级调结构的文化产业）、方式（比如感化、习得的柔性调控）、路径（比如以文化人、日用而不觉的浸润），参与、介入社会治理，以此发挥治理功能，同时拓展文化自身的发展空间。

在我们坚持和完善中国特色社会主义制度、推进国家治理体系和治理能力现代化的时代进程中，具有深厚历史底蕴、当代创新活力的中国文化，应该也必定能够发挥其治理功能，成为国家治理体系的重要组成部分，发挥其应有的作用。

二、新时代乡村社会治理的文化路径

农村文化礼堂是浙江省于2013年根据省内农民生活需求和农村发展实际需要而启动的农村文化建设项目。将农村文化礼堂作为新时期农民精神家园、村庄精神文化地标的定位，突破了以往仅仅重视提供文化娱乐等公共文化服务的局限，是农村基层文化建设思路的提升。近年来的建设实践表明，文化礼堂在精神家园、精神文化地标的建设成效之外，还传承了乡村社会的文化治理优秀元素、熔铸了乡村基层社会治理的创新探索，呈现出助力乡村基层社会治理的深层次功能，走出了新时代乡村社会治理的文化路径。

（一）有关文化治理的内涵认识

社会治理是一项十分宏大的系统工程，涉及实践领域的方方面面和学术研究的政治、经济、法治、管理等众多学科。本文所指之文化治理，是社会治理的重要组成部分，主要是指以文化领域的凝聚人心、价值认同、以文化人等理念，传承至今的优秀传统文化等资源，公共文化服务、文化产业等平台，感化、习得、柔性调控等方式，日用而不觉的浸润等路径，参与、介入社会治理，以此发挥文化的社会治理功能，拓展文化自身的发展空间。

习近平总书记指出："一个国家选择什么样的治理体系，是由这个国家的历史传承、文化传统、经济社会发展水平决定的，是由这个国家的人民决定的。我国今天的国家治理体系，是在我国历史传承、文化传统、经济社会发展的基础上长期发展、渐进改进、内生性演化的结果。"[1]文中"历史传承""文化传统"的论述，从历史基础的角度将文化与推进国家治理体系和治理能力现代化紧密相关。

就"历史传承"而言，一是随着后工业化时代和生态文明时代的到来，在近代以来西方文化主导和工业文明鼎盛氛围里受到质疑否定的中国传统文化，其合理内涵得到重新估价，例如契合于生态文明的乡村价值，低能耗、低成本的乡村生活，道德教化、家族维持、民间调解的乡村秩序等等。二是在当前的乡村社会治理中，文化治理具有迫切的现实需求。目前各种宗亲会活动、祠堂修建活动层出不穷，有的即具家族性、基层性的社会组织和管理职能。此种传统回归与复兴良莠混杂，是需要正视的社会文化现象。如何辨析、提炼传统中的积极、优秀因素，切实有效地运用到当代新型社会秩序、社会规则和人际关系建设中，不仅是文化研究上的理论问题，更是社会治理的实践命题。

就"文化传统"而言，在古代中国的社会管理体系中，文化既是被管理的对象，也是广泛用于管理的手段，以此维持社会运转。古代中国以宗法制为社会形态，形成了以乡土情谊和人情关系为核心的宗法网络型礼俗社会特征，出现礼治、德治、教化、涵育等文化治理方式，是维持中国传统社会的重要力量和稳定因素。在宗族消亡、礼制消解、社会巨变的今天，表面上看，现代化进程使得传统社会迅速瓦解，传统文化治理方式也随之退出日常生活。但实际上，文化传统非常强大，深藏、沉潜于人们思想意识的深处、民间生活的深处，有待我们细致梳理，提取其中的优秀元素，加以创造性转换、创新性发展，借鉴运用。

目前有关治国理政的研究，多集中在政治、法治和行政管理等领域，对文化的社会治理功能和作用研究不多。从文化与治国理政的关系来看，目前的研究主要存在两个方面问题：一是在治国理政研究领域，很少有人关注到文化所具有的社会治理功能；二是在文化研究领域，很少有人关注到其与治国理政

---

[1] 习近平：《在中央党校省部级主要领导干部学习贯彻十八届三中全会精神全面深化改革专题研讨班开班式上的讲话》。http://news.xinhuanet.com/politics/2014-02/17/c_119373758.htm，2014年2月17日。

的直接关系。对我国这样一个正在推动政治、经济、社会、文化和生态"五位一体"现代化的国家而言，文化与治国理政两者之间的内在关联需要揭示，即应重视以治国理政的高度拓展文化发展空间、以文化的治理功能充实治国理政理论与实践的内容体系，以此互为推动，协调共进，从而丰富和充实"治国理政"的"新理念新思想新战略"。

（二）浙江农村文化礼堂建设述要

文化礼堂是浙江省委、省政府根据浙江农民日益增长的精神文化需要和农村文化发展实际、着力打造农村新时代精神家园、为社会主义核心价值观在农村落地生根开辟的新平台、新载体、新阵地。经过试点探索、提质扩面、打造品牌的过程，逐步形成了相对成熟的"建管用育"一体化的建设路径、制度框架和保障体系。

1. 文化礼堂的建设思路和标准

文化礼堂建设具有清晰的思路，这就是：紧紧围绕"兴起社会主义文化建设新高潮"和"增强农村发展活力、促进城乡共同繁荣"的总体要求，坚持规划先行、科学布局、分层推进，着力在全省农村打造一批以"文化礼堂、精神家园"为主题，以文化礼堂为标志的文化阵地综合体，完善以市县重点文化设施、乡镇文化综合站和文化礼堂为一体的新型公共文化服务体系，构建具有"引导人、教育人、鼓舞人、激励人"的农村新型文化体系，为农村科学发展、和谐稳定提供坚实的文化保证。

根据上述建设思路，经反复论证和在实践中不断探索调整，规范化的建设标准得以确立：按照有场所、有展示、有活动、有队伍和有机制以及学教型、礼仪型和娱乐型的"五有三型"标准，建设集思想道德建设、文体娱乐活动、知识技能普及于一体的农村文化综合体。

2. 文化礼堂的场所设施和活动内容

农村文化礼堂的场所设施包括：有一定规模的礼堂，配有舞台，满足农民群众举办文化节庆、文化仪式、文体活动以及村民议事集会等功能需求；有面向农民群众进行思想道德教育、形势政策宣讲、文明礼仪、科学和法律知识普及、生产技能和健身培训等的讲堂；按照国家、省里有关要求，有完备的文化活动室、农家书屋、广播室、"春泥计划"活动室、群众体育活动设施、文化信息资源共享工程基层网点等文体活动场所。鼓励有条件的县（市、区）同步建设网上文化礼堂。

以图片、文字、实物等展览展示村史村情、乡风民俗、崇德尚贤、时事政策等内容，是文化礼堂的重要内容载体。村史村情主要展示历史沿革、文化遗存、先贤故事、物产特产、重大事件活动；乡风民俗主要展示村规民约和积极健康的家训、族训、家谱、族谱以及非物质文化遗产；崇德尚贤主要展示新中国成立以来历任村党组织、村民委员会负责人的业绩，本村各类最美人物、道德模范、优秀学子、成功人士及善行义举；在时事政策方面，宣传展示最新的形势政策，上级党委政府重大决策部署和本村大事要事。

精心组织文化礼仪活动，是文化礼堂不同于其他农村公共文化服务活动的一大特色之处。在各地文化礼堂重点开展的礼仪活动有春节祈福迎新、儿童开蒙、重阳敬老、庆祝国庆活动、成人仪式等，以形式多样的礼仪活动吸引农民群众广泛参与，增强农民群众对文化礼堂的亲近感、认同感和归属感。

定期开展以党的理论和形势政策、思想道德、科学知识、法律常识、健康生活等为主题的各类宣讲和文体娱乐活动，是文化礼堂作为村庄公共服务平台所承载的重要活动内容。

概括而言，文化礼堂以教育教化、乡风乡愁、礼仪礼节、家德家风和文化文艺等集成性内容为建设范围，取得了不同于以往"一事一议"、丰富农民文娱生活、提供文化服务等常规认识和一般意义上的文化建设综合成效。

（三）农村文化礼堂的文化治理成效分析

浙江农村文化礼堂具有多方面的实践领域，具体到文化治理来看，大致有以下六个方面的建设成效和价值意蕴。

1. 重建乡村公共生活空间，凝聚村民集体归属感

太湖之滨的长兴县滨湖村，夏日里的文化礼堂华灯初上，为村民开启了文化夜生活：电影开播、排舞登场、村民登上舞台清唱越剧，引来阵阵喝彩。村

支书史水良说，平时大家办厂经商各忙各的，自从建了文化礼堂，大家又有了聚在一起的机会和理由。这个机会和理由，就来自文化礼堂构建的公共空间。

村庄是有机的社区聚落，集聚着各种人际关系和社会交往，由此构成村落公共空间。农村文化礼堂具有社会学意义上的"公共空间"性质，不仅为村民提供互助合作的平台，更重要的是塑造公共精神和共同价值观。"在广大农村，村民与村民之间、村民与干部之间，比较喜欢面对面的沟通交流。农村文化礼堂正是创造了这样一个公共空间，我们一定要利用好，持之以恒地开展宣传教育。"[1]

文化礼堂设置的"村史廊""民风廊"和"孝悌榜""寿星榜""贡献榜"等，将村庄以往的共同历史记忆和良风美俗作大众化的呈现，就是一种公共性的交流、互动，以此唤起村落共同体的情感归属和崇德向善的价值认同，为村民（特别是党员干部和普通群众之间）提供更多充分沟通、密切交往、紧密联系的空间和机会，建立起互相熟悉、互怀敬意和互感亲切的乡里情谊，打下构建共同家园的生活化基础。

不少地方将文化礼堂活动与乡村基层组织建设相结合，建构民众互助、基层自治的社会化空间平台。宁波北仑区红联社区将文化礼堂建设与基层党建、社会组织建设相结合，建有社会组织51个，成员2000余人，涵盖学习、文体、融合、服务、公益、治安等六大类型；绍兴新昌西山村文化礼堂则设有村民"议事林"；富阳环二村文化礼堂建起了"村民服务会所"。这些公益性、社会化的基层社会组织，以乡村历史中德治、礼治、教化等熟人社会治理方式中的积极因素为资源，助力乡村治理，在今天重视依法治国、建设法治社会的同时，发挥了以德治国的文化治理的独特功能和作用，丰富了乡村自治的层次和内涵。

2. 培育塑造主流价值观，巩固基层执政基础

乡村社会是执政的重要基础。随着我国基层社会结构的变化，传统上以地缘、血缘以及集体经济边界为基础的乡村社会组织结构不同程度地逐渐消解，

---

[1]　葛慧君：《在全省农村文化礼堂建设工作现场会上的讲话》。http://whzt.zjcnt.com/201405_whlt/9160.htm，2014年3月21日。

乡村向着"半熟人社会"甚至"陌生人社会"转变，部分村民由此而对村庄公共生活缺乏兴趣，对村庄公共事务表现出明显的政治冷漠，乡村社会日益松散化、多元化，基层社会治理困难加大。

文化礼堂的一个重要定位，是建成增强广大农村群众坚持中国特色社会主义的道路自信、理论自信、制度自信和文化自信的"红色殿堂"。她既发掘积淀起丰富多彩的以党史文化为核心的红色资源，也以多种形式向广大农民群众传达党和政府的惠民决策、传播社会主义先进文化，培育和塑造主流价值观，让党和政府的惠民声音真正传达至村庄村民；她以文化人、以文亲民，以文化之力推动基层党建、发挥党员作用，密切党群干群关系；她通过设置"村史村情廊""乡风民俗廊""善行义举榜""最美人物榜""寿星榜""笑脸墙"等将传统美德、良风美俗与现代文明相结合，作大众化呈现、唤起崇德向善的价值取向，建设优良乡村文明；她通过各种道德讲堂、时政讲座、政策宣讲等活动，培育农民群众的爱国热情，有效挤压宗教宗族势力渗透的心理空间，凝聚价值共识，促进基层农村和谐稳定。

文化礼堂的"红色殿堂"定位，既是政府的建设思路，也是村民的真情表达。新昌县外婆坑村位于大山深处，在他们通过"一条路""一片叶""一家人"致富的艰辛过程中，省市县各级党委政府给予了切实的关心扶助。为给崇山峻岭之中交通闭塞的村庄修一条机耕路，时任省委书记6次、市委书记12次上山进村，给予村民实际帮助。村民们致富不忘本，饮水更思源，他们在文化礼堂建造过程中，主动拿出家中具有纪念意义的与党史、革命史等相关的文物、物品，建起"红色土楼""红色驿站"，展陈他们心目中深深认可的"红色文化"，以此"红色纪念"表达他们对党和政府的感恩之心，也以文化礼堂为集中展示平台，向慕名而来的游客传达他们真诚朴素的情感。

3. 建设农民精神家园，构建新时期村庄生活共同体

文化礼堂建设在很大程度上与中国传统农耕文明具有内在的深刻关联。中国古代文明传统筑基于农耕文化，执守宗法名教，依凭伦理亲情，遵循经验习得，注重礼制教化。乡村文明是其中的重要组成部分。近代以来，宗法制和族长制消亡，耕作技术改良促进生产方式改变，物质丰富带来生活方式变化，

外力进入带来乡村社会形态和社会关系变革，人口流动打破村庄封闭格局形成多姓杂居。种种变革，不断打破、消解着乡村旧有的秩序和规则，以往的思想观念、老旧的经验方法、固守的社会秩序、熟悉的行为准则，都处于不断分崩离析之中，农民的困惑与迷茫在所难免，足可依凭归属的新型精神世界亟待重建。而如何重建新的社会生活秩序和规则，更是乡村文明自我更新发展的内在诉求。

文化礼堂在以往农村文化设施重视文化娱乐的基础上，以"精神家园"的定位做了性质、功能的提升，赋予其担当全体村民精神家园的重任。构建村民共同的精神家园、重建新的社会生活秩序和规则，从社会学的角度去认识，则不乏村庄生活共同体的内涵和意义。德国社会学家滕尼斯认为，共同体是指基于本能、习惯和记忆等自然意志而形成的"持久的和真正的共同生活"[1]。他将之分为血缘共同体、地缘共同体、精神共同体三种类型，并做了详细论证："血缘共同体作为行为的统一体发展为和分离为地缘共同体，地缘共同体直接表现为居住在一起，而地缘共同体又发展为精神共同体，作为在相同的方向上和意义上的纯粹的相互作用和支配。地缘共同体可以被理解为动物的生活的相互关系，犹如精神共同体可以被理解为心灵的生活的相互关系一样。因此，精神共同体在同从前的各种共同体的结合中，可以被理解为真正的人的最高形式的共同体。"[2]就共同体的组织和呈现形式而言，他提出了家庭、村庄、友谊和信仰团体等方式。

目前处于社会变革大潮中的乡村社会，正在不同程度地从血缘结合向着血缘地缘结合、地缘结合和地缘业缘结合等不同形式的组织形态演变。面对如此急剧的本质转变和新旧交替，新型共同体的建构，一方面需要契约制度、法律制度这样一些现代社会的方法，同时也不能忽视乡村既有的传统美德和乡土情谊，尤其需要借助蕴含着中国文化传统和民族文化心理的民间文化资源，运用文化治理的方式，逐渐培育起体现新时代文化特征的新型村落文化形态。

浙江在文化礼堂蓬勃开展的各种文娱、民俗、民艺、礼仪、"好家风"等

[1]　斐迪南·滕尼斯：《共同体与社会》，林荣远译，商务印书馆，1999年版，第54页。
[2]　斐迪南·滕尼斯：《共同体与社会》，林荣远译，商务印书馆，1999年版，第65页。

活动，注重把握由表及里、由浅入深的渐进式推进节奏，从唱歌跳舞、观看表演的文娱活动，到涵养民间生活规范的礼仪活动，逐渐向更高层次的构建基层社会公序良俗、充实丰富村民精神世界、构建生活共同体推进，体现了日常生活养成的理念和路径。

我们切不可小看这些民间日常活动的深刻意义。联合国教科文组织1989年出台的《保护民间创作建议案》认为："民间创作（或传统的民间文化）是指来自某一文化社区的全部创作，这些创作以传统为依据、由某一群体或一些个体所表达并被认为是符合社会期望的作为其文化和社会特性的表达形式；其准则和价值通过模仿或其他方式口头相传。它的形式包括：语言、文学、音乐、舞蹈、游戏、神话、礼仪、习惯、手工艺、建筑术及其他艺术。"[1]民间文化活动乃是一座饱含深情、期望、准则和价值的"深海"，积淀着民间大众牢固深厚的文化认同、情感归属、价值判断和精神取向，形塑着我们的行为规范，是维系村庄共同体的重要纽带。

4. 举行公共礼仪，建构村庄社会生活规则与秩序

我国素称礼仪之邦，具有礼治的历史传统。在古代中国，"礼"和"仪"是两个不同的概念。"礼"是制度、规则、观念和社会意识；"仪"是"礼"的具体表现形式，依据"礼"的规定和内容，从宗族制度、贵贱等级关系中衍生、形成的一套系统而完整的程序。因此，古代社会中的"礼"与"仪"，具有"礼治"的意义。它体现在人情关系、传统规则、习得教化和仪式规程中，是社会成员共同认可和遵循的集体意识、社会秩序和行为方式，是一套以维护宗法等级制为核心目标的礼制，一种根据"礼"的原则确立的治理国家的方式，深刻地影响了中国的文化传统和国民性格。乡村是中国传统文化的重要原生地和传承地，古代社会生活中的"礼"的意识形态、政治理念、社会功用、价值取向甚至在形式构成、仪式规程上，都与传统乡村生活密不可分，深切相连。乡村社会以习得、教化为特征的礼治传统，蕴含着中国人根深蒂固的家族观念、宗法文化、乡里情谊、桑梓之情、乡里秩序、社会规范，规约着民间百

---

[1] 乌丙安：《非物质文化遗产的界定和认定的若干理论与实践问题》，《河南教育学院学报（哲学社会科学版）》2007年第1期。

姓的日常生活。

由此可见，礼仪之中有教化、有规则、有秩序、有理念、有精神，礼仪规程、仪式活动则是对它们的传达、参与、体验。长期的浸润、持久的印象，可以使这些教化、规则、秩序、理念、精神成为习俗，成为习惯，成为日常生活的自然状态，潜移默化地影响精神世界和社会形态。

在当代农村建构公共礼仪，是文化礼堂之"礼"的意义所在。今天农村文化礼堂开展的礼仪活动，与古代乡村社会的礼治传统之间，既有历史的文脉传承，更有本质的不同，必须彻底摈弃旧传统中蕴含的宗法性、专制性糟粕，建立起符合社会主义核心价值观和现代文明意识的新型礼仪体系。

因此，文化礼堂之"礼"，既是仪式的举行，更具有以新型文化意识建构新时期乡村内在生活秩序和社会规范的深意。2013年初，在全面开展文化礼堂试点建设之前，省委宣传部邀请相关专家研究设计既传承乡村优秀传统礼仪文化、又适应今日农民需求、具有可操作性的新型乡村礼仪。经反复研究、征求意见、实际试点等多项工作，在最初的2013年版《文化礼堂操作手册》[1]中的"礼仪活动指南"中初步提供了开蒙礼、成人礼、婚礼、敬老礼、祈福迎新礼等五项礼仪活动指南，供文化礼堂活动参考。

礼仪活动得到基层民众的积极响应。在《文化礼堂操作手册》五项礼仪活动的基础上，各地结合本地民俗和实际需求，积极探索，创设了立春迎春礼、冬至感恩礼、村干部集体就职礼、新兵入伍壮行礼等活动。台州市路桥区创设了"乡村十礼"，分为"人生五礼"和"社区五礼"，旨在尝试构建一套完整的礼仪体系。

5. 活态传承优秀文脉，引领乡村传统创造性转化发展

传承弘扬优秀传统文化，既是文化礼堂的重要职责，也是推动其发展的建设资本。村史村情廊、民风民俗廊、崇德尚贤廊是文化礼堂设施建设的标准配置，很多村庄还以此为平台，建起了展陈农具、陶瓷、古籍、竹木器等传统

[1] 《农村文化礼堂操作手册》在工作推进中有多次修改，"礼仪活动指南"也随之做过修改补充，2014年版《农村文化礼堂操作手册》中，增加了"拜师""耕读""新兵入伍""村干部就职"等礼仪，计10项活动。

和手工器物的展示馆。这种制度化的建设要求，确保了目前既有乡村文脉的传承延续，许多反映村庄、家庭和个人发展历程的珍贵档案因此得到发掘保存。温岭沈岙村恢复修建了历史上的斗山书院，树起了本村文化名人的塑像，建起了陶瓷、古籍、书院等各种展示馆，让乡风乡愁通过文化礼堂得到生动的展示传播。

同时，梳理、展陈与建设的过程，也是陶冶传统文化内涵、融入现代文化元素、创新民间文化发展方式、加强先进文化引领作用的大好契机。苍南是传统宗族文化发达、氛围浓厚之地，全县现存807座祠堂。苍南县充分利用祠堂数量多、规模大的资源特色，因地制宜改建成文化礼堂，将原本一年仅举办一两次宗族活动的一族一姓之所，改建成全体村民共享的公共空间。村民在此歌舞欢聚、化解矛盾、议事议政，活动丰富，气氛活跃，情绪热烈。他们说，原先感觉祠堂里冷清清、阴森森的，不敢进来，现在活动多了，变热闹了，天天都想来走一走。他们将祠堂改建、居家养老、体育活动、文化娱乐等加以综合规划建设，丰富了村民生活，增进了村邻乡谊，淡化了宗族观念，陶冶了乡村文化的内涵，受到村民的热烈欢迎。这些祠堂的成功改建和礼堂活动的举办，在镇里起到显著示范作用，周边村庄出现了积极改建祠堂、争取列入县镇文化礼堂年度建设计划的"竞争"现象，呈现出以礼堂文化改造祠堂宗族文化、现代文明不断引领传统文化创造性转化、创新性发展的景象。

6. 恢复乡村生产活力，重建乡村生活体系

农村是乡土中国的主体，"三农"问题是今天中国发展的核心。无论是经济发展上的发展现代农业、基本实现农业现代化，还是生态文明时代带来的"逆城市化"新趋势，都表明农村在我国经济社会发展中需要重新加以认识的重要地位。文化礼堂作为落脚乡村的组织化平台，不仅是基层文化综合体，也具有改变一些地区乡村衰败困境、修复乡村内在生产生活机能的资源和路径优势。富阳区窈口村以文化礼堂展陈表演的女子龙灯、越剧等民俗民艺为资源，与农家乐和乡村旅游相结合，吸引本村村民回乡创业；温岭沈岙村文化礼堂复建的古代文化书院、文化广场改善了村庄环境，大大提升了本村建设用地的价格，提高了村集体经济收入；桐庐畲乡龙峰村在文化礼堂开办畲族酒文化活态

展示和三月三民俗活动，向来自全国的旅客商家展陈销售民族特产。这些具有传统文化元素的经贸活动和新型经济业态，是文化礼堂在参与绿色生态文明建设、发展乡村微型文化产业、推进文化旅游产业、吸引青年农民返乡、提供电子商务业态等方面的创新实践，既是文化礼堂维系自身可持续发展、提高实际使用率的内生性动力之源，更可以为调整农村产业形态、培育新型农民、创造就业机会、恢复乡村生产活力、重建乡村生活体系提供经验和启示。

（四）结语

浙江多年来的文化建设，特别是在相关于基层乡村社会的文化建设中，蕴含有丰富的文化治理的元素、手段和方式，呈现出不俗的成效。例如上述农村文化礼堂之于建构农村公共空间、巩固基层执政基础、建设村民精神家园等方面的作用，"最美现象""好家风""文化志愿服务队"之于提升村民文明素养、形塑民间良风美俗、促进价值观认同等方面的作用，家规家训、村规民约、乡土教化之于基层社会规则秩序整合构建等方面的作用，都是文化的社会治理功能的具体实践和成果显现。同时，农家乐、乡村旅游、乡土传统重建、逆城市化趋势等社会现象的出现，也表明了文化之于环保、绿色、生态、乡村复兴与重建的促进功能和作用。只是到目前为止，我们基本上都局限于从"文化建设"的角度去认识和开展工作，尚未清晰认识到文化在社会治理中具有强大功能这个核心本质。

这些实践和社会现象，一方面印证了"我国今天的国家治理体系，是在我国历史传承、文化传统、经济社会发展的基础上长期发展、渐进改进、内生性演化的结果"；另一方面则要求我们要更为深入地理解和探寻文化的社会治理功能，从而丰富和完善具有中国特色的治国理政体系。

浙江农村文化礼堂建设是一项走在前列的创新探索，是一段风起云涌的实践历程。她在浙江美丽乡村的房前屋后、田边地头，播下了文化种子、注入了文化甘霖，荟萃成一片郁然深秀的人文之景。凭借文化理念、文化机制、文化手段、文化资源，参与、助力乡村基层社会治理，为探索文化治理的内涵要素和整体框架提供了生动的实践案例和分析基础。

三、"后城市化时代"村庄共同体重建的文化路向

　　20世纪90年代以来，在全国范围内都有一批位于城市近郊的村落以地理之近，在城市化进程中率先成为新型城市社区，骆家庄即为其中之一。1993年以前的骆家庄，是杭州西部郊区的一个村落，地处西溪湿地，阡陌纵横，水网密布，农户散居于农田、竹林、桑园、鱼塘、柿树和芦苇之中，辛勤耕耘劳作于自然山水间。1993年土地征用、1999年撤村建居、2003年成立股份经济合作社，骆家庄从乡村转型为城市社区、从乡村集体经济转型为股份经济体制，生产生活方式发生巨变。目前，523户、2565人的骆家庄，经规划，以"城中村"的形态集中居住，分为东苑、西苑（分为一区、二区、三区）四个集中居住点，隶属西湖区文新街道。住宅用地之外，尚有集体留用地70亩，建成一个农贸市场、一个西溪科创园、一个健康产业街区和一个创业街。此即为本文所论骆家庄之地理范围和建制实体。

　　骆家庄这个古老悠久的江南水乡村落，在狂飙突进的城市化外力作用下，在极短的时间内急速转型成为城市社区，其转型过程、所受挫折、艰难磨砺、期盼向往以及生活重建的努力，在今天中国的城市化时代潮流里，具有显而易见的普遍性。作为农村城市化的先行者，骆家庄以其城市化之后的现实状况，为我们提供了"后城市化时代"村落与村民在城市中的真实生活场景，可以由此反观和检视正在进行中的城市化浪潮。其间，骆家庄人对乡村传统的怀念、对城市文明的向往、对重建新型生活共同体的期盼、困惑和努力，特别引起我们的关注。

（一）"后城市化时代"共同体重建的"骆家庄之问"

骆家庄因城市化而撤村建居，由乡村转型为城市社区。但是近20年来，对骆家庄人而言，"村庄"仍然是他们心中不变的家园，是他们面对城市化外力冲击时的天然依赖之所和支撑力量。他们以"骆家庄"的名义同进退、共荣辱，在不同时期的骆家庄居委会、骆家庄股份经济合作社的带领下，跨过了告别乡村、走向城市的重重困境，带着"乡关何处"的困惑和执着追求重建家园，建立起以原有村庄格局为基础、以现行居住地域为边界、以股份经济合作社为实体的新型生活"共同体"。

我们从研究中观察到，骆家庄至今为止的"重建"，是一种立足于维系和强化骆家庄这个共同体愿景上的全方位的家园重建，并且取得了很好的成绩。例如，在社会生活上，逐渐落实了骆家庄人的居住、户籍、社保、就学、就医等物质层面的城市生活保障。在经济发展上，完成了集体经济向股份制经济的转型，特别是2005年以来，以"共同富裕"为导向、以解决问题为抓手，探索转型升级之路，通过提升商业街区功能、高规格建设科创园、营建文化品牌、凝聚骆商等举措，实现了经济建设的快速增长。骆家庄股份经济合作社的收入，从2005年的501万元，增长到2021年的超亿元。

骆家庄维系和强化新型共同体的实践业绩，特别是其规划中的未来发展愿景，对一个村庄在城市化中的境遇和前景，提出了众多问题。

第一，关于乡村城市化的目标要求。如果说乡村的城市化是指村庄"化"为城市社区，村民"化"为市民，以个体身份完全融入原子化的城市社会、融入现代城市文明的大共同体中，那么骆家庄在主观意愿和努力上一意维系甚至强化"骆家庄"这个"共同体"的必要性与意义何在？一个立足原有村庄格局的经济、社会、文化全方位重建的骆家庄共同体，是否符合目前理论上既定的城市化本意？是否有违工作上既定的城市化方向？

第二，关于城市化进程中的"村落的终结"。在学界有关乡村社会、城市化、城中村等研究中，城市化进程中的村落命运，一直是被关注的热点。研究者们通过对城中村的研究，提出了许多富有启示性的见解。其中，"村落的终结"是一个不断被提及、被论证、被探讨的主题[1]，虽然"终结"的方式、过程和路径不一，但"终结"则被认为是其命定的归宿。这种观点，也曾经是笔者对骆家庄此类城中村命运的认识。

但是，从骆家庄目前的客观实际情形来看，"村落"非但没有"终结"，而且在原有村庄格局的基础上，立足城市，锐意进取，重建了一个自成一体的新型骆家庄共同体。这种现状让我们自然想到，在城市化的境遇里，类似骆家庄这样的近郊村，在"终结"的命运之外，是否还有通过"有机更新"等更为合理的制度安排而获得重建的命运与发展前景？[2]如果有，则其重建的方向、目标和方式，又将如何把握和实施？

第三，关于文化传统和精神世界层面的"人的城市化"。作为城市化进程中的先行者，随着物质层面"人的城市化"问题的不断落实，文化传统与精神世界层面"人的城市化"的困惑在骆家庄愈益呈现，既困扰着正在经历社会转型的当事人，也引起笔者的思考和探索：物质层面的变化容易适应，而文化与精神层面的困境往往难以打破。传统乡村文脉是在城市化的过程中湮灭于城市文明，还是以独特的传统能量影响城市文明？老传统、旧经验渐行渐远，能否释怀？当下生活纷繁多样，怎般应对？是特立独行地坚守自我以示"乡土风"，还是融会新知地包容前行展现"时代性"？具体如何践行？标准怎么把握？种种的疑问，是骆家庄人难以释怀的精神之惑，其间包含了对以往田园家居岁月的回忆和念想、对当下身在何处的迷茫和感怀、对未来理想生活的追问和探寻。

---

[1] 如李培林：《巨变：村落的终结——都市里的村庄研究》，《中国社会科学》2002年第1期；《村落终结的社会逻辑——羊城村的故事》，《江苏社会科学》2004年第1期。周锐波、闫小培：《集体经济：村落终结前的再组织纽带——以深圳"城中村"为例》，《经济地理》2004年第4期。田毅鹏、韩丹：《城市化与"村落终结"》，《吉林大学社会科学学报》2011年第2期。陆益龙：《村庄会终结吗？——城镇化与中国村庄的现状与未来》，《学习与思考》2013年第10期。龚春明、朱启臻：《村落的终结、纠结与未来：经验反思及价值追寻》，《学术界》2016年第6期。以上诸文从不同角度对村落的终结问题做了研究，提出许多具有启示性的观点。例如李培林就曾在《巨变：村落的终结——都市里的村庄研究》中提到"村落终结过程中的裂变和新生"，笔者认为，此即村庄在"后城市化时代"转型、重建的契机之所在。

[2] 毛丹在2010年时即已指出："由于村落共同体在现代社会面临空前复杂的推压力量，村落共同体究竟可以何种方式、途径联系社区外力量，究竟趋向存留、新生还是衰亡，客观上存在着多种可能性。"见《村落共同体的当代命运：四个观察维度》，《社会学研究》2010年第1期。

从实际的情形来看，乡村文脉不但得到骆家庄人的固守，而且开始影响周边城市社区。并且随着近年来的传统文化复兴之势，影响愈益显著。其间的良莠并存需要我们取精华、别糟粕，但更重要的在于它给我们的启示：在人的文化传统和精神世界层面，是不是只有"乡村化向城市"这一条单向路径？

以上起因于撤村建居后追寻"乡关何处"的"骆家庄之问"，就其实质而言，乃是骆家庄作为一个整体性的"共同体"如何与外部世界相处的问题，亦即如何看待和处理卷入城市化潮流的村庄与其面对的外部世界的关系问题。

（二）骆家庄新型共同体整体内涵中的双向特质

实际上，在经历了撤村建居、股份制改革后，除了集体经济的股份分红与城中村的集中居住方式之外，骆家庄可以维系其作为一个整体的社会性、经济性的资源、机制和力量，已经十分有限。在经济生活上，村内集体经济由合作社董事会负责经营事务，村民以股民的身份领取分红；在村民的经济收入中，集体经济分红并非主要收入来源，各家以房屋出租、社会就业、外出打工、企业经营等方式各自谋生。在社会管理上，骆家庄并非独立社区，作为骆家庄管理者的合作社，其性质是股份制企业，职责是负责经营骆家庄留存的集体经济，没有社区事务管理的权限和职责，与街道之间不存在垂直的行政隶属关系。在居住形式上，许多村民都在村外购有住房，并不住在村内，地缘性的社会联结已被打破。在社会关系上，虽然亲属关系基本一仍其旧，但也因生产、生活方式之变而逐渐淡漠，新生代之间的交往则更为疏离。

总而言之，撤村建居，特别是股份制改造后的骆家庄人，随着户籍、社保、就业、就学等城市生活必备条件的逐渐落实，便具有了与其他城市居民一样的身份，就是一个"城里人"；城中村也就是一个普通的居民小区，只是以"城市排屋"甚至"独栋"为特征的居住形式，不同于一般城市社区的公寓，保留着鲜明的可辨识度。

因此，有关骆家庄的前景，在骆家庄内部也有不同的认识和做法。有的合作社管理者认为，合作社只是企业，只要经营好集体经济，保证股民分红即可，不必承担行政管理事务；有的则认为，从解决征用土地时的遗留问题，解决城中村产权以及中老年村民文化素质、教育背景、就业能力较差需要提供援助等几方面考虑，骆家庄需要一个"过渡"性的集体组织，但绝非长期行政管理机构；也有人认为骆家庄作为一个村庄的分化和消解是大势所趋，无需为此纠结，更不必着意挽回；不少村民依靠房屋租金和外出打工自谋生路，与村庄的联系越来越少；有的则经营企业有方，搬出村外居住。总体上看，随着与城市交往的密切和深入，村民的外向度和村庄的凝聚力之间渐成反比。

笔者曾与合作社党委书记和董事长章忠平探讨过村庄的"终结"和骆家庄的"重建"问题，并了解他作为村庄共同体坚守者和立意重建者的个人思考，以及邀请我们课题组研究骆家庄历史与未来发展的意图。在章忠平看来，街道虽然不是合作社的上级行政主管部门，但一直关注、关心骆家庄，把它视为实际上的下属单位，从维护社会稳定发展的角度支持合作社对村庄加强管理。就他个人而言，首先是作为党委书记和董事长对于村庄发展的职责所在，其次是出于他个人对村庄与乡邻的深厚情感和责任担当。然而，最重要的，乃是对往昔忠厚平和、和衷共济、礼尚往来等乡村美俗良序难以割舍的情感，对茶馆调解、长幼有序等乡村治理方式的崇信和怀念。他一直认为，在骆家庄的城市化转型中，需要寻求一条具有乡村内在传统的整体发展之路，他有心在骆家庄承续、重建这样一个乡村传统。但由于缺乏理论视野和知识储备，对这个传统只有感性的认知，却缺乏清晰认识，难以全面把握，无法厘清它与现代生活、城市文明的接榫之处。这便是他和合作社面对的现状，和决定要着力解决的问题。

2013年至今，通过伴随、参与与研究，笔者直接参与了骆家庄股份经济合作社的环境治理、文化礼堂建设、和美家园规划以及节庆活动、龙舟盛会、小舟竞渡等多项社区建设活动；又在有关骆家庄的大量的前尘往事、不同讲述、纷繁现状、利益诉求和观点表达中，钩沉出一个城市化进程中基于传统村落格局的"共同体"更新、重建和成长的初始轨迹。

骆家庄目前这种立足于经济、社会、文化全方位重建的作为，看似都是维系和强化骆家庄整体性共同体的努力，但实际上却可以分出两个层面来认识，就其内涵特征来看，具有方向相异的不同特质。

第一层面，指的是经济与社会层面的重建，它基本符合目前既定的城市化方向。骆家庄上述种种体现在社会管理上的重建努力，走向清晰，就是不断演变成为一个普通的城市社区，更好地融入城市生活。体现在集体经济上的重建努力，路径明确，就是集体经济转型为现代股份经济制企业，如果这种转型推进顺利、不断完善、日益强大到一个规范的现代企业的话，必然会与目前承担的行政管理事务分化、或是剥离。它可以在"村庄"转型为"社区"的城市化轨迹之外，提供一个"村庄"转型为股份制企业的选项，却绝对不是骆家庄整体性共同体的同路人。因此，社会和经济的这两种走向和发展，已经完全脱离了乡村根基，在现代社会的框架下按照内在的发展逻辑和法则运行，进而达至物质层面的城市化。它们符合目前既定的城市化方向，具有"村落的终结"的性质。只是这种"终结"，不是消极的衰败、不是悲观的咏叹，而是积极的作为、有效的更新，是在旧生活的"终结"中重建并获得更美好的物质生活保障。

第二层面，则在于文化传统和精神世界。这是对笔者最有启发意义的领域，也是骆家庄共同体更新和重建中最有特色、最显成效之处。骆家庄人的日常生活中，存续着一个丰厚的乡村文化传统和驳杂的精神世界，古今相会、新旧相糅，乡村传统活力充盈，城市文化不断渗入，对周边城市区域的文化影响力慢慢呈现。它是骆家庄社会治理的重要手段，也是骆家庄人精神寄托的家园，是其共同体重建中唯一不能简单"化"入城市、具有独立存在价值的领域，不仅对骆家庄而言具有内生的合理性、真实的必要性，而且具有超越骆家庄自身命运的时代意义。

故此，笔者认为有必要对其详加论述，以此探索"人的城市化"中文化传统和精神世界层面的现实处境和转型重建的求索之道。

（三）乡村传统：绵密悠长的共同体文化之根

重建新型生活共同体的内生根柢，在于骆家庄积千年时光凝聚而成的乡村传统。

研究发现，虽然骆家庄脱离乡村生活已20余年，但在其日常生活中，"乡村"仍然是一个活着的传统，它并未随着物质生活的城市化而如风飘散，而是突显在节庆、民俗、礼仪、信仰、文娱等村民自在自得的精神文化生活领域，体现出根基深固、流绪遍布、乡风熏染等特点，成为骆家庄在精神层面的"人的城市化"中，不可忽视、必须直面的基本现实。

1. 乡村文化传统根基深固

重阳敬老、端午龙舟、崇佛敬佛、民间戏曲以及舞龙、舞狮、打腰鼓等习俗、民艺、娱乐活动，是传统乡村社会的重要文化生活形式，在今天的骆家庄都有广泛的保留，表现活跃。特别是村中普遍存在的崇佛敬佛活动，让笔者感受到了乡村传统的根基深固，难以轻言移易。

骆家庄村民的宗教信仰，至今仍以佛教为主。据《乡关何处：骆家庄的历史、转型与重建研究》课题组[1]问卷调查显示，被调查的村民中91.4%信仰佛教、8.2%不信教、0.4%信仰其他宗教。93.1%的村民以各种形式参与寺庙活动，以春节时所占比例最高，为75.2%；此外为菩萨生日等节日占51.7%，超度亡灵念经占15.9%，经常去祭拜祈求的占11.0%。村里的增福庙、一方庙和三官堂，成为举行佛事活动的主要场所，灵隐寺、普陀山、九华山等佛教圣地，也是去得较多的地方。

古代中国有自成体系的村社庙宇制度，在基层乡村，往往是"村村皆有庙，无庙不成村"，由村民自发成立管理机构维持日常庙务。骆家庄村中的增福庙，即为此类村庙。它在骆家庄1992年土地征用至今的行政区域变动中，几经搬迁，一直与村民相伴随。至2013年，经全村自愿捐款和村合作社资助，在现址上建起固定庙舍，成为村民开展民间信仰活动的场所。据村民陈学政介绍，增福庙有一个由11位60—80岁的男性村民自发组成的管委会，负责卫生、香烛、接待、安全、斋饭、经费等日常庙务管理。他们每人每月值班3天，加上菩萨生日等，有时需值班5—7日。劳务报酬十分有限，一个值班日仅领取50元补贴，从香烛款中开销。这些老人之所以愿意几近义务地承担寺庙管理，一个主要原因就在于他们自己都信从佛教。

---

[1] 2013年至今，笔者组织《乡关何处：骆家庄的历史、转型与重建研究》课题组开展相关研究，撰成近50万字研究专著，2016年5月由浙江人民出版社出版。

增福庙管委会之外，村里还有100多位老年妇女从事为村民服务的佛事活动，自发组成自我管理的相应团队。笔者访谈过的一位73岁的老年妇女，就是一个30多人村民佛事服务团队的领头人。据她介绍，她们以12人为一组，从事的主要活动有每月初一、十五和菩萨生日时的念经拜佛，村中老人过世后的头七、三七、五七、六七和周年的念经超度，以及她们自己的日常修行。据这位老人说，村里请她们念经、做佛事的人家很多，以至于她需要用一个专门的本子记下各种预约。有时还忙不过来，需要她协调安排。[1]

土地神及其祭祀形式"社"，是最能体现传统社会"以农立国"特征的古老信仰习俗。在访谈中，我们发现，它至今仍在骆家庄得以保留。骆家庄早先的"社"，建立在自然村的基础上。土改后，自然村在行政建制上先后改为队和组。至今为止，骆家庄九个组仍旧按照原先自然村时期的地理位置，以"社"的形式分别归属于增福庙、一方庙、三官堂：三组、六组、七组、八组、九组和五联村的一个组，归属于增福庙；一组、二组则属于三官堂；四组、五组属于一方庙。各社均有"社头"，增福庙6个社的"社头"，都在庙的管委会中服务。村民去世后，家属各按"社"之所属到相应的庙里去上庙，做了"六七"以后，将牌位送到庙里。与以前不同的是，现在的牌位不是木制的，而是用信封封起来的纸制牌位，经老太太念经超度后焚烧，这样就表示这个人进了庙。据接受访谈的老人说，现在村里去世的人，都是这么做的。[2]

信仰习俗根深蒂固，但骆家庄人崇佛信佛的原因，也有新的变化。他们对菩萨的崇信一如既往，但随着生活水平的提高，祈求菩萨保佑的，不是升官发财，而是身体健康平安、生活美满幸福。不少老人都表示，现在日子好过了，钱差不多就行了，健康平安才是最重要的。在信仰之外，骆家庄人的事佛，也夹杂着众多不同的世俗考量，比如：通过为村民提供有偿佛事服务获取相应报

---

[1]　受访者为骆家庄村民陆法子，访谈人为笔者。
[2]　受访者为骆家庄村民陈学政，访谈人为笔者。

酬，丰富和充实自己的日常生活，锻炼身体[1]，和睦邻里和家庭关系[2]，获得减轻家务操持的理由，在村中获得存在感，提高文化水平[3]，等等。

2．乡村生活印迹流绪遍布

传统乡村的生活印迹，细致入微地体现在骆家庄日常生活的众多方面。撤村建居已近20年，虽然生活在市民身份和城市社区的组织架构下，骆家庄人却仍然一直以村民自居、相互认同；无论住到哪里，他们的厨房里总是供着灶王爷的塑像；本分、忠厚、孝顺是他们崇尚的价值观；乡邻有难，众人相助的风气依然[4]；长幼尊卑有序的社会意识和生活秩序，仍然存续。在我们的课题研究中，骆家庄老年协会是所有访谈、座谈以至稿件审阅的主体，合作社党委和董事会对老年协会表现出充分的尊重、信任和依赖。

大规模的集体性民俗节庆活动，是乡村文化传统的重要形式。骆家庄虽然离开了原来农田、水塘、桑园、竹林的自然环境，以"城中村"的形式集中居住于城区，但仍然位于西溪湿地边缘，在其居住地之西，特别是原来的集体留用地一带，即濒临紫金港河。这种得天独厚的自然环境，为骆家庄留住了一份水乡脉息和一片传承水乡民俗文化的空间。

端午节的划龙舟和村民聚餐活动，是骆家庄全村老少一般不会缺席的村民集聚日和继承村庄文脉的象征仪式，每年雷打不动。据本课题组所做问卷调查显示，在划龙舟的参与度上，有84.3%的村民认为端午参加划龙舟是头等大

---

[1] 例如："这个多拜佛也是锻炼身体呀，跟做操一样的……拜跟锻炼身体一样的。夏天很热的，都要开空调的。12拜拜好，再拜48拜，加起来也有60拜了，拜好就肯定热起来了，所以也是锻炼身体，别人以为信佛就不锻炼了，其实也是在锻炼的。"受访者为村民张美英，访谈人为《乡关何处：骆家庄的历史、转型与重建研究》课题组成员钟其。

[2] 例如："信佛能减少村里边是非，即使是隔壁邻居也没有时间去讲这个讲那个了，那就相互之间不会说你不好、说他不好了呀，纠纷也就少了。现在就算有人打电话找我，我就直接过去就好了，不会一路上跟这个聊天、跟那个聊天的，没这个时间，所以我感觉信佛是很好。"受访者为村民张美英，访谈人为钟其。

[3] 村民陆法子在接受笔者访谈时说，她只念过三年书，基本上都忘了。后来因念经和为村民提供佛事活动服务的需要，通过写经、记录村民佛事预约排班等活动，不但认识了更多的字，而且也会写字、记事了。这让她觉得是意外收获。

[4] 例如："一般有事，大家多少总会帮一些。我们这儿因为借高利贷、赌博卖房子的人很少，蒋村那边就多了。碰到这样的事情，大家总会想方设法去拉拉他。基本上不拿利息。人能改就好。"受访者为村民骆在坤，访谈人为《乡关何处：骆家庄的历史、转型与重建研究》课题组成员汤敏。

事，每次都参与，有10.4%的村民认为有空就参加，3.7%的村民认为自己会偶尔参加，只有1.6%的村民表示从来不会参加。在对划龙舟活动性质的认识上，认为是一种娱乐活动的人数比例占3.7%，认为是一种节日活动的占30.3%，认为是一种村民生活中的重大活动的占44.0%，认为是骆家庄集体象征的占21.9%。由此可见，端午划龙舟活动在骆家庄有广泛的影响力、认可度和参与度，村民们普遍认为划龙舟并非只是单纯的娱乐，而是重要的村庄节日和集体活动，具有村庄集体精神的象征意义。

从集体性的村庄共同体认同角度来看，在骆家庄，端午节的意义甚至超过中国人最为看重的春节。骆家庄青年陆伟康就认为，端午比过年"还要热闹，人的聚集度更高。过年的话主要还是亲戚跟亲戚之间的联络。那一个组里面不可能全部都是你的亲戚吧？划龙舟活动的时候是整个组一起活动和吃饭的"[1]。

3. 生活中的乡风熏染与传承

随着杭州城市化进程的加快和城市规模向周边郊区的快速推进，骆家庄已然成为杭州城西的中心地带，村民的生活环境和生产生活方式也不断地转换为城市模式。村里的不少中青年人，通过就学、就业、婚姻以及离村在外居住等方式[2]，脱离了村里的居住区域。如此，则骆家庄的乡村文脉，是否就会因此而断裂、失传呢？

生活中的乡风传承与熏染随处可见。就居住形式而言，因村民多在近村之地购买商品房的地近之便，"离村不离家"成为骆家庄的一个特点。在外购房居住的成年子女，都时常回村探望父母或不定期地共同生活，不少孙辈则与爷爷奶奶同住，于日常生活中接受老一辈有关规矩、礼节、习俗和价值评判的言传身教。[3]近年来，不少村民因照顾老人小孩、管理出租房、依恋熟悉的邻里关系、方便与董事会和服务站联系、享受文化礼堂提供的健身娱乐服务等原因，重新搬回村内居住。如此种种，既是日常生活的需要，也是对乡土文化情

---

[1] 受访者为村民陆伟康，访谈人为笔者。

[2] 课题调查问卷显示，有62.1%的被调查者在骆家庄集中居住区之外购买了商品房。

[3] 受访者为村民陆伟康，访谈人为笔者。

感和生活传统的回归。

如前所述，端午划龙舟是骆家庄集体生活中具有标志性意义的文化符号和精神象征。课题问卷调查结果显示，骆家庄关注龙舟活动的人群，中年人的比例为38.1%，青年人比例为29.5%，小孩比例为9.0%，中青少年对村庄龙舟传统的关注率达到76.6%，占据绝对优势，表明作为传统节日的端午划龙舟，并非只是老年人热衷的活动。

端午节中，与划龙舟具有同样重要意义的，是端午集体聚餐。在端午龙舟盛会那天的中午和晚上，村民们以组为单位、或细分为以龙舟为单位[1]，集体筹款、集体买菜，聘请专业厨师，带着大灶台、大锅、蒸架、蒸笼等全套用具，各自寻找村里的露天空地，搭棚摆桌，举行数十户、上百人、几十桌的集体聚餐活动。届时，村内各地十分热闹，全村老少除个别特殊情况外，都兴高采烈地济济一堂，畅饮餐叙。至今为止，年年如此。这场聚餐，对骆家庄人而言，具有特别重要的意义。"划了龙舟之后晚上吃饭，大大小小都来了，这样呢大家关系就拉近了，原来没有这个机会拉近关系的嘛。……一个呢提供一个机会，一个呢就是说认门了。大家说姓陆的啊，都姓陆的。"[2]

村里的增福庙也是传递和传承乡村文化的生活平台。庙里在重要的节庆、节气和菩萨生日等日子里，都会向村民免费提供立夏饭、腊八粥和汤团等民俗食物和香烛。村民们便会携儿带女地前往，领受食物，体验民俗，烧香拜佛，祈福求平安。据增福庙管委会的老人介绍，2015年除夕夜，庙里通宵开门接待村民敬香，免费提供汤团以示团圆祝福。那晚，他一人就煮了60包汤团，以每包40只、每碗6只计算，就有400碗之多。[3]

综上所述，可见撤村建居至今已近20年的骆家庄，原有的村落形制已然消解，城市生活的各种制度安排也已逐步落实，而村民们基于乡村文化传统的观念、意识、习俗、行为和深层次的社会关系网络，却没有"终结"，它们在新

---

[1]　骆家庄以往一般是一个组一条龙舟，现在随着经济条件的改善，有的组会拥有两条以上的龙舟。

[2]　受访者为村民陆金海，访谈人为笔者。

[3]　受访者为村民陈学政，访谈人为笔者。

的环境里调适涵化，自在生发，顽强延续。

（四）文化治理：共同体建构的有效路径

物质生活层面的快速城市化与精神文化层面乡村传统根基深固、活力充盈的现象，物质生活水平的日渐提升与精神文化生活的形态守旧、需求难以满足的矛盾，使得骆家庄在共同体重建的方向和着力点上，自然而然地指向了精神文化领域。为此，合作社殚精竭虑、多方筹措，对村民传统乡土文化情结的尊重、对乡村文化传统和本村历史文化资源的传承、对城市文化和现代文明的学习和汲取、对政府文化建设要求的主动对接，成为其"共同体"重建的精神导向、重要方式和有效路径，体现出强烈的文化自觉意识。其间，文化以其传承、凝聚、治理的多重功能，呈现出它在共同体构建中的多重效用。

1. 提供优质资源，凝聚精神内核

记忆中的乡村传统和骆家庄以往的优质乡土文化资源，不但是村民们的念想，也是领导者的"乡愁"。他们顺应村民的精神需求，常态化、多元化地开展各种有特色、有品质、有意义的群众性乡土文化特色活动。例如，在文化礼堂重现旧时骆家庄居民喜爱的茶馆、社戏、越剧等休闲娱乐方式；举行重阳联欢、重阳晚宴，传递传统敬老美德；恢复骆家庄已有400余年历史的小舟制作工艺，申报市级非遗项目，开展"小舟竞渡"系列活动，自发保护紫金港母亲河；邀请专家学者深入挖掘骆家庄的乡土文脉，梳理村庄历史。"让高水准高品质的文化与教育，提升骆家庄人的精神长相。"[1]

前面提到的带有村庄共同体认同意义的端午龙舟盛会，既是村庄传统的延续，更是合作社党委主动积极复兴龙舟文化的结果。早在2006年5月，合作社"为了弘扬和继承传统民族文化，发扬团队合作精神，充分展示骆家庄、五联、登云圩三个村的民俗风情和精神面貌，共建和谐文新"[2]，联手五联股份经济合作社、登云圩社区组织了在紫金港河道的"龙舟盛会"，目的是增强三

[1] 骆家庄股份经济合作社：《记住最美乡愁 再现和美家园——西湖区文新街道骆家庄走出一条内生性文化发展之路》，2015年12月。

[2] 骆家庄股份经济合作社：《骆家庄"龙舟盛会"组织实施方案》，2006年5月23日。

个村的村与村、组与组、人与人之间的友谊，增强凝聚力和向心力，全面体现团结、和谐的人文精神和新面貌。活动中，合作社以披红的方式为到现场的每只龙舟奖励2000元。

此后，合作社根据村民对龙舟活动的积极响应，坚持每年一次组织村里的龙舟活动，从人员组织、龙舟制作、经费补贴、安全保障、精神凝聚等各个方面予以切实支持。在龙舟制作上，合作社出资13万元，建成一艘"满天装"龙舟，为老年协会所用，成为村里龙舟中的"旗舰"；同时还积极壮大龙舟阵容，将全村的龙舟从原先的11艘发展到今天的32艘。在经费补贴上，合作社以披红的方式，每次奖励每只参加活动的龙舟一万元，用于包括端午聚餐在内的开销。几年下来，传承与创新兼容并蓄的龙舟文化，逐渐稳定为骆家庄的集体性常规活动；从乡土传统和村民共识中提炼出来的"团结、拼搏、进取"的龙舟精神，逐渐成为受到村民认可的"村庄精神"。源于乡土传统、扎根村民生活、融会时代新知的龙舟盛会，在活泼、热闹、祥和的氛围里自然生发，成为家园重构的精神导向。

2. 调整内部关系，重构规则秩序

土地征用、撤村建居、建立股份经济合作社，骆家庄在渐进式的步步推进中，完成了从村民到市民、从乡村到社区、从小农经济到股份制企业的转型，也使得原先的乡村生活秩序随之消解。在完全迥异于以往田园水乡的城中村里如何自处、在相对逼仄的空间里如何为邻、在繁华的大都市里如何生活，都需要重新梳理、调整各种内部关系，建构新的规则以供遵循、新的秩序以为引领。合作社从日常生活层面的家风、习俗、礼仪、手艺等文化事项着手，尝试新规则、新秩序的逐步建构。

"和谐之星"评比是一项涵盖全村、带有建立新型人际关系、建构秩序框架意义的活动。评比涉及"快乐少年""有为青年""贤惠媳妇"和"慈祥老人"四个层面，关涉老中青少四代，目标指向是树立"孝老爱亲、邻里互助、遵纪守法"的文明新风，增强村民的归属感和认同感。此外，则在日常生活的事事处处精心布局，用心培植。例如在知识能力的培育上，邀请专家上党课，讲解各种方针政策，特别是新时期的惠民政策；定期邀请养生专家举办养生讲

座，为居民讲解禁烟、防病和四季养生等健康知识。在就业能力提升上，建立志愿服务、科技知识、司法调解进文化礼堂等机制，架起村民和政府、社会之间的沟通桥梁，增强村民向外就业谋生能力。在村务管理上，建立大事通报、村官述职、村民选举等制度，设立村民"议事堂"，成为村民议事集会和协商解决邻里纠纷的重要场所，增强村民的自治能力，培养自我管理的民主意识。在文明素质上，设计和开展少儿"入学礼"、表彰每年三好学生和高考优秀生的"星光颁奖礼"、重阳敬老礼等系列人生礼仪和岁时节庆中的礼仪活动；讲解个人文明礼仪和城市生活规则，提升村民素质和修养；联合浙江省曲艺家协会于村中设立创作基地，为村民提供高规格文化大餐，丰富文娱生活。在手艺传承上，开办寒暑假期免费手工技艺培训课堂。在社区相处上，与兄弟社区开展文化走亲等交流互动，促进交往，密切关系。

凡此种种，通过传承弘扬优秀乡村文化传统、学习吸纳现代城市文明等活动，在日常生活中建构新的共同体规则和生活秩序，给予村民安全感，于潜移默化中提升村民的集体认同感和归属感，构筑稳定的内部生活环境，为村民面向外部世界的探寻和适应城市生活提供稳固的基础性支撑。

3. 优化公共空间，提升生活品质

2013年，浙江在全省农村开展建设文化礼堂试点工作。骆家庄作为城市社区，不在政府的试点建设范围之内，上级主管部门也没有建设要求。骆家庄却闻风而动，利用集体经济实力和合作社的组织保障，在服务大楼中腾出两个楼层高标准建设骆家庄文化礼堂。据董事长章忠平介绍，其建设初衷之一，就是文化礼堂与他们原本就有的承接乡土社会时期骆家庄茶馆调解纠纷、交流信息、闲谈聚会等功能的设想一致，可以营建起一个适合于全体村民共同拥有和参与的村庄公共空间，"为村民提供筹办红白喜事、看大戏、看电影的场所，为民间艺术提供传承阵地，为民间艺人提供展示舞台，为文体爱好者提供交流平台，为政策宣讲和科学知识普及提供讲台"[1]。文化礼堂建成后，随着各项活动的开展，不但成为村中老年人休闲娱乐、村民议事的场所，还受到居住村

---

[1]　骆家庄股份经济合作社：《记住最美乡愁　再现和美家园——西湖区文新街道骆家庄走出一条内生性文化发展之路》，2015年12月。

外的骆家庄年轻人的欢迎，他们因此而增加了回村的次数，在文化礼堂里健身、交流，密切了与村庄的日常联系。

4. 骆家庄新型共同体的文化特质和意义

骆家庄在时代变迁的过程里、在外力影响的境遇里，带着"乡关何处"的精神迷茫和追索，不断适应新环境、调整新策略、吸取新元素，以新的形式进行新的建构。他们在琐碎绵长的日常生活里细致坚韧地接续传承着乡村的传统、虔诚谦恭地学习接受着城市文化的熏陶，作出了有关村庄新型共同体的文化重建努力，这里，既有对上级部门工作意图的主动对接和着力贯彻，也有基于本地文化传统和文化资源特色的考虑和安排，呈现出丰富多元的文化要素叠加，从大的类型来看，确然不离大小两个文化传统的层次。一方面，是骆家庄对接政府要求、走向城市文化、现代文明的清晰轨迹，这种轨迹既是时代环境的必然趋势，也是骆家庄在撤村建居时代命运中的主动作为；另一方面，则蕴含着丰富的乡土文化元素，是一条以"大力推动原生文化挖掘与建设"为基础的"内生性文化发展之路"[1]，它既是合作社以传承优秀传统文化和乡村特色资源凝聚人心的工作策略，也是骆家庄精神文化生活多重面向的整合和自我认同。上述两个方面的结合，共同构筑起了骆家庄这个新型共同体的文化特质，体现出文化价值认同对于一个共同体建构的重要作用。

今天来看，这样一个熔铸了村庄历史、家园记忆、乡土情谊和城市文化、现代文明的丰富饱满的骆家庄文化形态，形塑了生气勃勃、活力满满的骆家庄新型生活共同体，呈现出特殊的意义。

德国学者滕尼斯认为："共同的风俗和共同的信仰，它们渗透在一族人民的成员之中，对其生活的统一与和平至关重要。"[2]我们将这种"对其生活的统一与和平至关重要"的习俗和信仰的作用，理解为是文化的社会治理功能的一种体现。就因外力冲击而家园消解、茫然面对新世界的骆家庄村民而言，新文化建设的意义，不仅在于文化娱乐、精神抚慰，更是生活秩序建构和村庄治

---

[1] 骆家庄股份经济合作社：《记住最美乡愁 再现和美家园——西湖区文新街道骆家庄走出一条内生性文化发展之路》，2015年12月。

[2] [德] 斐迪南·滕尼斯著、林荣远译：《共同体与社会》商务印书馆，1999年版，第75页。

理的方式，以此给予村民秩序感、安全感，帮助他们获得"家在此处"的稳定心理归属。

骆家庄的经历和实践，不仅是它自身在转型路上与时俱进、转型重建的探索，而且还向我们昭示了一种具有普遍可能的意义，以回应城市化道路上乡民们普遍存在的"乡关何处"的精神困惑：在城市化带来的转型中，传统村落可以通过重建而以上述这样一种精神文化共同体的方式在城市之中生存，建立起足可依凭的、城乡文化优质要素丰富共存的精神家园。被时代席卷而入城市化进程中的村落，内部蕴含着传承、新生和绵延的巨大能量，它们的命运，不但不会轻易"终结"，还有可能以有机更新式的"重建"而"成长"。其中的能量，既有行政推动等外力相助的作用，也来自于乡村文化传统自身的潜在动力，更得力于村庄精英和村民们的家园意识、淳朴情感和基于摸爬滚打实践基础上的不懈努力。因此，骆家庄的"重建"和"成长"，具有深厚的动力源泉、扎实的实践基础，经历了长期的生活历练，故而生动、鲜活、有力量。以骆家庄目前的情形来看，这种转型中的"成长"，成果初显，长路漫漫，其情可嘉，其效可待。

（五）价值超越：乡村文化反哺城市与当代新型文化形态建构

骆家庄通过文化治理重建共同体的实践成果，还有远远超越于村庄自身命运的价值。

新型城市化发展理念强调坚持以人为本，推进以人为核心的城市化。笔者认为，"人的城市化"具有丰富的内在结构层次。就物质生活和待遇层面的城市化而言，其方向不容置疑；但就文化传统和人的精神世界而言，城市化一语并不完全恰当，也难以真正做到[1]。

城市是人类文明的标志，与乡村社会相比优势明显。然而，文化的多样性

---

[1] 在以往的研究中，农村的城市化方向包括物质与精神文化两个方面。例如刘毅华认为："城市化的文化推进，实质上就是把'城中村'人的思想和行为融入城市文明"，"用先进的城市文化塑造村民的新观念、新思想，坚持'以人为本'的发展理念，逐步改变村民落后的文化素质和小农经济意识，使其在职业、文化素质、思想观念和生产生活方式等方面发生根本转变，成为真正的城市居民。"见《文化整合是城中村改造的核心——以广州城中村为例》，《现代城市研究》2007年第8期。

特征、城市文化的多元异质性，特别是高节奏、高能耗、高污染、高成本的城市生活模式和人们在文化归属上的无根、空壳、冷漠之感，也促使我们反思城市文化的不足。具体到文化传统和人的精神世界的"人的城市化"，其所面临的问题是：我们能否做到彻底改变如此巨大的进入城市的乡村人群的乡村文化基因？让数以亿计的村民轻率舍弃绵密深厚的乡村文脉，舍弃智慧充盈、厚重灿烂的中国人的精神世界，一头"化"入以西方文化模式为主、已然备受质疑的城市文化之中，是不是好的选择？

在近代以来西方文化主导和工业文明鼎盛的氛围里受到质疑否定的中国传统乡村文化，随着后工业化时期的到来，其中的合理内涵开始得到重新估价，例如契合于生态文明的乡村价值，低能耗、低成本的乡村生活方式，道德教化、家族维持、民间调解的乡村秩序，等等。乡村是中国文化的原生地，也是传统文化的集聚地，至今深藏和传承着形态纯正、特色浓郁的中华文明要素。对此，城市化既可能是破坏的力量，也可以成为重建和创新的契机，关键在于我们怎么做。

乡村文化的价值，并非仅仅来自形而上的乡恋乡愁，而是实实在在地存在于解决过度城市化危机的现实需求中。欧美出现的城镇转型、社区支持型农业、城市农业等运动，我国撤村建居社区对乡村生活的念念不忘和自觉传承，形式不同，本质无异，都是人们在城市化过程中对人与自然和谐、工业与农业交融、城市与乡村共荣的追求，体现出以有根、有机、有情为目标，构建城乡互动互惠的新型文化形态的努力。此种情形，既是时势使然，也是历史逻辑。

英国托特尼斯小镇的城镇转型是一种"有根化"的努力。它针对工业化、城市化生活的气候、能源危机，以"永续农业"为理念，倡导重建本地生态复原力、建构扎根本土的可持续生活方式和文化系统，鼓励各社区因地制宜地减少能源消耗，降低对化石燃料供应链的依赖性，唤醒地方民众对于可持续生活方式的意识、建设当地在可见未来的"生态复原力"。

盛行于美国的社区支持型农业（CSA）是一种"有机化"的努力。它鼓励农户采取有机农耕方式善待土地、市民下乡开设小型有机农场，使人们近距离接触绿色土地，感恩自然，放松身心，体现的是农村对城市的哺育、农业对城市的支持、农耕文明对城市心灵的滋润，城乡由此有机关联、和谐共荣。[1]

类似于骆家庄这样的撤村建居社区是我国城市化的先行者，其当下生活是村庄社区化、村民市民化后的实情呈现。在这些社区，外在的文化形式易变，内在的文化情感难改。他们对传统的守望和传承，是一种"有情化"的努力。这种努力不但为其自身提供面对外力冲击时的内在支撑，也对其周边的城市社区产生文化反哺。在端午节简化到几乎只有粽子的城市里，骆家庄草根型、乡土味、原生态的龙舟盛会活动，情意真切，活力十足，吸引大批城市居民观赏、参与，为城市节日带来乡土情谊、公共娱乐和"团结、拼搏、进取"精神的形象感召力。此外骆家庄舞龙舞狮队、越剧社、太极拳队等面向公众的公共演出等，也都呈现出乡村文化反哺城市精神生活的良好效应。在目前新建的骆家庄文化礼堂里布展的水乡风貌、龙舟传统和制作技艺、水乡小舟的申遗故事等等，都将对外公开免费开放，成为社区公共文化服务的有机组成部分。

积极探索具有乡土本色"根柢"、城乡互动"机理"和中国人文"情意"的新型文化形态，是城市化进程中保护乡村文化、更新城市文化、丰富精神世界、滋润人类情感的可行途径。骆家庄现象说明，村落物质形态的终结，并不等于乡村文化的终结；骆家庄在传承传播乡村文化，学习吸取城市文化，共建城乡反哺、互动、融合的新型文化形态上的尝试和经验，不但证明在物质层面的"人的城市化"不断落实完成的同时、文化传统和精神层面的"人的城市化"绝非唯一可行的方向，也证明了乡村文化具有反哺城市的功能和价值，让我们看到了中国城市化进程中新型文化发展的可行方向。在今天片面强调城市文明价值的现实里，尤其具有特别重要的现实意义和理论价值。

上述有关骆家庄在"后城市化时代"当下生活的个案研究，描述了此类村庄在城市化进程中的"转型"与基于"有机更新"的"重建"实态，揭示出文化传统和精神世界层面"人的城市化"中存在的问题和对解决之道的求索探析。笔者认为，其意义既相关于骆家庄的自身重建与发展，也相关于各级政府切实了解城市化进程中"人的城市化"的真实情景、决策城乡文化建设的推进

---

[1] 李良涛、王文惠、王忠义、宇振荣：《日本和美国社区支持型农业的发展及其启示》，《继续教育研究》2010年第9期。

方向，更相关于学界切实回应现实生活的理论需求，真正深入基层社会，研讨中国乡村的当代命运，思考乡村文化的当代价值，并由此摒弃由乡而城的线性文化发展观，合力共建城乡互动、融合、反哺的新型文化形态，为构筑我们这个时代的基层社会价值认同提供坚实基础。

四、乡村礼仪体系的创造性转化创新性发展

礼仪活动是浙江省农村文化建设的重要组成部分，建设者期望以此作为构建农村公共文化活动空间、建设农民精神家园的载体。在省委、省政府决定于2013年初在全省行政村部署开展文化礼堂建设时，省委宣传部邀请相关专家研究设计既传承乡村优秀传统礼仪文化、又适应今日农民需求、具有可操作性的新型乡村礼仪。经反复研究、征求意见、实际试点等多项工作，在最初的2013年版的《文化礼堂操作手册》[1]中的"礼仪活动指南"中初步提供了开蒙礼、成人礼、婚礼、敬老礼、祈福迎新礼等五项礼仪活动指南，供文化礼堂活动参考。

（一）古代中国社会的礼治传统

中国古代的"礼"和"仪"，实际是两个不同的概念。"礼"是制度、规则、观念和社会意识；"仪"是"礼"的具体表现形式，依据"礼"的规定和内容，从宗族制度、贵贱等级关系中衍生、形成的一套系统而完整的程序。因此，古代社会中的"礼"与"仪"，实际上具有"礼治"的意义，与以下一些概念密切相关：礼俗、礼制、礼法、礼教。

古代中国是一个由家、族、宗三个概念构成的宗法制的社会。所谓家，是指夫妇共同生活所组成的人群最小单位。所谓族，是放大了的家庭，即指以夫妇组织的家庭为基础的血缘姻亲关系网。中国古时有"三族""九族"等说。

---

[1]　《农村文化礼堂操作手册》在工作推进中有多次修改，"礼仪活动指南"也随之做过修改补充，2014年版的《农村文化礼堂操作手册》中，增加了"拜师""耕读""新兵入伍""村干部就职"等礼仪，计10项活动。

所谓宗，是一族之内的先祖，始终处于主导地位，为后代所敬奉遵从。围绕"宗"的亲疏等级区分，具有特定的法则，这就是"宗法"。

宗法制的一个重要表征，是森严的家族制度以及对家族关系的重视，五世以内（祖父母、父母、己身、子、孙）往往累世同居，形成几代同居的大家庭，形成对宗族关系和家庭伦理极为重视的传统观念。这种观念又经由家庭扩及至家族、宗族，形成一个亲戚、族人、同乡、师长、朋友等关系密切的关系网，构成中国封建时代社会人际关系的基本模式。

在这样一个基本模式中，不论家庭、家族或国家，其组织系统和权力结构都是严格的父权家长制。家庭之内，父亲地位至尊，"父为子纲"，权力最大；一国之内，君主地位至尊，"君为臣纲"，权力至大；"夫君者，民众父母也"，各级行政长官因此被百姓视为父母，"父母官"的说法，即来自于此。另外一纲，就是"夫为妇纲"。故此，父与君互为表里，国与家彼此沟通，"家是小国，国是大家"，"古之欲明明德于天下者，先治其国；欲治其国者，先齐其家"[1]，形成了中国式的"家国同构"的社会结构。

这种以亲戚、族人、同乡、师长、朋友等密切关系构成的社会关系、"家国同构"的社会结构、"三纲五常"的主流集体意识，造就了古代中国以乡土情谊和人情关系为核心的宗法网络型的礼俗社会特征，从中产生出一整套严密的"礼制"，实行的是严格的"礼治"，具体到生活中，体现在以下这些方面。

礼体现在人情关系中。因为古代中国是充满乡土情谊和人情关系的宗法网络型的礼俗社会，所以国家治理，就在密实而又复杂的人情关系之中展开。《礼记》认为，礼在人间，情为其实："礼义之经也，非从天降也，非从地出也，人情而已矣。"[2]因此，古代的礼治，就存在于社会生活的言行践履和人情关系之中。儒家的亲亲原则要求在家族之内，父慈子孝，兄友弟恭，以天伦护持父子兄弟夫妇之间的亲情，"百善孝为先"。在家族的基础上，通过"推己及人"的路径，由近及远地扩展到宗族乡党、邻里乡亲的领域，形成了亲切

---

[1]　《礼记注疏》卷六十，四库本。

[2]　《礼记注疏》卷五十六，四库本。

深厚、持久绵密的乡土情谊，这就是孟子说的"老吾老以及人之老，幼吾幼以及人之幼"。这种乡土情谊，不仅是情感上的亲密，也是道德上的认同，甚至还是利益上的共同体。现在我们常见的各种以地域关系联结而成的同乡会等等，探寻其源头，正在于亲亲原则下形成的乡土情谊。

礼体现在传统规则中。在"鸡犬相闻，老死不相往来""山高皇帝远，村落犹一国"的封闭、稳定的乡土社会里，人与人之间非亲即故，构成的是一个熟悉的生活空间，这就是所谓的熟人社会，生活基本上是定了型的。定了型的生活，自有定了型的经验去应对，各种经验的传承，使得生活方式世代传递，成为规范、习俗、规则，成为每一个乡土社会之子在出生前便已得到的礼物。故此"子不教"，才会成为"父之过"。这一整套的传统规则，就形成为"礼制"，人们对它是十分信任、尊崇以至敬畏的。

礼体现在习得教化中。古代社会的礼仪，承担着十分重大的教化职责。上面所说的作为"规则"的"礼制"在社会上的实行，在很大程度上靠的不是政治权力的推行，而是贯穿在日常生活中。各种节庆、各种生产生活的民俗，比如春节祭祖、中秋拜月、重阳敬老，以及祭拜黄帝、大禹，供奉胡公大帝、蚕花娘娘，等等，都是传统社会规则、祖宗家法的传承，目的是在言传身教、口耳相传中起到教化作用，让人心悦诚服地对传统规则和宗法权威顶礼膜拜，以此达到孔子所言的"非礼勿视，非礼勿听，非礼勿言，非礼勿动"的境界。

礼体现在仪式规程中。从字形上分析，"礼"字从"示"从"豊"，"示"是"神"的本字，从"示"的字，一般与神有关；"豊"则是一种祭器。以祭器祭神，就是一种庄严的仪式。比如大家都很熟悉的祠堂，主要供奉祖先的神主牌位，是宗族的祭祀场所，通过一系列的祭拜仪式，表达对祖先的崇拜。

礼是仪式规程，但这种仪式规程不仅仅只是单纯的娱乐行为，不是一事一行的例行活动，而是种种"有意味的形式"。如果说"礼"是内在的道德性、是一套规则，"仪"就是将此道德性和规则外化的形式和途径，这些形式和途径的具体化的过程，就是仪式规程的具体实施。

综上所述，古代中国传统社会生活中的"礼"，是社会成员共同认可和遵循的集体意识、社会秩序和行为方式，是一套以维护宗法等级制为核心目标的礼制，一种根据"礼"的原则确立的治理国家的方式，它延续数千年之久，是维持中国传统社会的重要力量，是中国文化发展中的稳定因素，深刻地影响了中国的文化传统和国民性格。

乡村是中国传统文化的重要原生地和传承地，古代社会生活中的"礼"的意识形态、政治理念、社会功用、价值取向甚至在形式构成、仪式规程上，都与传统乡村生活密不可分，深切相连。乡村社会以习得、教化为特征的礼治传统，蕴含着中国人根深蒂固的家族观念、宗法文化、乡里情谊、桑梓之情、乡里秩序、社会规范，体现了民间大众对中华传统文化天然的亲切情感和深厚热爱，滋养着民间百姓的日常生活，体现了中华民族文化绵延不绝的连续性、强大坚韧的传承力和生生不息的充沛活力。

古代乡村礼治传统固然与今天农村文化礼堂开展的礼仪活动有着本质的不同，其中蕴含的大量的封建糟粕，是必须彻底摈弃的。本文对此加以论述，是希望借此说明：

一是礼仪活动的实质和意义，并不在于形式和规程，而在于蕴含于形式和规程之中的内涵和价值；礼仪并非只是简单的文化活动，而具有重要的政治、社会功能。其实，不但是中国传统文化，其他西方文化、印度文化等，都是如此。

二是从中叙述我国乡村文化传统的一些特点，因为在某种程度上，它对今天的生活仍然存在影响，比如讲人情、重经验、尊孝道、好面子、看重乡土情谊等等。这些现象体现出中国人潜在的文化心理意识，深深地熔铸在中国文化传统之中，乡村社会尤其如此。

（二）农村文化礼堂礼仪活动的丰富内涵

传统乡村的地域封闭性、熟人社会的生活方式、约定俗成的生活环境、注重经验习得的社会形态，都使得乡村社会相对缺乏适宜于公共场合的规则和秩序的氛围和训练。进入现代社会之后，乡民们原有的不良行为习惯，既折射出现代文明礼仪的欠缺和个人素养的不足，也大有害于乡民群体的正面形象。

因此，剧烈变动甚至处于消解过程中的乡村礼仪传统，如何利用自身优秀的、合理的、可生性的资源和要素，通过与现代观念和需求的结合，融会新知，出陈翻新，重建新规则、新秩序，既是时代之需，更是其自我更新发展的内在诉求。

建设农村文化礼堂，是一项传承于我国独特的文化传统、独特的基本国情的工作，礼仪活动是其重要组成部分。从对古代乡村社会和乡村文化传统的了解中去理解礼仪活动的精神实质，准确提炼其中的优秀元素，以推动中华优秀传统文化创造性转化、创新性发展为基本原则，深入认识和把握今天构建文化礼堂礼仪活动的内涵，可以更为主动、有效地发挥礼仪活动在今日乡村的实质性作用，而不至于仅仅停留在举行仪式和规程的层面。

1. 礼仪是人生的伴随和护卫

礼仪存在于生活的每时每刻，体现四季年轮的自然节律，人生旅程的重要结点，伴随和护卫人的一生，是人之为人的一个重要表征。

在四季年轮的自然节律如春节、元宵、清明、端午、七夕、中秋、重阳、冬至、除夕里，传统乡村都有相关礼仪形式。在人生旅程的重要结点如七岁开蒙、十八岁成人、结婚成家时，也都有相关礼仪形式。

2. 礼仪是亲情的表达和传递

含蓄内向的中国人缺乏直接的表达，即使家庭和亲人之间也是如此。礼仪活动可以加深对亲情关系本质的理解，加深互相之间的感恩之情（父子母女之间不是只有单纯的社会关系，其间有共度生活艰辛的人生经历、养育孝顺的恩情、相濡以沫的关系，是应对外部世界的共同体），借以和睦家庭关系。

例如文化礼堂设计的重阳敬老礼，以礼赞生命、虔敬感恩、鼓励自强、表达关爱为主旨。在敬老礼的祝词中，诚恳、正式而充分地表达了我们平时不太可能说的对长辈的爱戴、感恩的话语。

3. 礼仪是人际的互动与敬意

人际互动是形成公共活动空间、公共生活理念的前提，集体性的文化认同，是形成共同价值观、集体意识、精神家园的基础。如果每个人都是独来独往的个体存在形式，如何形成公共性的基础？怎么形成集体意识和共同的精神家园？在活动中相互交流、表达、理解，在坚持大原则的前提之下求大同、存小异，互相理解、互为包容、互存关爱、互致敬意，是礼仪的一大功能。

例如文化礼堂设计的迎新祈福礼，以团拜致辞、村民感言、祈福送福、共思三过、礼迎二新等礼仪，以走出各自家门、参与公共活动、融入集体氛围的方式，通过村民之间的交流互动、互致敬意、互送祝福，增强邻里乡亲的熟悉感、本乡本土的亲密感、加深干部群众之间的联系和融合，在共度传统佳节的美好气氛里，感受、认同和强化具有内在民族情感基础的集体意识和价值观念。

4. 礼仪是规则的学习和养成

礼仪是社会成员共同认可和遵循的集体意识、社会秩序和行为方式，通过礼仪活动，可以学习和养成基本的个人和社会规则。

（1）个人生活的规则，就是人的自我教养

朱子《童蒙须知》"衣服冠履第一"即要求："大抵为人，先要身体端正。自冠巾、衣服、鞋袜皆须收拾爱护，常令洁净整齐。我先人常训子弟云：'男子有三紧，谓头紧、腰紧、脚紧。'头谓头巾，未冠者总髻；腰谓以条或带束腰；脚谓鞋袜。此三者要紧束，不可宽慢，宽慢则身体放肆，不端严，为人所轻贱矣。"

（2）公共生活的规则有很多，这里以社会公德为例

公共生活需要规则的约束和维持，走出熟人社会的村民在进入现代生活时需要讲规则，包括文明礼仪、公共秩序、公共道德、法律意识、契约意识、公民意识、国家观念等等，与他人、与社会的交往相处之道，社会责任，权利义务，等等。既是为他人，也是为自己。

例如文化礼堂设计的开蒙礼，是学童求知之路的启蒙，礼仪中设计的正衣冠、拜师礼、点朱砂、以"人"字开笔破蒙，诵读《弟子规》，都是旨在教导学童懂得尊重老师、尊重知识、孝敬长辈、谨严守信、仁爱友善等等基本的为人处世的社会规则，从小受到浩然正气为人之本的观念的熏陶。成人礼则通过礼仪的举行，教导青年树立国家意识、公民意识、责任意识、法治意识、服务意识，树立正确的权利义务观念，立志成为有理想、有道德、有文化、有纪律

的社会主义公民。

5. 礼仪是心灵的净化和升华

鉴于以上种种礼仪的实质，故此礼仪之中有教化、有规则、有秩序、有理念、有精神，礼仪规程、仪式活动则是对它们的传达、参与、体验。长期的浸润、反复的印象，可以使这些教化、规则、秩序、理念、精神成为习俗，成为习惯，成为日常生活的自然状态，潜移默化地影响精神世界，有效地净化和升华心灵。

（三）开展农村文化礼堂礼仪活动需要把握的几个方面

1. 精神性

文化礼堂的礼仪活动，不能仅仅关注形式，要看到并牢牢把握礼仪活动的精神实质和思想内涵。农村文化礼堂的礼仪活动，都蕴含着丰富的精神性内涵。在举行这些礼仪时，需要重视礼仪内涵的传达和展示，准确、扎实、充分、饱满地落实到位。

不要生硬照搬和机械复古传统礼仪，要根据构建先进文化、建设新型精神家园和当代农村生活的实际需求，重建新型公共礼仪。比如敬老礼，一是应摒弃以"二十四孝"为代表的传统孝道中的"愚孝"成分，不但鼓励后辈的"孝"，也要提倡长辈的"慈"，建设新现代的父慈子孝观念，彼此感恩，以达代际和谐。二是在弘扬敬老、尊老、助老的同时，也要适度鼓励老年人在力所能及的范围内自强自立、互帮互助，体现自尊自爱的人格风范；对老人的见义勇为、奉献社会的高尚义举，更应予以大力表彰。三是在传统的家庭侍奉、孝顺之外，要将文明养老、科学养老、社会养老、政策养老等时代新风引入人们的观念中。

2. 公共性

农村文化礼堂开展的礼仪活动，强调的是公共性的新型文化生活的培育，旨在现代社会秩序和规范的构建。因此着重点不在个人的文明礼貌或家庭礼仪，而是新型公共礼仪的重建。以期通过公共礼仪活动，在人和人之间（特别是党员干部和普通群众之间）提供更多可以充分沟通、密切交往、紧密联系的空间和机会，建立起互相熟悉、互怀敬意和互感亲切的乡里关系和情谊，打下构建共同精神家园的基础。

3. 内生性

农村文化礼堂开展的礼仪活动，不是官方布置的任务、上级要求的工作、例行应付的公事，而是来源于民间原有的礼仪传统、生发自乡民们内在的生活和精神需求，具有内生性的原发基础。传统的乡风美德，只是在工业社会、市场经济和西方文明的冲击下，在人们的视野和行动里或隐没、或凋敝、或消失；但在心灵的深处，它们仍然存在，野火烧不尽，春风吹又生。礼仪活动应该是一阵阵春风，催生村民们心中对于真善美的向往，激发出他们内在的热情和创造力，以他们自己的力量，唤起乡村生活的内在活力，孕育出一片绿意葱茏的精神天地。

4. 主动性

农村文化礼堂开展的礼仪活动，不是具有身份限制的、角色定位的、技能门槛的活动，而是鼓励人人参与的、属于乡村每一个人的活动，每一个村民都是礼仪活动的主角。干部与村民平等参与，主办方、管理者只是服务，不要人为地设置条件和障碍，而是要敞开大门，尊重每一个人的参与权，保护每一个人的积极性，真诚地欢迎每一个人的参与。

5. 持续性

文化的积淀、传统的形成、教化的作用，都是"时间的养成"，形成于长期的陶冶历练和潜移默化之中，绝非一时可以求成，需要持续培育涵养。农村文化礼堂开展的礼仪活动，不是短期行为，也难以一蹴而就，需要长期的探索、实践、坚持、完善，因此既不能草率应对、敷衍了事，也不能急功近利、急于求成。目前的不成熟、不满意、不完美、不见效，都很正常。关键在于沉下心来，埋头去做，细大不捐，自能积功至巨。

五、江南文化的品质再造和时代表达

文化软实力是深化长三角高质量一体化发展的重要力量，随着长三角一体化发展国家战略的深入推进，文化建设得到进一步关注重视。积淀深厚、品质优良、享有盛誉的江南文化，既是长三角高质量一体化发展的基础性支撑，也需要在长三角一体化发展战略带来的时代契机中，强化一体化格局，拓展国际化空间，创新现代化表达，提升江南文化的内在蕴涵和整体品质。

（一）强化江南文化的一体化格局

1. 在构建长三角区域共同体中推进文化创新

长三角是我国经济最活跃、创新能力最强、开放程度最高的区域，也是文化发展最为多元、交流碰撞激烈的区域。历史上江南地区吴、越、徽州、海派等文化各具特质，现代化进程更带来经济社会发展水平差异，例如改革开放之初的南通，与苏州的GDP差距是3亿元，现在落后于苏州1万亿元，造成文化建设基础不一。国内外新移民的大量进入，更使区域内理念驳杂、价值多元。

构建稳定而有活力的长三角的重要关键，在于增进长三角一体化发展的共同体意识。其内涵就个体而言有关各成员与区域环境相谐的家园认同、与区域社会相通的情感归属、与区域发展同步的自我实现；就区域而言有关各多元主体基于传统熏陶的文化认同、基于价值认同的理念趋近、基于共同目标的信任互助，以及作为一个共同体所应具有的合作架构和运行机制；就工作路径而言有关突破自然、行政、经济、社会和心理多重边界，以感知性、功能性、规范性、结构性的多重融合构建整体形象。如此的发展需求和建设内涵，正是文化建设可以大显身手的广阔舞台。

2. 实施长三角文化共同体建设计划

（1）以毗邻区域文化空间建设为试点

《长江三角洲区域一体化发展规划纲要》明确提出省界毗邻区域是一体化发展前沿地带。省界毗邻村镇具有地缘人文优势，例如上海金山廊下镇与平湖广陈镇都有山塘村，一桥相连；江苏吴江芦东村与嘉善湖滨村隔路相望，安徽省休宁县龙田乡与开化齐溪镇一山分南北、隧道通两镇。各地在跨省工作、购物、联姻、求医问药等日常生活中得以深度融合，目前又有多种跨界合作，为探索文化协同发展打下良好基础。建议以毗邻区域小尺度文化空间联动发展为试点，探索长三角文化共同体建设的可行性。

（2）发挥数字技术优势

上海、浙江等省市具有数字技术、智慧城市等优势，在长三角文化高质量一体化发展中具备领衔创新的能力和责任。

一是借鉴目前广泛普及的智慧型公共文化服务和"互联网+"模式，牵头建设"江南云"公共文化服务圈，构建公益性数字文化服务体系。

二是借助现代数字人文技术，建设专题性综合性文献数据库，整理研究利用江南地区浩如烟海的文化遗产和当代创新业绩，构建长三角区域文化整体形态，全景式动态追踪区域精神成长史。

三是建立网络自媒体从业人员教培联盟，强化思想道德、职业素养和业务能力，在净化网络舆论环境、坚守意识形态阵地上树起长三角标杆。

（3）开展中小学生研学旅行，培育共同体意识

教育部《关于推进中小学生研学旅行的意见》倡导通过集体旅行方式开展研究性学习和旅行体验相结合的校外教育活动。长三角区域是开展研学旅行的优选之地，通过线路、基地建设形成研学旅行网络，既可促进区域内的资源共享、教育融合、旅游发展，也能从小筑牢融合根基、培养共同体意识、培育协作精神。

（二）拓展江南文化的国际化空间

1. 在打造世界级城市群中构筑新时代东方生活美学形态，建设展示东方大国形象的"重要窗口"

文化与国际竞争力紧密相关。早在浙江工作期间，习近平同志就认为文化竞争广泛渗透于经济、科技、国防等国力竞争中。只有迅速建立文化优势，才能在激烈的国际竞争中捍卫自己的战略利益。在2013年以提高国家文化软实力研究为主题的中央政治局第十二次集体学习中，习近平同志强调要注重塑造我国的国家形象，其中重点之一，就是展示"政治清明、经济发展、文化繁荣、社会稳定、人民团结、山河秀美的东方大国形象"，对"东方"元素予以高度重视。

作为世界第六大都市圈的长三角城市群，由文明昌盛的江南古城组成，在思想学术、山水园林、诗文戏曲、书画印、丝瓷茶等领域造诣精妙、臻于化境，形塑了具有审美意义的日常生活形态，体现了探微索赜、穷高极远、诗意风雅的审美追求，在人类生活史上以富于江南特色、东方气质的创造性累积居于文明高端，以此成就东方生活美学典范。作为元典性、根脉性、历史性的审美典范，江南蕴藏深厚资源宝藏，既可与日本、韩国、新加坡发达东方国家的城市一较高下，更可与其他五大城市群错位发展，在借势西方世界已有的"东方"意象认知，以柔性生活方式和审美文化传播中华文明、吸引世界眼光、消除偏见歧视方面，具有独特优势和实力。

在构建人类命运共同体的宏大架构中，融合历史传统、制度优势、经济实力、现实创造，建设以东方生活美学形态为核心竞争力的长三角城市群，追求中华民族伟大复兴的文明愿景，为我省建设"重要窗口"提供精彩的东方文化篇章，既考验文化工作者的想象力、创新意识、创意才智和实践能力，也是文化建设可以纵横驰骋的广阔天地。

2. 重视文化资源的深度解读和世界表达

江南文化积淀深厚，在目前受到重视运用的文化资源之外，尚沉潜着极其丰富的深层次经典性文化资源，对其深度提炼、准确解读、活化利用，是推进文化自身和经济社会发展的潜在资本。例如近代湖州庞元济、张珩、徐森玉、徐伯郊等以书画文物鉴藏构筑湖州—上海—香港—台湾—日欧美艺术交流圈，书画文物巨迹遍布世界各地，联通丝茶等贸易，深入经济、思想、外交、军事、政治领域，成为世界舞台上东方形象的典型表征，经济价值连城，文化意义历久弥新。以此为题材策划各类创作、展示、表演活动，是助推长三角城市群走向世界的便捷有效路径。建议在浙江博物馆、浙江图书馆等新馆开馆时，突破局限于浙江资源和本地主题的传统视野，学习故宫博物院、上海博物馆等策展思路，整合国内外藏品资源，深度发掘人文内涵、江南场景和东方故事，举办"南浔云烟：20世纪的书画中国与世界"等面向世界观众的系列化国际化文化大展。

（三）创新江南文化的现代化表达

发挥江南地区兼具佳山秀水、美丽乡村、经济发达和历史文化底蕴深厚等综合优势，综合上海的国际化视野和平台、创意能力和水平、国际经济文化之都，江苏的园林、戏曲、书画等深厚艺文资源和经济实力，浙江的绿水青山、民营经济和数字技术，安徽的科技实力、原生态山水田园资源和价格洼地等多种优势，实施长三角地区新时代东方生活美学形态建设计划，以生活美育、艺术创作、创意设计、数字技术、商业运作等为手段，构建江南地区新时代东方生活美学形态，分类分层级分地区由点及面地稳步推进，为长三角文化发展拓展全新领域，作出先行探索，奉献浙江智慧。

1. 充实建设项目的东方文化核心内涵

以道法自然、天人合一为价值准则，体现人与自然、人与人、人与社会、人与自我和谐相处的"和合文化"，兼具浙江特色，体现东方智慧，又有全球价值，是具有普世意义的人类共识。例如，浙江省诗路文化带、大花园、村庄A级景区、古村落历史街区保护利用等建设项目，独具创意，富有成效，可进一步赋予其"和合"核心内涵，为各类项目（包括其他后续相关项目）注入文化之魂，体现项目规划和文化追求上的整体性，升华文化价值和境界。

2. 深度解读和提炼江南文化审美意象

借鉴浙江衢州以南孔文化提炼"衢州有礼"，永嘉以山水资源提炼"永远的楠溪江，最后的桃花源"城市标识语的成功案例，提炼杏花春雨、烟花三月、二分明月等江南特色鲜明的东方审美意象，为各大城市提炼文化形象和标识语，为文化项目注入东方审美元素。

3. 建设主题型东方审美生活体验区

以文旅融合为契机，结合街区、古镇、美丽乡村和古村落建设保护，统筹特色文化、山水田园、街区、建筑、景观、食材、民俗等资源，建设山居、静观、格物、禅思、雅集等独具东方意蕴的主题型审美生活体验区。

4. 建设"东方蓝"海岛生活带

江南地区拥有丰富的海洋文化资源。以浙江为例，共有4350个大小海岛，目前已出台《浙江省海岛大花园建设规划》《浙江省十大海岛公园建设三年行动计划》，建设"诗画浙江·海上花园"。然而，海洋文化却是传统江南文化中较为薄弱的领域。从内陆文化走向海洋文化的时代进程，带来江南文化的现代发展契机和表达语汇。突出海岛建设中的东方风情，各岛提炼主题、众岛串珠成链，联动推进"东方蓝"海岛生活带建设，提升面向世界的旅游目的地吸引力，都可以为江南文化注入时代元素和气息。

六、宗族文化的时代特征与合理元素的提炼运用

与全国许多地方一样，近年来，以修建宗祠、编纂宗谱、开展宗亲联谊活动等为内容的传统宗族文化，在浙江基层社会得到不同程度的传承，不少地方甚至成为较为普遍和主要的文化活动形式，成为今天建立新的基层社会规则和文化秩序需要认真对待、细致梳理的现状。顺应目前民间社会传承宗族文化的积极性，提炼其中具有合理价值的元素，融汇到美丽乡村建设和基层社会治理中，将是构筑具有内在乡村文脉、体现中国基层社会特色、有效凝聚乡土文化认同之文化治理路径的可行尝试。

（一）目前宗族文化活动的主要形式

面对20世纪以来社会的制度变革和自身的政治遭遇，宗族文化显示出非常强大的适应能力。现代化进程不仅未能带走人们思想意识和民间生活中的宗族文化现象，而且日益广泛、深入地出现在日常生活中，鲜明地反映出宗法制国家历史现象的当代印迹，在今天的民间社会文化活动中占据重要位置。经初步梳理，笔者认为以下几个方面是其较为普遍的活动形式，并呈现出具有时代气息的特征。

1. 编修家谱活动广泛普遍

编修家谱是最为普遍和广泛的宗族活动形式，浙江民间重修家谱热情高涨。例如修谱传统深厚的金华、丽水、温州等地，不少县城、村镇几乎家家入谱。宁海全县800多个村庄除个别旧谱被毁无谱可续或经济困难外，九成左右续修了家谱。与以往相比，近年来的家谱编修出现了一些新的特点。例如：一是规模大。综合汇编各地各支谱系的全国性乃至世界性《通谱》多有出现。二

是地域广、编修活动、人员组织跨界、跨省、跨国联合。三是规格高。参与者中不仅有热衷修谱的老人、地方文人，也有高官、高知、巨商积极参与，不少家谱的出版装帧十分豪华。四是组织严。不少地方的家谱编修成为一项重大的文化工程，成立有筹委会、组委会、编委会等领导机构，聘请著名文史专家（非本姓族人）担任荣誉、历史、编辑等各种顾问，举办多种高层论坛研讨。五是经费多。一部家谱几百万元的编修经费十分常见，《通谱》类所需经费额度更大。不少姓氏成立有专门的基金会，通过本姓企业家捐助和向族人筹款、摊派等方式，筹集其所需的雄厚资金。六是专业化。主持者愈益重视家谱的编修质量和史料价值，通过聘请德高望重的历史学家担任顾问、专业文史学者主修、制定"传信不传疑、存真不存伪"等编修原则体例、召开研讨会交流探讨等方式，考订世系源流、支派繁衍、迁移分布、族人活动等等，家谱质量显著提高；在金华等地，还出现了专业的家谱编修公司，以产业化、市场化的方式运作宗族文化。七是重应用。不少地方在续修家谱时，重视提炼旧谱中的家规祖训，加以现实运用，其中既有政府组织的活动，也有百姓自发的行动。

2. 宗亲交流活动活跃兴盛

与编修家谱相比，宗亲活动形式更为活跃、交流更为直接、联系更为紧密、影响更为深入。主要形式有开展祭祖、恳亲、走访、联谊、座谈、节日聚会和文化节等多种形式的宗亲活动，例如江山虎山街道荷塘村，就在2014年举办了宁氏孝亲睦邻文化节。深圳、云南、福建、广西、内蒙古、山东等地的近百名宁氏宗亲纷纷前来，一起寻根祭祖。

举办以恳亲、联谊以及庆祝联谊会成立等为主题的宗亲大会是宗亲活动中最为声势浩大、引人注目的活动，具有参与人数多、组织化程度高、号召力凝聚力强等特征，在一定程度上超越了宗族内部的局限而具有广泛的社会化性质。例如2015年11月23日在重庆举办的第十二届王氏恳亲联谊大会，来自海外16个国家和国内各地分会的宗亲代表约1500余人参会，会议内容包括文娱晚会、祭祖仪式、十大王氏先进杰出宗亲表彰、环球华商创新经济洽谈、家风建设文化座谈等7大板块。会议有专门的组委会、会前举办新闻发布会，会上发布《重庆宣言》，全场起立宣读。会议涵盖了经济、政治、文化、社会活动等多种人脉资源，通过宗亲联谊建构起了遍及全国乃至全世界的同姓同宗交际网络。类似的活动，浙江的许多姓氏都有举办，如2012年6月30日下午，来自浙江省11个地市的金氏宗亲代表和全国各地的金氏宗亲近300人，汇聚杭州之江饭店举行隆重仪式，正式成立"世金总会"浙江金氏宗亲联谊会。2015年11月14日上午，纪念元代大儒柳贯745周年诞辰暨浙江省柳氏宗亲联谊会成立大会在柳贯故里兰溪市横溪镇横溪村隆重举行。来自海内外近千名宗亲参加，会上，浙江省柳氏宗亲联谊会、浙江省柳贯学术研究会、浙江省柳氏商会、浙江省柳氏通谱编纂委员会同时挂牌成立。会议期间，联合浙江师范大学人文学院举办了纪念柳贯745周年诞辰座谈会；全国各地宗亲代表与社会贤达数百人，一起到兰溪市梅江镇白枣埠下梅坞柳贯墓举行祭祀仪式；又应邀参加浦江县白马镇柳宅村柳氏宗祠举行的纪念柳贯745周年诞辰座谈会，为刚刚落成的柳贯石雕塑像揭幕，在此举行隆重的祭祖仪式。整场活动，金华电视台与柳氏传媒全程跟踪拍摄。

不论是在浙江，还是在全国，甚至在国外，此类宗亲大会可谓层出不穷，如火如荼。例如首届和第二届"世界胡氏宗亲恳亲大会"分别于2008、2014年在新加坡举办，以第二届来看，规模不亚于国内的活动，全世界各地胡氏宗亲800余人参加了历时三天的庆典活动，国内广东、福建、广西、浙江、四川等省宗亲以及国内一些胡氏宗亲组织均组团前往。

据笔者掌握的资料分析，此类宗亲大会，也有几个特点。一是其中的主事者中，都有在职或离退休的政府官员、知识分子、社会知名人士等参与，他们的政治素养、法治意识、专业知识和行政能力，一般都能在总体上把握住活动的基本走向，例如按照社团组织、社会活动的规范，向民政、公安、外事、侨务、社科联等相关部门呈报申办宗亲大会的申请，在获得批复后组织开展活动。二是会议大多以继承、发扬宗亲文化为议题，旨在为宗族内部的联谊、沟通、交流搭建平台，并能从增强民族团结的角度认识宗族文化的价值。三是在大会主题的确立上，也能积极寻求与时政热点的契合，重庆"世王会"的主题之一，就是紧密联系习近平总书记提到的"要重视家庭建设，注重家庭、注重家教、注重家风"，举办家风建设文化论坛。四是"宗亲文化搭台，经济活动唱戏"的色彩浓厚，企业家不但是积极参与者，更是活动的主角，会议期间，少不了举办各种企业家座谈会、开展招商活动、构建融资平台、设立企业捐赠的宗亲基金、成立企业家宗亲分会等场景。

3. 组织机构层出不穷、体系完整严密

随着宗族文化的愈益普及，宗亲会、联谊会、联谊总会、祠堂管理委员会等各种形式的民间宗亲组织层出不穷、日益增多。

组织机构中，有的为单姓，如李、梁、丘、吕、陈、林、马、梅、许、童、郑、潘、颜、伍、戴等姓氏。

有的为两姓、多姓形式，如全球董杨宗亲总会、世界济阳柯蔡宗亲总会、世界至德宗亲总会（含吴、洪、翁、龚、方、汪、苏、周、连、辛、柯、蔡、曹、江十四姓）。

有的为联宗形式，联宗即异姓人士通过追溯同源始祖，合成宗亲关系，有二姓联宗，也有数姓联宗，如世界至孝笃亲舜裔总会（含姚、虞、陈、胡、田、袁、孙、陆、车、王十姓）。

宗族活动的组织化程度不断得到强化，组织体系不断趋于完整严密，组织机构呈现出规模越来越大、架构越来越全、层级越来越多的态势。以慈溪岑家祠堂为例，略加分析。岑家祠堂位于慈溪市匡堰镇樟树村，属于以慈溪岑氏为

慈溪岑家祠堂的机构设制

一、浙江岑氏宗亲会
二、慈溪岑氏宗族（慈溪岑家祠堂网站）
三、慈溪岑家祠堂管理委员会

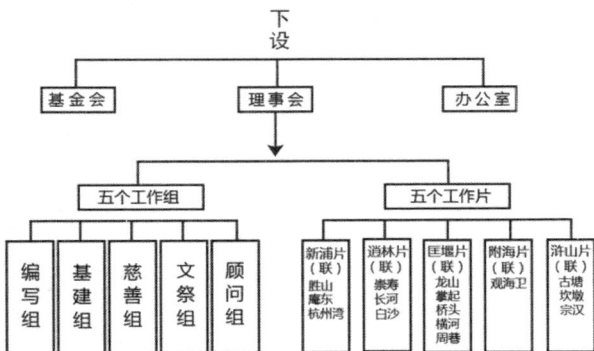

下设

基金会　理事会　办公室

五个工作组　五个工作片

编写组　基建组　慈善组　文祭组　顾问组

新浦片（联）胜山庵东杭州湾　逍林片（联）崇寿长河白沙　匡堰片（联）龙山掌起桥头横河周巷　附海片（联）观海卫　浒山片（联）古塘坎墩宗汉

二〇一五年四月七日

主体的浙江岑氏宗亲会所有。浙江岑氏宗亲会筹建于2007年，至今七年多来，获捐款400多万元，修建了慈溪岑家祠堂，配套的岑氏公园、"岑氏牌坊"、"岑亭"和三座拱桥。为加强慈溪岑家祠堂的管理，2015年4月份在原浙江慈溪岑氏宗亲会的基础上成立慈溪岑家祠堂管理委员会，下设理事会、基金会、祠堂办公室，共有管理人员64人。

在此组织架构中，最高层级为"慈溪岑氏宗族"，设族长一人。其下为"慈溪岑家祠堂管理委员会"，设主任1人、名誉主任2人、副主任5人、秘书长1人、委员若干人。委员会下有岑家祠堂基金会，设会长1人、名誉会长2人、副会长2人、秘书长1人；有岑家祠堂理事会，设会长1人、副会长2人、秘书长1人；有岑家祠堂办公室，设主任1人，副主任1人，会计、经济保管、文书、办事员各1人。理事会下设五个工作片，各有一位片长；设五个工作组，各有五位组长。理事会制定有详细的《管理细则》，对宗旨、体制、组织管理、会员产生、权利和义务、目标和责任、顾问制设立、理事会会议召开等，都做出明确规定。比如规定理事会一般每两个月召开一次，会议内容为公布祠堂本期收支账目，总结前段工作，提出下段任务，确定下步工作目标。理事会每年均需向祠堂管理委员会、基金会汇报工作。

与之相比，一些大姓或规模更大、层级更高的宗亲会，其组织体系更为复杂，分工更为细致。例如某姓宗亲会，在组织架构上，有"世界"范围的总会、省级层面"联谊会"以及逐级下延至市县镇村的基层组织，上下级组织间不同程度地存在权利义务关系；在机构设置上，有理事会、基金会、秘书处及各种专门工作部门，如《世界谢氏总会章程》规定："世界谢氏宗亲总会的最高权力机构为会员代表大会。总会设理事会，由理事35人组成，为闭会期间最高执行机构，设理事长1人，副理事长若干人。理事会下设秘书处、总务处、财务处、公关处、服务处、康乐处、文宣处七个办事机构。"世界白氏宗亲会下设办公机构包括：总务部、组织部、教育部、青年部、妇女部、财务部、监察部、会刊编辑室；在岗位设置上，以省本级的会长层面而言，就有会长、副会长、秘书长、常务理事、理事等职，同时另设荣誉会长、名誉会长、顾问等虚职，特别是有些宗亲会还聘有专门的法律顾问、新闻发言人，建有专业的传媒团队;在管理和运作上,通常制定有诸如《宗亲联谊会章程》《宗亲联谊会管理细则》《宗亲联谊会常务理事会工作规则》《宗亲联谊会财务管理制度》《宗亲联谊会入会细则》等规章制度。

组织机构的完整严密,不但规范了宗亲会的内部管理、保证了其日常事务的有效运行,更在于以外部不逾越法律,内部强化规则、秩序和效率的方式,为宗亲会的可持续发展提供了内生动力、组织保障和社会生存空间。

4. 网络科技手段的运用

以网站、网页、QQ、贴吧、微博、微信等互联网科技为主的高新科技,成为宗族活动的新型工具和活动载体。以网站而言,大致设有某氏源流 、宗支世系、宗亲动态、某氏组织、某氏名人、谱牒史、名胜民俗、寻根觅亲、宗亲留言、某氏企业、联系我们等栏目,有些还有在线服务。以微信而言,有以本姓宗亲为特定范围的群、朋友圈、企业号、订阅号、服务号、公众号等形式。例如在中华靳氏宗亲联谊会(总会)的官方微信公众平台上,其运营、文稿编辑、信息发布和维护均由该会秘书处专人负责,通过QQ群、邮箱、微信、电话、短信等方式提供讲解、答疑等服务工作,涉及领域有寻根拜祖、靳氏联谱、宗祠修缮、文化交流、联谊活动、公益慈善、靳氏企业、宗亲就业、维权互助等内容。该会并要求各地分会组织积极配合微信公众平台的建设、宣传、服务等工作。另如胡氏微信公众号于2014年9月开通,一年关注人数至1300人。

网络科技手段的运用,给宗族活动带来联系广泛、联结紧密、反应快速、互动频繁、谱牒等成果资料网络化和人员年轻化等新特征。

(二)当前宗族文化活动的主要内容和特征

1. 主要内容

追根溯源、缅怀祖德、修建宗祠、成立社团、恳亲联谊、奖掖互助、服务社会是宗族活动的基本主题,大致有以下这些内容:

一是修撰家谱,追溯本姓源流、世系、迁徙、分布等,建立同姓联系的基础资料。

二是修葺祖墓、建立宗祠、寻根谒祖，加强族人联系，增进宗族情谊。随着经济、交通、资讯的发达，回国寻根、出国联谊等海内外宗族交流活动日益增多。

三是各种层级的宗亲会组织和恳亲联谊活动，开展内部管理、公产经营、信息交流、互助合作、礼仪习俗、文化体育等活动，以促进族内成员的融洽相处、合作团结。

四是成立基金会，企业家等族人出资办厂经商，支援家乡经济；设立教育、文化等奖项，支持家乡教育、文化事业，奖励后进，培养人才。

五是开展慈善福利，筹集慈善基金，用于族内济贫恤寡、育幼养老，帮助同族人渡过难关。

六是在族内调解纠纷、解决争端，在族外保护和支持同族成员的利益。

2. 主要特征

综合目前宗族活动的情况来看，笔者认为，与传统宗族文化相比，当下的宗族文化活动既有传承，也有新变。总的来说，从宗族文化转变为姓氏文化，是传统宗族文化的一种明显的当代形态，体现了宗族文化功能社会化转型的本质。在组织形式上，宗族文化，特别是宗亲会等宗族组织，从传统社会的宗法性、血缘性、地缘性的家族性组织，向着以姓氏为文化符号的同姓社会化组织的方向发展，向着现代社会的普通民间团体方向演变。

（1）政治治理功能消解

在传统社会，宗族是具有政治治理功能的实体，它以维护宗法等级制为核心目标，严格规定君、臣、父、子各有名分，贵贱、上下、尊卑、亲疏各有区别，以此维持纲常伦理和社会秩序，进行国家特别是基层社会统治。目前，宗族文化因宗法制社会形态而具有的国家意志和与国家治理相关联的传统政治功能，均已消解。宗族活动只是族人各种社会关系之一，宗族关系并不凌驾于其他社会关系之上。

（2）家族管理功能弱化

宗族文化原本具有的基于族权的家族内部管理功能，同样随着社会形态和生产生活方式的改变和宗族制度的消亡而消解或弱化，例如由于国家法律禁止宗族法和族产的存在，执行家族法、举办教育和经营族产的家族管理功能完全消失，也无权以强制手段干预、控制族人的改嫁、继嗣、婚姻、职业等私人事务。在入谱、祭祀和参与祠堂活动等方面，也呈现出比较开放的态度，比如尊重族人的自由选择，女性入谱，祠堂向外姓开放、用作村中公共活动等。

（3）同姓社会化组织的社会联结功能扩展

从宗族文化发展成为以姓氏为纽带，超越亲属、地域、行业、身份等关系的同姓文化，是当前宗族文化的一个十分关键的本质特征。具体表现有：在活动地域上变以往的乡村主体为城市主体，在组织结构上变以往的地域性宗族组织为同姓范围内层层下延、下级服从上级的"科层制"特征，在权力行使上变以往的族长制、祖宗家法为现代社团的宗亲大会、理事会、监事会，在管理规约上变以往的族规祖训为现代组织形式的符合国家法律、政策的章程，在领导人产生上变以往基于家族辈分的族长尊崇为政治、经济、知识领域的精英尊崇，等等。同姓氏文化包括了一姓之中的所有宗族，消解了各宗之间的界限，在姓氏的名号下强化了同姓认同，发育出一种极具中国特色公共性的社会组织和活动空间。它以虚化的"姓氏私性空间"为符号，实际上具有跨越地域、行业、社会阶层、年龄等限制的公共性本质，成为以经济互助、文化共享、人脉联系、情感交流为要义的公共社会团体，由此获得广泛的社会联结功能。

（三）深化认识宗族文化，有效提炼宗族文化中的合理元素

上述宗族文化盛行的现象，是当代文化建设需要面对的现实环境。因此，需要把握民间文化土壤的历史特质和宗族文化的多重内涵，有效提炼宗族文化优秀元素，增强文化工作的针对性、有效性。

1. 细致辨别、清楚区分宗族观念与乡土情感、宗族组织与宗族文化的不同

近年来，面对上述民间社会中宗族文化的复兴景象，学界、政界的态度有所分歧，有的认为宗族势力复活对村民自治产生消极影响，在村委会选举、村务民主监督、干部素质提升等反面产生负面作用，影响农村社会改革、发展与稳定，是需要遏制的破坏性势力；有的则认为宗族文化中存在合理性因素，可

以通过提炼转化而在现代社会中发挥作用。

宗族文化在当代社会生活中的重新出现，既体现了文化传统的强大生命力，也昭示着中国基层社会文化乡土性特质的难以轻言更替。因此，需要历史地、客观地、多维度地对宗族文化现状作出理性的分析判断。清楚区分宗族观念与乡土情感、宗族组织与宗族文化之间的异同，是我们面对宗族复兴现象的首要工作。

首先，要区别对待落后的宗族观念和淳朴的乡土情感，两者不能混为一谈。以族权、父权、夫权为核心的宗法制度、家族本位的小团体意识、地方保护主义、专制迷信等宗族观念，既是历史现象，在今天也有不同程度的存在，对农村基层的民主政治、法治建设、经济发展、文化创新，都产生阻碍和破坏作用，是我们必须彻底摈弃和消除的落后的社会力量。而民间社会日渐浓郁的追根溯源、敬宗怀祖、仁德慈孝、敦亲睦邻，特别是海外同胞对祖国的桑梓之情、故土之思等现象，则是体现中华传统美德和民族文化特征的乡土情感，是我们需要尊重，有利于社会和谐稳定、国家统一、民族团结的重要传统文化资源。

其次，要区别对待宗族组织和宗族文化。宗族文化中蕴含许多优秀元素，诸如敬畏自然、爱国爱乡、敬老爱幼、齐家修身、崇廉自律等等，已是为人熟知的常识，但它们并非必然地与宗族组织及其活动正向关联，目前的宗族组织并非宗族文化中优秀元素的当然代理者、践行者或代言人。现阶段出现的众多民间宗族组织，可谓鱼龙混杂，包含着乡谊、族利、名望、人脉、经济、文化等多种多样的利益诉求，需要细致甄别、区别对待，根据其组织宗旨、活动内容、行为效果、人员规模、社会影响等从依法治理、社团管理、民间自律的多重角度加以有效控管。而目前政府部门对民间宗族组织基本放任自流、任其坐大的处理方式，应该不是长久之计。

2. 助推文化礼堂沿着历史发展的内在理路扎根乡村土壤

浙江省农村文化礼堂建设至今，不但成为村民的文化娱乐场所，也是村庄建设和村民自治的重要平台，成为融入村民文化和社会生活之中的村庄核心之地。其间，与宗族文化有关的优秀历史文化起到了促进作用，例如家训家规的挖掘和创新运用。在此基础上，建议更为深入、更为充分地发掘宗族文化的优秀元素，将其充实到礼堂文化的建设上，助推文化礼堂沿着历史发展的内在理路，更好地在百姓的观念和生活中落地生根。例如，在活动内容上，将对家规家训的传承扩展到对宗族文化中利生、环保、生态、睦邻、慈善、救济、助老、助孤、助学等优秀传统的传承，建构常规化的运行机制，将之引进到文化礼堂的建设项目中，使文化礼堂与乡村日常生活愈益紧密相连，扎根于乡村土壤之中；同时，也要详细考察辨析当下众多宗亲会的慈善救济活动，引导其消除狭隘的宗族观念，将宗族内的慈行善举扩展至村庄集体。在礼堂建造上，提倡合理利用原有祠堂，或在建造位置上靠近原有祠堂（一村之中有多家祠堂的，可根据内容分设为专题性活动场所）；既顺应村民对村庄原有文化核心的心理认同，借传统文脉之势助文化礼堂落根，也更有利于以礼堂文化改造更新祠堂文化、宗族文化，引领村民走出宗族小圈子，走向村庄共同体。在建设力量上，重视通过观念更新、理念传播、政策引领等方式，将原本关注本宗利益的知识分子、企业家等村庄精英的时间、精力、热情、资金，引导到对作为村庄公共空间的文化礼堂建设上，通过各种投入，产生礼堂情感，形成文化认同。

这里要注意的是，建设者一定要牢牢把握以礼堂文化引领祠堂文化、宗族文化创造性转化、创新性发展的主动权，通过礼堂文化引领城乡基层文化生活的方向、提升乡村文明的现代意识和内在品质，而不能被旧祠堂文化和宗族文化所束缚、所利用。个别地方曾经出现的以文化礼堂为一姓家谱编修办公室的情况，需要切实加以避免。

七、家规家训与基层社会规范建构

传统家规家训产生于古代中国的宗法制社会形态，是一套以宗法文化为核心，推崇忠孝节义、教导礼义廉耻的行为规范，以此教诲、约束家族中子孙的立身处世、持家治业。在中国历史上对个人修身、家族管理、社会教化、价值观认同等，都发挥着重要的作用，是中国传统文化的重要组成部分。从家庭建设之于国家建设的基础性功能和作用而言，发扬光大中华民族传统家庭美德是当代文化建设的重要领域，流传至今的传统家训家规中的优秀元素，是提升大众综合素质、提高当代家庭建设品质、重建现代社会规则和生活秩序、构建当代社会主流价值观的丰富历史资源。

（一）传统家规家训的主要内容和作用

家规家训属于家庭或家族内部的教育，涉及的人员范围，主要包括父母对子孙、家长对家人、族长对族人的直接训示、亲自教诲，也包括兄长对弟妹的劝勉，夫妻之间的嘱托，后辈贤达者对长辈、弟对兄的建议与要求，带有家庭、家族的特征。

1. 基本内容：类型多样，内涵丰富

家训家风遗存丰富，数量众多，类型丰富。大致可分为世家大族、官宦门第的家训，如吴越王钱镠钱氏家族的《钱氏家训》；耕读传家、书香门第的士大夫知识分子家训，如明末大儒刘宗周所编《水澄刘氏宗谱》；普通家族、家庭经由族谱或庭训传承下来的家训。

在具体内容上，主要可分为以下十七个方面：

孝亲敬长，睦亲齐家；治家谨严，勤劳节俭；糟糠不弃，寡妇可嫁；贵名

节，重家声；勤政谦敬，安国恤民；清廉自守，勿贪勿奢；抵御外侮，维护统一；依法完粮纳税，严禁乱砍林木；立志清远，励志勉学；习业农商，治生自立；崇尚科技，贬拒迷信；审择交游，近善远按；宽厚谦恭，谨言慎行；和待乡邻，善视仆隶；救难济贫，助人为乐；洁身自好，力戒恶习；养生，健身指导。[1]

2. 社会基础：古代中国宗法社会的宗法制度

古代中国是一个实行宗法制度的国家。宗法制度是建立在以家庭为基础的自然经济基础之上，以血缘纽带为基础的伦理关系，是宗族内部按制统远近区别亲疏尊卑、规定继承秩序以及不同地位之权利和义务的法则。包括家族中的亲疏关系、长幼关系、尊卑关系等，特别强调家长的权威，强调子女对父母、妻子对丈夫、家庭成员对家长的绝对服从关系。把这种家长制扩大到社会生活中就是君主专制，君主具有绝对权威。

经过历代统治阶级及学者士夫的加工改造，宗法关系日益缜密，由家庭渗透到社会生活的各个方面，形成政权、族权、神权、夫权格局，成为中国传统社会最为重要的维持力量和稳定的文化遗传基因，深刻影响了中国传统文化的发展方向和国民的观念。传统家规家训作为一种规约性、训诫性的行为规范，产生于古代中国宗法社会，以宗法制度为其依托，宗族制度成为其兴盛发达的社会基础。

3. 精神实质：儒家思想

传统家规家训作为一种规约性、训诫性的行为规范，其精神实质，在于儒家思想，它以仁义礼智信忠恕、尊卑等级、三纲五常、修齐治平、礼治、德治、仁治等儒家思想为指导和行为规范。由此形成以个人修身、家族治理为主，兼及国家意识的内容体系，对传统中国的民众教化、社会心理、文化认同和价值体系形成，都起到重要的形塑、强化和建构作用。

作为古代中国教育经典之作的《大学》，开篇即言："大学之道，在明明德，在亲民，在止于至善。古之欲明明德于天下者，先治其国；欲治其国者，

---

[1]　徐少锦、陈延斌：《中国家训史》，人民出版社2011年版。

先齐其家；欲齐其家者，先修其身；欲修其身者，先正其心；欲正其心者，先诚其意；欲诚其意者，先致其知。致知在格物。物格而后知至，知至而后意诚，意诚而后心正，心正而后身修，身修而后家齐，家齐而后国治，国治而后天下平。自天子以至于庶人，壹是皆以修身为本。"

文中所言，即为"三纲领"和"八条目"，是儒家炼成理想人格、实现"内圣外王之道"的根本途径和方法。所谓"三纲领"，指的是"明明德、亲民、止于至善"，"八条目"，指的是"格物、致知、诚意、正心、修身、齐家、治国、平天下"，着重阐发了个人修养与社会政治之间的关系。从"格物"到"修身"阶段，是为注重道德修养的"内圣"，从"齐家"到"平天下"，是为建立千秋功业的"外王"。"八条目"看似一个连续递进的关系，实质关键点在于"修身"。《大学》以"修身"为中轴，把"正心""诚意""格物""致知"与"齐家""治国""平天下"联系在一起，这就是所谓"内圣"与"外王"的统一。在传统观念中，道德高于政治，修身先于从政。《大学》主张要把修身作为根本，提高自身的道德修养，成就理想人格，肯定主体的内在价值自觉，肯定自我的主导作用。传统家规家训，即为道德修养的重要载体和教化路径。

4. 功能体系：以个人修身、家族治理为主，兼及国家意识

由上可知，在注重家族教化的宗法制度和强调个人修身为本的儒家思想的双重涵育和制约下，传统家规家训就形成了以个人修身、家族治理为主，兼及国家意识的教化体系。

例如，"作善降之百祥，作不善降之百殃。勿以善小而不为，勿以恶小而为之。此四语，当终身服膺"等总则，"气骨清如秋水，纵家徒四壁，终傲王公"等个人品行修身，"夫风化者，自上而行于下者也，自先而施于后者也。是以父不慈则子不孝，兄不友则弟不恭，夫不义则妇不顺矣。父慈而子逆，兄友而弟傲，夫义而妇陵，则天之凶民，乃刑戮之所摄，非训导之所移也"等家族治理，"凡邻里亲故，平昔善良，倘有婚姻丧疾应助者，即量力助之。毋慕豪侠之名，轻意肆志，贻忧父母。其无赖之人，当敬而远之，一与交游，为患不小"等社会交往，"田亩差役，承事官府，必诚必信。如有所费量，于人户

均取。毋损人利己，暴敛多科。本户钱粮，尤当黾为完纳"等国家意识，在在如是，皆有规训。

通过检索家规家训，可以发现有关个人修身和家族治理的内容占据主要篇幅，充分体现了传统家规家训以家族为本位和以儒家"修身为本"思想为圭臬的特征。

汉代以来，以《孔子家语》《颜氏家训》和《朱子治家格言》为代表的家训经典文本一直流传，为子孙留下文本形式的训诫也成为一种常态。传统家规家训历经岁月而有效流传，通过向家族成员传授以儒家思想为主的行为规范与社会伦理，传递、普及，特别是在日常的家族生活中养成家族成员的共同价值观，起到了建构社会秩序、维护社会稳定、形塑文化价值观的作用。

（二）家规家训中优秀元素的当代传承

从汲取传统精华、构建和谐社会的角度看，弃除其中宗法制社会三纲五常糟粕、家长式威权主义专制等不良因素之后，家规家训体现的乡里情谊、桑梓之情等优秀元素，自有其积极作用，有助于重构转型时期的基层社会规范和秩序。

1. 民间社会对家族文化具有迫切的现实需求

家规家训源远流长，是中国传统文化的重要组成部分，是人们代代相沿、传承不辍的一种具有价值观意义的"文化规约"，源于我们传统社会的性质和百姓日常生活的真切需要，来自于民间、传承于民间、深藏于民间，为广大民众所喜爱、所认可、所接受，在很大程度上，是具有规范作用的民间生活规则，蕴含着真正属于老百姓自己的生活力量，是重要的文化资源和力量。

2. 家规家训蕴含丰富的优秀传统文化资源

敬宗怀祖、重视家庭，是中国人根深蒂固的传统观念。注重个人品行、和睦宗族、敬重长辈、敦睦乡里等具有规范家族成员行为、稳定社会秩序的家训家规，是我们今天应该重视和可资借鉴的历史资源。从增强文化认同、共建新型精神家园的角度看，家规家训中收录的内容健康、具有优良思想品质和高尚情操的先贤祖训、治家格言，都是先人的智慧结晶，可为后辈提供优秀传统文化营养，增强文化凝聚力。所有这些，对弘扬传统家庭美德、促进当代家庭和睦、推进社会和谐、强化文化认同、形成当代人共同价值观，都可提供积极作用。

3. 传统家规家训中的优秀元素有益于基层社会的稳定与凝聚

最有生命力的文化传承，是融合在日常生活中的生产生活方式、娱乐方式、礼仪民俗和"百姓日用而不觉"的价值观。家族家规是家族观念的产物，内容和形式十分生活化，渗透贯穿于族人日常生活的方方面面、各个环节，是维系家族团结稳定的重要规范。因此，家规家训的人文根基深厚，精神力量强大，不仅联系起了整个家族，形成宗族内部的凝聚力和亲和力；甚至能够超越一族一姓的范围，对整个村庄乃至一地的日常生活、集体意识和文化精神产生重要影响，十分有益于基层社会的稳定与凝聚。

4. 当代优秀家规家训是民众自我教化的有效途径

近年来，民间重修家谱热情高涨。新修家谱中，家规家训是重要内容。其中，爱祖国、正品德、孝父母、友兄弟、睦邻里、尚节俭、苦读书、慎交友、守公德等充满正能量的条文，是新修家谱的家规家训中普遍出现的内容和受到着重强调的部分，体现了中国人历来认同恪守的价值观。它们既是中华民族跨越时空、超越国度、富有永恒魅力、具有当代价值的文化精神的具体体现。

家规家训具有深厚的民间基础，更因其具体、平实、浅近、生动、直接，利于操作和践行，十分有助于把社会主义核心价值观融入百姓的日常生活和个人成长之中。它们既是民众自我教化的有效途径和方式，也为今天党和政府以家规家训、家教家风为抓手弘扬传统家庭美德、推进新时代家庭建设打下了扎实的基础。

5. 家规家训具有文化认同和价值整合作用

中国社会从传统社会向现代社会、从农业社会向工业社会、从封闭性社会向开放型社会转变，面临机制转轨、利益调整和观念转变等社会结构变动，人们的行为方式、生活方式、价值体系都发生明显的变化，利益诉求多样，价值观念多样，思想意识多样。分化、转型社会需要新的精神家园，需要新的文化认同、价值整合。吸取传统家规家训的优秀元素，在现实生活中立家规、赛家训、培育好家风，就是顺应中国社会文化传统、符合民间社会需求、对接百姓日常生活的具有文化整合与文化认同意义的举措。

历史上就有这样的例子。宋代家训数量众多、体裁丰富。宋代的家训，专著加上单篇计百余种，其数量远超前代，有帝王家训、宗室家训、士大夫家训、百姓家训等类型。这种现象的出现，与宋代的社会形势密切相关。宋承唐末五代余绪，建立之初，在社会制度、思潮风尚、观念意识、生活方式等各个方面，都面临重建秩序与规范的现实需求。宋代学者深怀忧患意识，秉持儒家修齐治平理念，注重儒家思想的世俗化、生活化，积极投身于道德涵养、民众教育、基层治理、社会福利、交往规则等社会建设，通过编修宗谱，订立家礼、乡约、族规等方式，将儒家的思想与规则传播到民间社会，形塑民间交往与宗族生活的规则，成为构建基层社会秩序和日常生活规范的重要思想资源，有效加强了基层社会的凝聚力与稳定性。

时代不同，社会性质、思想观念不同，但是文化具有的整合、形塑社会秩序和规范，引领价值观、增强凝聚力的作用不会改变。传统家规家训中的条文，记录了许多治家教子的名言警句，例如"尊师而重道，爱众而亲仁""事业文章，随身销毁，而精神万古不灭；功名富贵，逐世转移，而气节千载如斯"；等等，其中的优秀元素与社会主义核心价值观、尤其是个人层面的"爱国、敬业、诚信、友善"内容，相承契合，足可镜鉴。

（三）借鉴优秀传统元素，运用家规家训建构新时代基层社会规范

充分发挥家训家规文化传统的当代应用价值，需要注意古今社会形态之根本变化，根据当下社会之需，做出与时俱进的创新发展。

1. 重视古今社会之变

家规家训中所展示的行为规范与价值观，均具有时代性。古代家训家规虽有树立基本价值观、培养行为规范的作用，但其中也不乏三纲五常、因果报应、明哲保身、性别歧视等封建糟粕，对其功能不能无限拔高，不能全盘搬用，要首先做到弃其糟粕，取其精华，用社会主义核心价值观加以改造、更新，赋予新的家规家训以法治意识、国家意识等现代文明意识。

2. 注意改进思路方法

党和政府执政为民，目前尤其重视优秀传统文化的传承，重视基层社会组织建设，关心大众日常生活，从理念、内容、形式等各个方面，都有很好的创新探索和有效建设，取得了很好的实际效果。但在具体工作过程和方式方法上，也存在一些值得进一步深化完善的空间。例如，在内容安排上，过于直白，缺乏可资回味、体会的层次，缺少引人参与的空间，缺乏审美的情趣和意境。在方式方法上，教化的诉求过于强烈，往往比较严肃，存在过于标语化、口号式意味，规整化的两个字、四个字的宣教形式，看似简单易记，实质上比较干硬，有概念化、脸谱化之嫌，不够亲切、生动。在实施路径上，宏观布局、统一行动，依靠政策、文件、会议的行政化色彩过浓，落小落细落实的生活化气息不够，合乎各地特色、实际地情、民众习俗的个性化策略有待深入探究。

3. 重视家庭建设意义

社会主义核心价值观中，富强、民主、文明、和谐是国家层面的价值目标，自由、平等、公正、法治是社会层面的价值取向，爱国、敬业、诚信、友善是公民个人层面的价值准则。总体来看，国家、社会、个人三个层面的要求简明扼要，家庭层面的要求则没有涉及。因此，"家庭"层面的内容需要重视。基于中国社会重视家庭伦理关系的文化心理，重在处理家庭、家族内部关系，建立家庭、家族层面伦理关系、行为规范、价值观念的家规家训，其中的优秀元素具有从家庭层面培育新时代价值理念的意义。

孟子认为："天下之本在国，国之本在家。"高度概括了中国传统社会的实质。梁漱溟在《中国文化要义》一书中言："家庭生活是中国人第一重的社会生活，亲戚邻里朋友是中国人第二重的社会生活。这两重社会生活，集中了中国人的要求，范围了中国人的活动，规定了其社会的道德条件和政治上的法律制度。"可以说，家族乃是中国人社会生活的主要舞台，也是历代统治者建立统治秩序的重要基础。此为东方社会共性，在其他国家受到重视和体现。新加坡"共同价值观"，即：国家至上，社会为先；家庭为根，社会为本；关怀扶持，尊重个人；协商共识，避免冲突；种族和谐，宗教宽容。新加坡政府认为一个公民只有重视家庭、注重亲情、孝敬父母，才能遵守纪律、忠于国家和社会。国家的基本单位家庭稳定了，社会才会稳固，才能为人们提供更好的生活环境，才能为老人和孩子提供更优越的生存空间。

"家庭层面"是最具伦理亲情的人性化领域，是日常生活的空间，家规家训的实施、美好家风的树立，均应以家庭生活为实践载体，贯穿于日常生活的细枝末节之中，落实于滴水穿石、铁棒磨针的持续过程之中。因此，需要以家庭为建设本位，修撰易记易懂、亲切生动的家规家教文本，营造浓墨重彩、引人入胜的环境氛围，树立嘉言懿行、易感易学的身边榜样，惩戒败坏门风的不良行为，全方位地构建起涵盖日常生活全环节的家规家训践行系统。

4. 建立新型支撑体系

古代社会以宗法制为家训家规的支撑体系，传统家规家训的重要性，与其社会形态和交往方式密切相关，当时的公共性交流与互动有限，家规家训的传递以家族为单位开展。在家规家训的具体实施中，并非依靠家长的一己之力，而有宗法、宗祠、宗谱、族长、族规、族亲等一系列配套规约和监督体系支撑。当今社会，宗法关系解构、宗法制度消亡、宗法社会解体、夫妻本位的核心家庭独立生活，都使得传统的家族支撑体系瓦解。同时，现代社会以公共教育为主，人们通过各种社会性渠道、形式互相影响、互相教育，养成模式古今有异。因而，要看到家规家训的古今之变，探索不同于古代社会的新的家规家训建设支撑体系。

家规家训看起来是家庭建设范畴的内容，但它不可能一枝独秀，需要与整个社会环境、时代氛围、民风民意和相关领域的政府工作结合开展。因此，要以体系化的顶层设计和条线结合的实施路径，坚持社会化、集约式的涵育养成原则，在新的城乡文化共同体中，建成家规家训的新型支撑体系。家规家训中包含的个人品行修养、家庭和睦之道、人际交往相处、公民意识责任等内容，无一不与学校教育、社区村庄基层治理、公共场所文明礼仪、单位行业文化建设、党和政府的执政理念乃至于整个时代的文化认同相关联，具有融会贯通、兼容并进的基础。在具体的实施契机上，可以和"廉政文化建设""文明社区建设""企业文化建设""农村文化礼堂建设""寻找最美人物"等活动结合，在各种晋升提拔、评优评先、考核评奖中，适当加入家风建设、子女教育、亲友相处、邻里相处等督查内容。

家规家训的实施、美好家风的树立，均以家庭生活为实践载体，支撑体系也要相应地贯穿于日常生活的细枝末节之中，落实于滴水穿石、铁棒磨针的持续过程之中。以家庭为建设本位，营造浓墨重彩、引人入胜的环境氛围，树立嘉言懿行、易感易学的身边榜样，惩戒败坏门风的不良行为，全方位地构建起涵盖日常生活全环节的家规家训践行系统。

5. 建立城乡走亲机制

城镇社区是亟需构建家规家训文化的领域。目前，乡村在一定程度上仍然保留着熟人社会形态和相对集聚的居住形式，延续着以编史修志撰写家谱为形式的乡村文脉，一些地方也逐渐恢复了宗族文化活动。特别是农村文化礼堂建设，搭建了很好的文化活动和传承平台。这些都使得家规家训的传承，在农村相对容易开展。而在城市社区，则从文化传统、思想观念、生活方式、平台抓手等各个方面，都与乡村迥然有异、与传统基本割裂，开展家规家训活动存在众多困难，需要加以重点关注，寻求合适、可行的解决方案。特别是在当前家庭教育中，比较重视知识学习和升学应考，相对忽视文明举止、生活礼仪和身心修养的环境里，明礼、敬爱、亲和、自律的家庭关系和行为规范尤为重要。随着二孩政策的放开，家庭结构自会发生相应变化，"父慈子孝""兄友弟恭"等家庭内部关系与规则的建立，也将会日益重要。

6. 关注易被忽视群体

开展家规家训活动，需要重视被忽视的人群和领域。在以往有关社会性活动的宣教工作中，机关干部、知识分子群体，往往天然地、自觉地以"教育者""工作者"的身份出现，而将社会大众、中小学学生等定位为受教育对象。但从实际效果来看，机关干部和知识分子群体因本职工作繁忙、疏于居住区内的交往、很少关注社区日常事务等原因，往往成为此类社会性活动中的"受教育盲区"。以垃圾分类活动为例，据调查，居民社区垃圾分类宣教活动中，缺席最多、了解情况最少、实际执行最不到位的，就是机关干部和知识分子群体。

7. 设计实用规训文本

家规家训的实施、美好家风的树立，需要注意立足"家"字做文章，充分研究和了解家庭的结构和职责，确定家规家训的基本内容，突显浓郁的"家"的味道，尤其要注意摈弃大话、空话、套话等不合"家味"，到处可用的空洞条文。

例如，古代家训中，在推崇提倡"孝敬父母"的同时，也十分重视夫妻和睦、兄弟友爱、亲戚互敬等家庭关系中的重要方面。在传统儒家思想中，父子之间的"慈孝"和兄弟之间的"友恭"，是为"孝悌"之道，旨在通过"父慈子孝，兄友弟恭"，构建良好互动的家庭关系和社会伦理。

目前，"孝"的观念已经受到政府和社会的重视；"悌"的观念则被忽视，兄弟姐妹之间因各种原因产生的相处淡漠、关系紧张、矛盾重重的现象十分普遍，在一定程度上成为产生家庭问题（照顾父母、处置家产）的重要根源。因而在当代家规家训的编写和家庭教育、家庭建设中，需要十分重视这一点。